MÉMOIRES
SECRETS ET INÉDITS,

POUR SERVIR

A L'HISTOIRE CONTEMPORAINE.

DE L'IMPRIMERIE DE LEBEL,
IMPR. DU ROI, RUE D'ERFURTH, No 1.

MÉMOIRES
SECRETS ET INÉDITS,

POUR SERVIR

A L'HISTOIRE CONTEMPORAINE,

SUR L'EXPÉDITION D'ÉGYPTE, PAR J. MICHEL DE NIELLO SARGY ;
SUR L'EXPÉDITION DE RUSSIE, PAR LE COMTE DE BEAUVOLLIER ;
SUR L'EXIL ET LES INFORTUNES DES PRINCES DE LA MAISON ROYALE,
PAR LE VICOMTE D'H***, AIDE-DE-CAMP DE LOUIS XVIII ;
SUR LES DIFFÉRENTES MISSIONS ROYALISTES DE MADAME LA VICOMTESSE
TURPIN DE CRISSÉ, ETC...

RECUEILLIS ET MIS EN ORDRE

Par M. Alph. de Beauchamp.

TOME PREMIER.

PARIS,
VERNAREL ET TENON, LIBRAIRES,
RUE HAUTEFEUILLE, N° 30.
1825.

AVERTISSEMENT

DE L'ÉDITEUR.

Parmi cette foule de Mémoires qui sortent de la plume des contemporains, il serait assez difficile de faire un choix, si l'on ne s'en rapportait qu'au jugement de la critique quotidienne. N'est-elle pas toujours plus ou moins partiale, plus ou moins intéressée, soit au succès, soit à la non réussite de ces sortes de publications, selon qu'elles ont telle ou telle tendance? Aussi est-ce le public qui prononce en dernier ressort, et il juge presque toujours sainement dans les matières historiques, où l'autorité des faits l'emporte sur les passions du moment. Le mérite des Mémoires contemporains consiste moins dans le talent qui préside à leur rédaction que dans la nature et l'importance des particularités qu'on y livre à la curiosité publique. De la clarté et un style facile suffisent à ce genre de composition, où les modernes semblent surpasser les anciens, si supérieurs dans le genre plus régulier de l'histoire grave.

Nul doute que les Mémoires historiques ne se prêtent aux écarts, qu'ils n'admettent des détails d'un intérêt purement local et personnel : tel est même leur caractère propre.

A chaque révolution politique, à chaque grande époque de l'histoire, les relations contemporaines se multiplient, et jettent un plus grand jour sur les événemens dont elles dévoilent les particularités ou les turpitudes ; elles en révèlent assez souvent les causes. Ainsi, les temps de la Ligue et de la Fronde, le règne si anecdotique de Louis XIV, et plus près de nous, le long drame de la révolution française, ont fait naître et font éclore chaque jour des Mémoires plus ou moins remarquables, soit par leur originalité, soit par leur importance.

Caustiques ou indulgens, justificatifs ou accusateurs, ils sont généralement en possession d'exciter la curiosité ou l'intérêt. Quoiqu'ils émanent presque toujours de l'esprit de parti, ou des préventions de l'orgueil, plus que du sentiment d'une vérité scrupuleuse, ils n'en sont pas moins les vrais arsenaux de l'histoire proprement dite. C'est à leur source qu'elle puise les traits qui la vivifient, les portraits qui l'animent, les couleurs qui l'embellissent, et les récits privés qui la rendent si attachante.

C'est donc uniquement dans l'intérêt de l'histoire que nous avons recueilli et mis en ordre les deux volumes des *Mémoires secrets et inédits* que nous présentons au public dans cette première livraison. Elle se compose de plusieurs Mémoires particuliers qui, par leur variété et la différence des caractères, épargneront aux lecteurs l'ennui qui pourrait résulter de trop d'uniformité et de monotonie. Le premier traite de l'expédition de Bonaparte en Égypte, et il a été écrit originairement par un témoin oculaire, par Jean-Gabriel de Niello-Sargy, attaché à l'état-major général. Cet officier, moissonné trop tôt sans doute, a retracé avec une grande candeur ce qu'il avait vu ou entendu dans le cours de cette expédition célèbre. Employé ensuite à une autre expédition, encore moins heureuse, celle de Saint-Domingue, il y a péri à la fleur de l'âge.

Le second tome se compose 1° de deux Mémoires sur l'expédition de Russie, en 1812; l'un par le comte de Beauvollier, attaché à l'intendance générale de l'armée; et l'autre, par Jean Gazot, de Genève, attaché aux convois du grand quartier-général. Tous les deux témoins oculaires, ils envisagent l'expédition de Russie par Napoléon sous des rapports qui avaient échappé jusqu'ici aux investigations et à la curiosité des contemporains. 2° Viennent ensuite des Mémoires sur l'exil et les infortunes des princes de la Maison royale, tirés du journal et des papiers du vicomte d'H***, maréchal-de-camp, aide-de-camp de Louis XVIII. Ceux-ci offrent également des particularités curieuses et attachantes. Ils sont suivis d'une relation circonstanciée de la guerre civile du bas Anjou et de la haute Bretagne, et notamment des différentes missions royalistes de madame la vicomtesse Turpin de Crissé, pour concilier à cette époque les partis armés. La relation particulière de l'enlèvement du sénateur Clément-de-Ris, en 1801, termine cette livraison des Mémoires inédits. Ils sont précédés, la plupart, d'introductions historiques, ou de notices biographiques, selon que le réclamait la nature du sujet, ou la position des personnes à qui nous sommes redevables de ces souvenirs contemporains, que nous mettons avec confiance sous les yeux du public.

MÉMOIRES

SUR

L'EXPÉDITION D'ÉGYPTE,

Par Jean-Gabriel DE NIELLO SARGY,

OFFICIER DE CORRESPONDANCE, ATTACHÉ A L'ÉTAT-MAJOR GÉNÉRAL.

INTRODUCTION.

L'ÉGYPTE a toujours été considérée comme le berceau des sciences et des arts, comme la terre classique où s'élèvent encore les plus fameux monumens de l'antiquité. Sous les Pharaons et les Ptolémées elle forma un royaume indépendant. Devenue province romaine, elle échut en partage aux empereurs d'Orient, sur qui Amerou, lieutenant du deuxième calife Omar, en fit la conquête. De la domination des Arabes elle passa sous celle des Turcomans, et Saladin, leur chef, y fonda une nouvelle dynastie. Ce fut l'un des successeurs de ce prince qui établit en Égypte la milice des mameloucks, esclaves tirés de la Circassie; ils formaient dès lors une cavalerie d'élite, et une caste privilégiée, qui finit par s'emparer du gouvernement. Dans le xvie siècle, les Turcs ayant fait la conquête de l'Égypte, sous le règne du sultan Sélim, ce prince proclama la destruction de la souveraineté des mameloucks, institua un divan, et nomma un vice-roi, sous le nom de Pacha.

INTRODUCTION.

Mais jugeant qu'il serait impolitique de confier le gouvernement à un seul pacha, qui eût pu relever la nation arabe, et se rendre indépendant, il s'abstint d'anéantir la milice des mameloucks, à laquelle il laissa une portion considérable du pouvoir, mais toutefois en les assujétissant à un tribut et à l'autorité du pacha. Ainsi Sélim crut s'assurer la soumission de cette magnifique province, en confiant son administration à vingt-trois beys, ayant chacun une maison militaire de quatre cents à huit cents mameloucks, originaires de Circassie, et jamais, dans aucun cas, nés en Arabie ou en Égypte. Mais dans le xviiie siècle la puissance du grand-seigneur s'affaiblit, et les mameloucks réduisirent tellement l'autorité du pacha, qu'il n'en conservait que l'ombre. Ce fut en 1785 que les deux beys Ibrahim et Mourad, qui, depuis 1776, disposaient de la redoutable milice des mameloucks, convinrent de partager entre eux l'autorité; le premier eut l'administration civile, et l'autre le commandement militaire.

L'Égypte, où il ne pleut jamais, n'est qu'une magnifique vallée arrosée par le Nil l'espace de deux cents lieues, et environnée de déserts de sables.

Le Nil, dont le cours est de huit cents lieues, entre en Égypte à la hauteur de l'île d'Éléphantine, et, par l'effet de ses inondations régulières, fertilise les terres arides qu'il traverse. De l'île d'Éléphantine au Caire, la vallée qu'il arrose a cent cinquante lieues, sur une largeur moyenne de cinq lieues. Passé le Caire, le fleuve se divise en deux branches, et forme une espèce de triangle qu'il couvre de ses débordemens. Ce triangle, appelé le Delta, présente soixante lieues de base sur la côte de la Méditerranée, depuis Péluse jusqu'à la tour des Arabes, près d'Alexandrie. L'un des bras du Nil se jette dans la mer auprès de Damiette, l'autre près de Rosette.

L'Égypte se divise naturellement en haute, moyenne et basse; la haute, appelée Saïde, forme deux provinces; la moyenne, appelée Ouestaniéh, en forme quatre; et la basse, appelée Bahiréh, en forme neuf.

On comprend en outre dans la division de l'Égypte, la grande Oasis, située parallèlement au Nil, sur la rive gauche, et qui a cent cinquante lieues de long; en outre la vallée du Fleuve sans eau, près de laquelle sont les lacs de Natron, à quinze lieues de la branche de Rosette;

et enfin l'Oasis de Jupiter-Ammon, qui est à quatre-vingts lieues sur la rive droite du Nil. Ainsi la superficie carrée de l'Égypte est de deux cents lieues de long, sur cent vingt de large.

Du temps d'Auguste, l'Égypte contenait douze à quinze millions d'habitans; ses richesses étaient immenses; elle était le canal du commerce de l'Inde. Sous Vespasien, elle était déchue; sa population ne s'élevait plus qu'à huit ou dix millions d'âmes.

Selon les historiens arabes, lors de la conquête de l'Égypte par Amerou, cette contrée avait vingt millions d'habitans, et vingt mille villages; c'était l'état de prospérité qu'offrait le Nil dans la haute antiquité. Les Arabes y comprenaient, il est vrai, outre la vallée du Nil, les Oasis et les déserts qui dépendent de l'Égypte. Mais l'assertion de leurs historiens n'en paraît pas moins exagérée; elle ne pourrait s'expliquer que par les résultats d'une excellente administration. Il est certain aussi que la vallée du Nil, fécondée par les eaux, le limon et la chaleur du climat, est plus fertile que les meilleures terres d'Europe. Mais l'inondation ne suffit pas, il faut encore un bon système d'irrigation; et en Égypte, où les irrigations ne peuvent être que factices, une bonne administration est tout pour la direction des eaux, pour l'entretien et la construction des canaux publics. Sous une bonne administration, le Nil gagne sur le désert; sous une mauvaise, le désert gagne sur le Nil.

L'Égypte, jadis le grenier de Rome, l'est aujourd'hui de Constantinople. Elle produit en abondance du blé, du riz, des légumes; elle produit aussi du lin, du chanvre, du sucre, de l'indigo, du séné, de la casse, du natron; mais elle n'a ni charbon, ni bois, ni huile. Elle nourrit de nombreux troupeaux, outre ceux du désert, et une multitude de volailles; on y fait éclore les poulets dans des fours.

Alexandrie, fondée par Alexandre, est le seul port militaire de l'Égypte; Rosette, Boulacq et Damiette ne peuvent recevoir que de petits bâtimens. Sous le point de vue du commerce, l'Égypte n'en sert pas moins d'intermédiaire à l'Afrique et à l'Asie, au moyen de nombreuses caravanes qui, allant à la Mecque, viennent des contrées les plus éloignées, telles que Fez, Maroc, Tunis, Alger, Tripoli; d'autres partent de l'Abyssinie, et de l'intérieur de l'Afrique; il en arrive enfin de toutes les parties de l'Arabie et de la Syrie, qui lui apportent tous les produits de l'Inde. Les caravanes viennent camper près du Caire. C'est ainsi que de tout temps l'Égypte a servi d'entrepôt pour le commerce de l'Inde. Indépendamment de ce commerce, elle en a un qui lui est propre.

L'Égypte, qui décroît sans cesse depuis deux cents ans, avait à peine, lors de l'expédition française, deux millions huit cent mille habitans. Ce sont les Arabes qui composent le fond et la masse de la population. Ils ont pour chefs les grands cheiks, descendans de ceux qui du temps de Mahomet conquirent l'Égypte. Les grands cheiks sont à la fois les chefs de la noblesse, les docteurs de la loi et de la religion. La plus haute considération les environne; ils sont les principaux du pays. Les cheiks sont aussi possesseurs de villages ; ils ont un grand nombre d'esclaves, et ne vont jamais que sur des mules. Les mosquées sont sous leur inspection.

Les Arabes du désert, ou Bédouins, sont de la même race que les cheiks, de même que les fellahs, ou laboureurs. On comptait, à l'époque de l'expédition française, soixante tribus d'Arabes errans, vivant dans les déserts sous des tentes, formant une population de cent vingt mille âmes, et pouvant fournir vingt mille cavaliers nomades. Les Arabes errans regardent les déserts comme leurs propriétés; ils sont riches en bestiaux, chevaux, chameaux et brebis. Ce sont autant de voleurs indépendans de la justice.

A cette époque, la race circassienne, ou des mameloucks, s'élevait à soixante mille individus, dont un sixième environ était armé et formait la milice dominante. Les beys étaient possesseurs de terres dans les provinces, et avaient une habitation au Caire. Ils avaient pour lieutenans des katchefs qui commandaient sous eux la milice, et qui étaient seigneurs de villages.

Quant aux Ottomans établis en Égypte depuis la conquête par Sélim, le nombre ne s'en élevait pas au-delà de deux cent mille, formant le corps des spahis et des janissaires ; mais tous avilis et humiliés par les mameloucks.

Telles étaient les trois races qui occupaient l'Égypte, et qui l'occupent encore; elles n'ont de commun que la religion; d'autres principes, d'autres mœurs, et une autre langue les distinguent.

On y comptait aussi quinze mille cophtes descendans des familles qui, après la conquête des califes, restèrent chrétiennes. Il y avait peu de Juifs, de Grecs et de Francs : c'étaient, en général, des familles établies dans le pays par le commerce.

Ainsi tous ces habitans de l'Égypte ne formaient plus un corps de nation ; c'était un mélange d'Arabes, de cophtes, de Turcs, tous également avilis par l'ignorance, la lâcheté, la superstition, et dominés par une poignée de Circassiens, ou mameloucks, qui eux-mêmes obéissaient à deux de leurs principaux beys, Ibrahim et Mourad. Ces deux beys se trouvaient ainsi les maîtres de l'Égypte quand l'expédition française parut sous les ordres de Bonaparte. La Porte ottomane entretenait encore un pacha au Caire pour y recueillir les contributions ; mais il était l'objet du mépris des mameloucks, et n'avait plus que l'ombre de l'autorité souveraine.

MÉMOIRES

SUR

L'EXPÉDITION D'ÉGYPTE.

CHAPITRE PREMIER.

Causes et préparatifs de l'Expédition.

J'AI fait partie de l'expédition d'Égypte comme officier de correspondance ; quoique très-jeune alors, j'avais déjà l'esprit curieux ; je prenais des notes circonstanciées sur ce que je voyais bien plus que sur ce qui m'arrivait à moi-même ; aussi je ne donne pas ici mes aventures, mais une suite de particularités mises en ordre sur l'expédition d'Égypte. J'ai vu beaucoup de choses, mais je n'ai pas tout vu; par exemple, je n'ai jamais été dans la haute Egypte. Quant aux causes et aux ressorts des événemens, ils ne m'ont été connus que plus tard, et il en est dont je me suis rappelé par réminiscence. A mes notes j'ai eu occasion de joindre beaucoup d'informations de mes amis et de mes compagnons d'armes, soit sur les opérations militaires, soit sur les événemens publics ou particuliers qui m'ont paru mériter d'être recueillis. Je me suis d'ailleurs peu astreint à la liaison historique de chaque événement avec la marche générale des affaires, à l'exception de l'expédition de Syrie que je crois complète. Du reste, ce n'est qu'assez tard, après bien des traverses et dans des temps plus calmes, que je me suis déterminé à rédiger en corps de mémoires mes notes et mes souvenirs. Je n'offre pas précisément une relation militaire; c'est plutôt un mélange de faits, de réflexions, d'anecdotes, de descriptions, auxquels se joignent quelquefois des tableaux de mœurs : ce qui m'a paru devoir répandre plus de variété et d'intérêt dans mes récits. Je crois pouvoir affirmer que je rapporte un assez grand nombre de circonstances peu connues, et même quelques-unes qui ne l'étaient pas du tout; d'ailleurs on sait que chaque témoin qui se pique d'observation, a sa manière de voir et de juger les hommes et les événemens. C'est la concordance des témoignages qui forme la vérité historique.

Je pense que si, depuis vingt-cinq ans, toutes les relations de nos expéditions eussent été soumises au contrôle d'une critique fondée sur l'expérience des faits, on aurait tous les élémens nécessaires pour écrire d'une manière complète et impartiale l'histoire contemporaine. Mais, en général, c'est l'esprit de parti, la passion ou l'intérêt qui dictent les mémoires historiques. J'espère éviter ces écueils, et pour y parvenir, le meilleur moyen, sans aucun doute, est de ne dire que ce que l'on croit vrai, et de le dire avec courage, et sans réticence. C'est ce que je me propose de faire; on n'a que trop écrit, surtout sur l'expédition d'Egypte, dans un système oriental d'exagération et d'esprit romanesque. Il est temps de réduire les faits à leur juste valeur. Entrons en matière.

Je ne rechercherai pas si l'expédition d'Egypte fut résolue parce que le général Bonaparte voulait s'éloigner des agitations intérieures, éviter les chances fâcheuses qu'il prévoyait sous le gouvernement du Directoire, dont tous les membres n'étaient pas ses amis ; ou si le Directoire, n'épiant que l'occasion d'éloigner un général dont l'ambition l'offusquait, en fit naître lui-même l'occasion. Ce que j'ai appris dans le temps, soit à l'armée, soit à l'état-major, de la bouche d'officiers qui me paraissaient bien instruits, m'a persuadé que le général Bonaparte a eu réellement le dessein de révolutionner l'Orient; mais qu'ébloui par le succès de la paix de Campo-Formio qui était son ouvrage, il eût préféré alors se rendre maître du pouvoir en France : l'expédition d'Égypte ne fut que son pis-aller. Il y avait songé en Italie une année auparavant, et avait fait rassembler à cet effet plusieurs écrits tirés des bibliothèques de Milan, de Bologne et de Florence ; on lui avait aussi présenté des plans pour révolutionner Malte ; et, de Paris, on lui envoya sur l'Egypte des mémoires manuscrits plus ou moins intéressans. Etant un peu tranquille au Caire, j'en ai vu différens extraits qui étaient renfermés dans les cartons de l'état-major, et j'ai pris quelques notes sur l'un de ces mémoires qui m'a paru contenir les vues les plus déterminantes ; je crois qu'il était de M. Magallon, notre consul-général en Egypte, qui, par ses écrits confidentiels, a le plus influé sur la détermination du gouvernement directorial, et de Bonaparte lui-même.

Dès 1790, l'auteur avait invité le gouvernement français à effectuer la conquête d'Égypte, comme n'étant plus qu'idéalement sous la domination de la Porte ottomane. Plus tard il présenta cette conquête comme pouvant remplacer, par une brillante et prompte colonisation, la reine des Antilles qui venait de nous échapper. Voici quelles étaient les considérations sur lesquelles l'auteur s'appuyait le plus volontiers.

« La récolte se fait en Égypte en mars et
» avril; tout est récolté et fermé en mai.

» Les vents étésiens soufflant constamment
» du nord au sud, depuis mai jusqu'au sol-
» stice d'été, produisent deux effets : le pre-
» mier, c'est de rafraîchir et de purifier l'at-
» mosphère du Delta et de la haute Égypte;
» le second, c'est de porter et d'accumuler
» toutes les vapeurs vers le midi de cette ré-
» gion, et de les réunir au cœur de l'Ethiopie,
» aux sources même du Nil.

» Les pluies abondantes qui en sont le ré-
» sultat grossissent le Nil, et portent ensuite
» l'inondation dans toute l'Égypte.

» Cette région est submergée pendant les
» mois de juillet, août et septembre.

» Il résulte de ces faits que l'on pourra
» donc, en entrant en Égypte dans le cou-

SUR L'EXPÉDITION D'ÉGYPTE.

» rant de mai, être assuré d'y trouver la
» récolte faite, et conséquemment tous les
» approvisionnemens nécessaires pour une
» année entière : donc nulle inquiétude pour
» les subsistances et pour la conservation de
» l'armée.

» Les mois de mai et juin sont plus que
» suffisans pour soumettre le Delta et la
» moyenne Égypte avant l'époque du dé-
» bordement; il est essentiel de brusquer
» cette opération; et, après le débarquement,
» de marcher droit au Caire, en prenant
» toutes les précautions possibles pour la
» conservation des récoltes de riz et de grains
» que l'on trouvera faites et serrées.

» On remettra la conquête de la haute
» Égypte à l'hiver, après la retraite des eaux.
» On laboure et l'on ensemence en novem-
» bre; elles sont suffisamment ressuyées à cette
» époque; par conséquent, en décembre et
» janvier, le sol étant parfaitement raffermi,
» on peut entreprendre et achever la con-
» quête de la haute Égypte.

» Ainsi, en débarquant dans le courant de
» mai, la conquête de l'Égypte entière peut
» et doit être achevée en neuf mois, et l'on
» sera assuré de deux récoltes, l'une faite et
» fermée au moment du débarquement, et
» l'autre sur terre au moment où l'on mar-
» chera sur la haute Égypte.

» Les trois mois d'inondation donneront
» le temps de fortifier Alexandrie, Damiette
» et Rosette, ainsi que l'isthme de Suez;
» l'isthme doit être fortifiée par une ligne
» serrée de redoutes bien garnies d'artillerie,
» seul moyen de le rendre inabordable aux
» Arabes.

» On ne doit pas perdre de vue que l'E-
» gypte ne peut être insultée par terre que
» par deux points, l'isthme de Suez qui con-
» fine à l'Arabie, et Syenne ou Eléphantine
» qui confine à l'Ethiopie. Aussi les Ro-
» mains ont-ils défendu et conservé l'Egypte
» pendant des siècles avec une seule lé-
» gion.

» La conquête de l'Egypte effectuée, qu'en

» résultera-t-il pour la France? De deux
» choses l'une :

» Ou l'on voudra sur-le-champ chasser de
» l'Inde les Anglais de vive force, ou l'on se
» contentera d'anéantir leur commerce avec
» l'Inde, et de le remplacer par l'avantage
» seul de notre position en Egypte. Dans le
» premier cas, rien de plus facile que de faire
» passer en très-peu de temps, au moyen
» d'une escadre stationnée à Suez, tel nom-
» bre de troupes que l'on voudra, soit aux
» Marattes, soit à Tippo-Saïb, qui, bien sûrs
» d'être puissamment soutenus par nous, du
» moment que nous serons maîtres de l'E-
» gypte, et étant mortels ennemis des An-
» glais, s'empresseront de les attaquer, et
» leur feront une guerre d'extermination,
» jusqu'à ce qu'ils les aient expulsés du Ben-
» gale et de leurs autres possessions : ce qu'ils
» feront immanquablement et promptement
» avec notre secours.

» Pour nous, il nous suffira de prendre
» comme indemnité et de conserver dans

» l'Inde les ports de Trinquemale et de
» Bombay, où nous ferons stationner deux di-
» visions de notre escadre de Suez, qui
» serviront à protéger et à faire respecter
» notre commerce sur les côtes de Malabar
» et de Coromandel, et depuis le golfe Persi-
» que jusqu'au fond du golfe du Bengale. On
» n'aura rien à craindre des Indiens, qui n'ont
» jamais eu et n'auront jamais de marine
» militaire; leur système religieux s'y oppose.

» Dans le second cas, celui d'anéantir le
» commerce anglais de l'Inde, il suffira d'é-
» tablir des entrepôts au Caire, à Alexandrie
» et à Marseille. Alors, d'après les ordres en-
» voyés à Marseille, les marchandises des
» Indes descendront à Paris et dans tous nos
» ports de l'Océan, en un mois ou six semai-
» nes, par la voie du roulage, et par le canal
» du Languedoc, indépendamment de celles
» qui y arriveront par mer.

» Or, les Anglais sont dix-huit à vingt
» mois à attendre les retours; donc, sous
» peu d'années, le commerce anglais avec

» l'Inde, ne pouvant en aucune manière sou-
» tenir une pareille concurrence, sera indu-
» bitablement anéanti. Donc la France sera
» seule, sous peu d'années, en possession du
» commerce de l'Inde et des bénéfices de ce
» même commerce. »

L'auteur n'oubliait qu'une chose, et qui devait être précisément la base de son projet : c'était de se rendre les maîtres de la mer et de n'avoir point à redouter les escadres anglaises; car il n'était guère présumable que les Anglais restassent spectateurs tranquilles d'une pareille expédition.

Et ce fut pourtant ce plan *sans base* que le Directoire et le général Bonaparte adoptèrent.

L'auteur répondait d'une manière assez satisfaisante à toutes les autres objections; mais il éludait la principale et la plus décisive. Il démontrait, par exemple, que nos soldats soutiendraient sans inconvénient la chaleur du climat de l'Egypte; qu'il n'y avait pas lieu d'être inquiet sur les forces des beys ou chefs des mamelucks, milice qui ne pourrait résister à la discipline et à l'artillerie européenne. Cette milice une fois détruite ou dispersée, il n'existerait plus aucune force militaire en Egypte, attendu que les indigènes, abâtardis depuis plusieurs siècles, étaient incapables de prendre les armes, n'étant rien moins que soldats.

Il apportait d'ailleurs en preuve de la docilité des Egyptiens, la résignation avec laquelle ils supportaient le joug des beys et des mamelucks.

J'étais loin d'avoir aucune idée de la nature de l'armement qui se préparait, et encore moins de sa destination, quand je me précipitai comme tant d'autres jeunes gens dans cette expédition aventureuse ; j'étais séduit par la renommée du général en chef et par l'éclat de nos armes; c'était un délire, un entraînement presque universel.

Je rapporterai ici les notions particulières que j'acquis également à l'état-major sur les préliminaires de l'expédition, notions que je puisai dans des documens certains et dans la correspondance confidentielle pendant notre séjour au Caire.

Ce fut dans les premiers jours de mars 1798, que le Directoire arrêta les mesures préparatoires pour la formation de l'armée d'Orient, d'après une note qui lui fut remise le 5 mars par le général Bonaparte. Les premiers arrêtés du Directoire furent libellés sur la note même qui indiquait Civita-Vecchia, Gênes, Ajaccio, Toulon, Nice et Antibes, comme ports d'armement et d'embarquement de 25,000 hommes d'infanterie et de 3,000 hommes de cavalerie, sans chevaux. Les premiers frais de l'armement étaient évalués à 8 ou 9 millions qui furent pris, la plupart, dans les trésors de Berne. Une commission composée du contre-amiral Duchayla, du commissaire de la marine Leroy, du général d'artillerie Dommartin, de l'ordonnateur Sucy, désignée sous le nom de commission de l'armement des côtes de la Méditerranée, fut chargée de régler tout le matériel de l'armement. Les troupes furent à l'instant dirigées vers les ports désignés, de même que les équipages d'artillerie. Le général Baraguey-d'Hilliers fut chargé de l'embarquement au port de Gènes, où il avait avec lui les généraux Vial, Veaux et Murat; l'embarquement de Civita-Vecchia fut commandé par le général Desaix, ayant sous ses ordres les généraux Friant, Muireur et Belliard. Le général Vaubois présida aux armemens de Bastia, Ajaccio et autres ports de l'île de Corse. Le général Kléber fut employé, sous les ordres du général en chef, dans l'armement qui se préparait à Toulon; c'était le plus considérable. Des ordres furent donnés pour que le contre-amiral Brueys, qui était à Corfou avec une grande partie de l'escadre, fît voile pour Toulon. Il n'y avait pas un seul vaisseau de guerre anglais dans la Méditerranée. Le contre-amiral Brueys mit à la voile de Corfou vers la fin de février avec six vaisseaux de guerre français, six frégates, cinq vaisseaux de guerre vénitiens,

SUR L'EXPÉDITION D'ÉGYPTE. 15

trois frégates *idem*, et deux cutters pris sur les Anglais. Le contre-amiral Perrée partit d'Ancône avec deux frégates françaises et deux vénitiennes. Toutes ces forces navales se dirigèrent vers Toulon qui était le centre de l'armement général. Le contre-amiral Brueys, avant de mettre à la voile de Toulon, fut promu au grade de vice-amiral, sur la demande du général en chef Bonaparte. L'affaire de Bernadotte à Vienne * porta aussi-

---

* Le général Bernadotte fut nommé, après la paix de Campo-Formio, ambassadeur à Vienne; il se rendit à son poste dans le mois de février 1798. Le 13 avril, les habitans de Vienne ayant voulu célébrer une fête en réjouissance de l'armement de leurs volontaires destinés à combattre les Français qui avaient menacé Vienne l'année précédente, le général Bernadotte crut voir dans cet anniversaire quelque chose d'offensant pour la république française. Il donna le même jour dans son hôtel une fête en l'honneur des victoires de la France, et il fit arborer extérieurement le drapeau tricolore. Le peuple de Vienne s'attroupa et voulut faire retirer le drapeau; le palais de l'ambassadeur fut forcé, et quelques coups de fusils furent tirés. Le général Bernadotte quitta aussitôt Vienne, et l'on fut quelque temps dans l'appréhension d'une nouvelle rupture, ce qui eût beaucoup contrarié

tôt le général Bonaparte à ordonner de faire débarquer les troupes à Civita-Vecchia et à Gênes. « Si jamais les affaires se brouillent, » mandait-il aux généraux Desaix et Bara-» guey-d'Hilliers, les efforts des Autrichiens » se tourneront en Italie. » L'événement de Vienne, au moment où le général en chef allait se rendre à Toulon, suspendit son départ; mais peu de jours après on vit que cela ne changerait rien à l'expédition.

Quand j'arrivai à Toulon, au commencement de mai, la ville et le port offraient le spectacle le plus animé et le plus imposant. D'immenses convois y venaient de tous côtés des provinces voisines ; une forêt de mâts semblait sortir de la mer ; la plage était couverte de soldats, de chevaux, d'équipages de guerre. La division Kléber campait à la Seine, village voisin, à la droite de Toulon. La division Mesnard était dans Toulon même.

Bonaparte; mais tout se calma, et ces différends n'eurent alors aucune suite. (Note *de l'Éditeur*.)

SUR L'EXPÉDITION D'ÉGYPTE. 17

Des savans, des artistes, des ouvriers de toutes les professions se réunissaient sur les bâtimens et donnaient à cette grande entreprise un air de croisade qui exaltait tous les esprits. On fit la répartition de tous les officiers de santé, qui furent distribués par divisions dans les principaux vaisseaux de guerre sous la direction de M. Larrey, chirurgien en chef de l'armée; ils étaient munis de ce qui leur était nécessaire pour pouvoir être partout utiles aux troupes : il n'y avait pas de bâtiment au-dessous de cent hommes qui n'eût son officier de santé. Le médecin en chef Desgenettes avait dirigé la réception et la préparation des médicamens.

Le général en chef arriva inopinément du 9 au 10 mai à Toulon. On avait fait répandre le bruit que c'était le ministre de la marine qui y viendrait, et on lui avait préparé en conséquence un logement destiné au fond pour le général Bonaparte, dont on avait eu soin de masquer ainsi l'arrivée. Il adressa aussitôt aux soldats de terre et

de mer une proclamation qui faisait pressentir l'importance de l'expédition, sans en rien révéler. Tous les esprits étaient agités et exaltés. On était impatient de connaître les lieux où l'armée allait porter ses armes ; chacun se demandait quelle était sa destination ; les uns citaient le Portugal, le Brésil, l'Angleterre ; d'autres, l'Irlande, la Sardaigne ou la Crimée ; l'Égypte n'était pas oubliée, et les marins surtout la désignaient plus particulièrement. Voici le raisonnement que j'entendis faire à ce sujet au fils du vice-amiral Thévenard, qui commandait le vaisseau *l'A-quilon*. « Je ne suis pas initié, nous dit-il à
» la suite d'un dîner, dans le secret du gou-
» vernement, mais en lui supposant de l'éner-
» gie, et même de l'audace, je lui suppose
» en même temps des lumières et de la pru-
» dence ; or, le simple bon sens indique
» assez que l'amiral Jervis croisant dans le
» détroit de Gibraltar avec une escadre
» très-supérieure à la nôtre, nous ne pou-
» vons pas en tenter le passage, surtout avec

» un convoi de trois cents voiles : ce serait
» le comble de la folie. Il est donc évident
» pour moi que l'expédition ne peut être
» destinée ni pour l'Océan, ni pour aucun
» point continental en contact avec l'Océan.
» Quant à la Méditerranée, la Sardaigne ne
» mérite pas à beaucoup près les frais d'un
» pareil armement; la Sicile ne peut pas non
» plus en être l'objet, attendu que le traité
» de Campo-Formio la met pour le moment,
» ainsi que Naples, à l'abri de toutes hosti-
» lités de notre part; enfin la Crimée n'étant
» accessible pour nous que par le détroit
» des Dardanelles, et les Turcs étant en paix
» avec les Russes, la Porte ne peut pas
» nous ouvrir ni nous permettre ce pas-
» sage. Donc il m'est démontré que l'arme-
» ment n'a pour but, dans la Méditerranée,
» ni la Sardaigne, ni Naples, ni la Sicile, ni
» la Crimée, et encore moins d'aller détruire
» quelques nids de corsaires à Tunis, Alger
» ou Tripoli. Or, en définitive, l'armement
» ne peut avoir d'autre but que l'Egypte. »

Je fus facilement convaincu par le raisonnement de cet habile marin qui, tué peu de temps après d'un coup de canon au combat naval d'Aboukir, mérita de partager les justes éloges donnés à la conduite de Du Petit-Thouars, son camarade. Bientôt, dans l'état-major, on ne douta plus que l'Egypte ne fût le but réel de l'expédition.

Le général en chef avait écrit de Paris à l'amiral Brueys, qu'il s'embarquerait à bord de *l'Orient*, qu'on eût à y faire de bonnes provisions et à lui préparer un bon lit, comme un homme qui serait malade pendant toute la traversée. Le 18, il s'embarqua avec le général Berthier, son chef d'état-major, Dufalga, commandant du génie, Dommartin, commandant d'artillerie, le commissaire ordonnateur Sucy, l'ordonnateur de la marine Leroy, le payeur-général Estève, les médecin et chirurgien en chef Desgenettes et Larrey. Le général avait aussi avec lui ses aides-de-camp Duroc, Louis Bonaparte, Croisier, Sulkousky, Julien, Eugène Beauharnais, La Vallette, et Merlin, fils du directeur. Le chef d'état-major emmenait en outre deux ou trois adjudans-généraux, plusieurs secrétaires, quelques officiers à la suite dont je faisais partie. Les guides n'étaient point encore arrivés. A peine embarqués, nous sûmes que Malte était le point de réunion de différens convois.

CHAPITRE II.

Départ de l'expédition. — Prise de Malte.— Débarquement près d'Alexandrie, et conquête de cette ville.

Quoique les troupes fussent réparties autant sur les vaisseaux de ligne que sur les bâtimens de transport, nous vîmes distinctement que les vaisseaux étaient tous encombrés. Notre départ ne se fit pas attendre. Le 19 au matin, on mit à la voile par un temps superbe. La sortie de la rade eut lieu au bruit répété du canon des batteries des forts et des vaisseaux de ligne. La musique militaire se faisait entendre sur différens vaisseaux ainsi que les cris de joie. En sortant de la rade *l'Orient*, qui était le vaisseau amiral, toucha et faillit échouer sur la montagne des Signaux, ce qui fut regardé comme un mauvais présage; mais l'activité des manœuvres et le sang-froid de l'amiral le dégagea. Nous nous mîmes en route au nombre de plus de deux cents voiles, ce qui formait un coup d'œil magnifique. Depuis les croisades on n'avait pas vu un pareil armement dans la Méditerranée. Nous longeâmes la côte de Provence jusque vers Gênes, d'où l'on se dirigea sur le cap Corse. Le 28 mai le calme nous tint au large du détroit de Bonifacio pendant deux jours; ce fut dans cette position que nous rallia le convoi de Corse, composé de trente bâtimens de transport, escorté par la corvette *la Mantoue* ; il se réunit au grand convoi et à l'escadre aux bouches de Bonifacio, à l'est. Le convoi de Gênes, au nombre de cent vingt voiles, était escorté par deux galères de Gênes, sous les signaux de la frégate française *la Sérieuse*. Il rejoignit le grand convoi, non à l'île de la Madeleine, comme on l'a dit, mais à la hauteur du cap de la Galoupe, du 29 au 30 mai. Après la réunion, les galères serrèrent la côte et entrèrent à Villefranche.

Il est faux que la flotte ait mouillé à l'île de la Madeleine; elle n'a été qu'en panne devant la baie de Cagliari; elle a fait route quatre jours après pour les eaux de Sicile, ayant perdu quatre jours pour attendre le convoi de Civita-Vecchia, qui était sous les ordres du général Desaix.

Il devait se joindre à l'armée au cap Carbonara, devant la baie de Cagliari; mais, par l'effet d'un ordre mal compris ou mal exécuté par le capitaine de *l'Artemise*, il fit route trop tôt et arriva devant Malte plusieurs jours avant l'expédition.

Le 3 juin, l'amiral reçut, par un aviso, l'information que trois vaisseaux anglais et deux frégates avaient été aperçus devant la baie de Cagliari; quelques bâtimens éclaireurs y furent envoyés, mais l'ennemi avait déjà disparu. Le 7 juin nous passâmes à portée de canon du port de Mazara, en Sicile, ayant sur notre droite l'île de Pantalaria. Les quatre cents voiles réunies présentaient l'aspect d'une immense ville flottante, s'avançant dans le plus imposant appareil vers le canal de Malte. Le lendemain 8, un brick anglais, capturé par un de nos bâtimens éclaireurs, annonça que l'escadre de l'amiral Nelson, envoyé à notre poursuite, n'était pas éloignée. Cette nouvelle causa de l'inquiétude au général en chef. Le lendemain 9, en arrivant devant Malte, notre escadre prit le convoi de Civita-Vecchia pour la flotte anglaise : le branle-bas fut ordonné ; le convoi se plaça sous le vent ; mais après les signaux de reconnaissance on reconnut la méprise.

L'escadre s'avançant en ligne de bataille le débarquement fut ordonné pour emporter l'île de vice force. Malte était considérée comme la clef de l'Égypte. On sait que tout avait été préparé de longue main pour y causer une révolution et amener la destruction de l'Ordre. On fit plus en effet par les intrigues et les négociations que par la force des armes.

Le lendemain 10, je fus chargé par le ma-

était à bord de la frégate *l'Alceste*, l'ordre de s'emparer de l'île du Gose, située à environ une lieue au nord de Malte. Cette île était défendue par des corps de milice composés d'habitans, et par un régiment de garde-côtes, en tout deux mille hommes, qui étaient répartis sur les différens points, garnis de forts et de batteries. Le général, pressé d'exécuter les ordres du général en chef, rallia le convoi, distribua les signaux et se rapprocha de la côte; mais la variation des vents et le calme l'empêchèrent de s'en approcher. Son intention était d'éviter les forts et les redoutes pour ne pas exposer ses bâtimens et ses troupes au feu des batteries des côtes; il choisit en conséquence, comme but de débarquement, le point très-escarpé du Redum-Kibir, que les habitans regardaient comme à l'abri de toute insulte. A une heure après midi le général Reynier fit embarquer des troupes dans tous les canots et chaloupes, et, partant lui-même de la frégate *l'Alceste*, à bord d'un canot, avec une compagnie de grenadiers, et suivi des bombardes *le Pluvier* et *l'Étoile*, il s'approcha de terre et ordonna le débarquement. J'étais dans la chaloupe même de *l'Alceste*, avec les généraux Reynier et Fugier, l'aide-de-camp Louis Bonaparte, les capitaines du génie Sabatier et Geoffroy, et la compagnie de grenadiers de la 35e demi-brigade. Nous aperçûmes distinctement les milices qui, nous voyant approcher, couraient de tous côtés pour gagner les hauteurs; nous fîmes force de rames; mais déjà les rochers étaient garnis de miliciens et de paysans qui, lorsque les chaloupes furent à portée, firent pleuvoir sur elles une grêle de balles. Le sergent-major des grenadiers, Bertrand, fut tué à mes côtés. Les batteries de l'île commencèrent à tirer sur nous. Deux cents hommes garnissaient la crête des rochers qui dominent le point où abordaient nos chaloupes. A chaque moment le nombre des ennemis augmentait. Mais nous débarquâmes tellement vite et presque sans tirer, malgré la pente rapide formée par des éboulemens de terre et de rochers, malgré les quartiers de pierre que nous jetaient les ennemis et leur feu qui plongeait le terrain; l'audace de nos grenadiers, qui s'avançaient toujours en dépit des obstacles, les déconcerta tellement, qu'ils prirent la fuite dès qu'ils virent nos premiers assaillans sur la hauteur. Peu de minutes suffirent pour décider le combat, et il l'était déjà avant que les autres chaloupes eussent pris terre. Les bombardes tirèrent fort à propos sur les batteries. Celle de Ramela fut enlevée par une poignée de grenadiers.

A mesure que les troupes débarquaient le général les faisait réunir, et bientôt il marcha avec une partie de la demi-brigade sur la cité de Chambray, afin de s'emparer de ce fort et de couper la communication de Gose avec Malte. En même temps une partie de la 9ᵉ demi-brigade marchait sur le château de Gose, et un détachement sur la tour de Formio. Nous apprîmes pendant la marche que Chambray était rempli d'habitans qui s'y étaient réfugiés avec leurs bestiaux. Le général leur envoya, par quelques paysans venus au-devant de nous, une proclamation pour les informer de ses intentions et les empêcher de faire une vaine défense qui leur deviendrait funeste; il leur fit savoir en même temps qu'on respecterait leurs propriétés et leur culte s'ils n'opposaient pas une résistance inutile. Ces négociations firent le meilleur effet. Les habitans, qui voulaient laisser entrer nos troupes dans le fort, s'insurgèrent contre les chevaliers de Malte. Les ponts-levis étant brisés, ils jetèrent des planches et des cordes à nos soldats pour les aider à entrer. Le général, qui avait laissé trois compagnies devant le fort Chambray, se mit en marche pour le château de Gose. Dès que les habitans de Rabato et du château nous virent arriver ils envoyèrent au-devant de nous pour témoigner leur soumission et remettre les clefs du château.

Dans le fort il y avait un gouverneur et plusieurs chevaliers de Malte, qui, n'ayant plus d'autorité, se cachèrent; mais les uns se présentèrent ensuite d'eux-mêmes, et les autres furent arrêtés.

Le combat s'étant engagé sur plusieurs points, nos troupes avaient poursuivi les fuyards, ce qui avait jeté l'alarme parmi les habitans, qui abandonnèrent d'abord leurs maisons; ceci occasiona de grands désordres dans les villages : on pilla, quelques femmes furent violées; mais le général s'empressa de rétablir la discipline; il fit rembarquer toutes les troupes, à l'exception de huit compagnies. Les habitans retournèrent avec leurs bestiaux dans leurs habitations, et reprirent leurs occupations habituelles. On les traita avec douceur; quelques-uns avaient été blessés; nos officiers de santé les soignèrent. Nous trouvâmes dans l'île plus de cent pièces de canon et quelques magasins de blé; mais quoique l'île soit cultivée avec soin, la culture, étant presque toute en coton, présentait peu de ressources pour la subsistance : le vin qui était dans les caves fut bientôt épuisé. La population de l'île était d'ailleurs assez considé-

SUR L'EXPÉDITION D'ÉGYPTE. 31

rable, s'élevant à quatorze mille âmes environ. Quelques-uns des habitans, voyant que l'ordre de Malte était détruit, se persuadaient qu'on allait leur en partager les terres, et ils s'emparaient déjà des terrains qui leur convenaient. Le général fit signifier que les terres de l'Ordre seraient désormais domaines nationaux. L'île me parut avoir quatre lieues de long sur deux de large. Elle a toujours suivi le sort de Malte ; elle est beaucoup plus riante, par conséquent moins stérile ; j'y ai vu beaucoup d'arbres et une grande quantité de sources.

Quand je retournai à Malte, tout était déjà soumis et les forts occupés par nos troupes ; il y avait eu plutôt défection que combat ; on avait fini par conclure un traité avec le grand-maître, qui s'était cru trop heureux de recevoir de la république une pension de 100,000 écus. L'armée navale était entrée dans le port de Malte, et le drapeau tricolore remplaçait les bannières de l'Ordre.

Le général en chef fit son entrée à Malte

à la tête des troupes débarquées : il descendit au palais du marquis Parisi, noble du pays, et là, tint conseil avec les chefs de l'armée.

Ce qui parut le flatter le plus dans cette conquête miraculeuse, ce fut moins les canons, les fusils et les munitions de guerre, que le trésor de l'église de Saint-Jean, estimé trois millions. M. Bertollet, contrôleur de l'armée, et un commis du payeur, furent chargés d'enlever l'or, l'argent et les pierres précieuses qui se trouvaient dans cette église et autres endroits dépendans de l'ordre de Malte, de même que l'argenterie des auberges et celle du grand-maître. Dès le lendemain, 14 juin, on fondit tout l'or en lingots, pour être transporté dans la caisse du payeur à la suite de l'armée. Cette caisse était à bord de *l'Orient*. On fit un inventaire de toutes les pierres précieuses, qui furent mises sous le scellé dans la même caisse; on vendit une partie de l'argenterie pour de la monnaie d'or et d'argent, qui fut également mise dans la caisse de l'armée.

La prise de Malte était d'un si heureux début, que le général Bonaparte se crut appelé dès lors à révolutionner l'Asie et l'Afrique, et à faire la conquête de l'Orient. Il agit bientôt sur la fausse donnée accréditée dans les cabinets de l'Europe, que l'empire ottoman allait s'écrouler, se dissoudre, et qu'il fallait se hâter d'en partager les dépouilles : en conséquence il crut devoir se ménager des intelligences et des appuis parmi les pachas qui, étant le plus à sa portée, passaient d'ailleurs pour être les plus indépendans de la Porte ottomane, ou du moins le plus hors de son influence. On voit de suite que je veux parler du célèbre Ali, pacha de Janina en Albanie et en Épire. Le général en chef se hâta de lui envoyer son aide-de-camp La Valette, avec une mission particulière. Voici la lettre qu'il écrivit à Ali-Pacha, et dont La Valette fut porteur.

« Mon très-respectable ami, après vous
» avoir offert les vœux que je fais pour votre

» prospérité et pour la conservation de vos
» jours, j'ai l'honneur de vous informer que
» depuis long-temps je connais l'attachement
» que vous portez à la république française, ce
» qui me ferait désirer de trouver le moyen
» de vous donner des preuves de l'estime
» que je vous porte. L'occasion me parais-
» sant aujourd'hui favorable, je me suis em-
» pressé de vous écrire cette lettre amicale, et
« j'ai chargé un de mes aides-de-camp de vous
» la remettre en main propre. Je l'ai chargé
» aussi de vous faire *certaines ouvertures de*
» *ma part**, et comme il ne sait point votre
» langue, veuillez faire le choix d'un interprète
» fidèle et sûr pour les entretiens qu'il aura

---

* Ces ouvertures consistaient à se lier, par un traité secret avec le général Bonaparte et la république française, à s'emparer de la Macédoine, et à favoriser le soulèvement de la Grèce contre la Porte. On voit que le projet de soulever les Grecs date de cette époque, et même de plus loin; car l'impératrice Catherine II s'en était occupée, et y avait donné les mains lorsqu'elle crut le moment propice. Mais alors, comme aujourd'hui, les Anglais se sont déclarés les soutiens du Croissant. (NOTE *de l'Editeur.*)

» avec vous. Je vous prie d'ajouter foi à tout ce
» qu'il vous dira de ma part, et de me le ren-
» voyer promptement avec une réponse écrite
» en turc de votre propre main. Veuillez bien
» agréer mes vœux et l'assurance de mon sin-
» cère dévoûment. *Signé* Bonaparte.

Dans ses instructions à son aide-de-camp, le général en chef lui recommandait d'aller mouiller sur la côte d'Albanie, afin d'être à même de conférer avec Ali-Pacha. « La
» lettre ci-jointe, que vous devez lui remettre,
» ajoutait le général, ne contient rien autre
» chose que d'ajouter foi à ce que vous lui
» direz, et de l'inviter à vous donner un
» truchement sûr pour vous entretenir seul
» avec lui. Vous lui remettrez vous-même
» ma lettre, afin d'être assuré qu'il en prenne
» lui-même lecture. Après quoi vous lui direz
» que, venant de m'emparer de Malte et me
» trouvant dans ses mers avec trente vais-
» seaux et 50,000 hommes, j'aurai des rela-

» tions avec lui, et que je désire savoir si je
» peux compter sur lui pour l'objet dont
» vous êtes spécialement chargé; que je dési-
» rerais aussi qu'il envoyât près de moi, en
» l'embarquant sur votre frégate, un homme
» de marque et qui eût sa confiance; que
» sur les services qu'il a rendus aux Fran-
» çais, et sur sa bravoure et sur son cou-
» rage, s'il me montre de la confiance et
» qu'il veuille me seconder, je peux accroître
» de beaucoup sa destinée et sa gloire. Vous
» prendrez, en général, note de tout ce que
» vous dira Ali-Pacha, et vous vous rem-
» barquerez sur la frégate pour venir me
» joindre et me rendre compte de tout ce
» que vous aurez fait. En passant à Corfou,
» vous direz au général Chabot, qui y com-
» mande, qu'il nous envoie des bâtimens
» chargés de bois, et qu'il envoie à l'escadre
» du vin et des raisins secs qui lui seront bien
» payés. »

L'aide-dé-camp La Valette ayant mis presque aussitôt à la voile, à bord de la frégate

l'Arthémise, entra dans le port de Corfou le 5 juillet; là il remit ses dépêches au général Chabot, et apprit de lui, ainsi que de l'adjudant-général Rose, de retour de Janina, qu'Ali-Pacha n'était point dans cette ville, mais au camp sous Widin, dirigé contre Passayan-Oglow. Ali-Pacha avait fourni son contingent de 15,000 hommes, et c'était lui qui commandait en chef toute l'armée turque. L'adjudant-général Rose, chargé par le Directoire d'une mission semblable à celle de l'aide-de-camp La Valette, n'avait trouvé à Janina que les deux fils du pacha, Mouktar et Willy, avec lesquels il avait conféré, et qui l'avaient reçu avec beaucoup de distinction. Après leur avoir fait part des victoires remportées par le général en chef Bonaparte, il leur remit une lettre du ministre de la marine pour leur père, écrite par ordre du Directoire, et les assura de l'amitié de la grande nation. Le Directoire avait pris occasion des secours qu'Ali-Pacha avait donnés pour l'approvisionnement de notre escadre; laquelle avait mouillé tout l'hiver à Corfou et des offres continuelles qu'Ali avait faites de fournir aux Français toutes les denrées dont ils pourraient avoir besoin, pour faire cette démarche auprès du pacha de Janina. A Paris comme à Malte on sentit l'importance, au moment de l'expédition d'Égypte, de se concilier Ali-Pacha, qui pouvait nous troubler, soit à Corfou, soit en Italie. Tout fut employé pour captiver son amitié, au moment où l'expédition pouvait indisposer la Porte ottomane contre nous. Mais l'aide-de-camp La Valette ne put remplir auprès d'Ali la mission dont l'avait chargé le général Bonaparte, le pacha étant depuis quatre mois à l'armée envoyée par le grand-seigneur contre Passavan-Oglow. Toutefois la lettre que lui écrivait le général lui fut envoyée au camp sous Widin. Elle ne produisit aucun effet, par la raison que la Porte déclara bientôt la guerre à la France, et qu'Ali-Pacha était trop rusé, voyant l'Europe presque entière liguée de nouveau contre nous, pour ne pas suivre le torrent; aussi nous fit-il beaucoup de mal peu de mois après, en contribuant à nous chasser du territoire de l'Epire en face de Corfou, et de cette île même, en prêtant toute espèce de secours aux flottes turco-russes, car on vit ce qu'on n'avait jamais vu : le croissant uni à la croix grecque.

Nous nous étions reposés cinq à six jours à Malte. Le général en chef, après avoir réglé l'administration de l'île, qu'il soumit au régime républicain ; après avoir vidé les greniers, les magasins, pillé les trésors et enlevé les archives de l'Ordre, laissa dans l'île une garnison d'environ 4,000 hommes, sous le commandement du général Vaubois, et se hâta de se rembarquer avec tout l'état-major; il ordonna, le 18 juin, que la flotte appareillerait le lendemain pour suivre sa destination. Le général se montrait d'autant plus impatient de gagner l'Egypte qu'il était certain que son armement était l'objet des poursuites de la flotte anglaise. Il avait envoyé à Cagliari l'officier de marine Augier, en qualité de consul, pour s'en informer. Cette flotte nous avait manqués sous l'île de Sardaigne même, qu'elle avait tournée en même temps que nous; elle avait manqué ensuite le convoi de Civita-Vecchia, composé de cinquante-sept bâtimens et portant 7,000 hommes. Il était à craindre que nous ne la trouvassions dans les eaux d'Alexandrie, où les vents d'ouest qui règnent dans la saison d'été nous conduisaient directement. L'ordre fut donné par l'amiral à tous les vaisseaux qui éclairaient la marche de l'escadre d'arrêter tous les bâtimens qu'on rencontrerait, et de les forcer à suivre l'armée : c'était le seul moyen d'empêcher la flotte anglaise de recevoir aucun avis sur la marche de notre expédition. Nous découvrîmes, au bout de quelques jours de navigation, les hautes montagnes couvertes de neige de l'île de Candie, et, entrés dans la pleine mer, nous arrivâmes le 30 juin dans les eaux de l'Afrique.

Le lendemain, 1ᵉʳ juillet, à la pointe du jour, treize jours après notre départ de Malte, et le quarante-troisième de notre départ de

Toulon, nous découvrîmes une côte singulièrement plate et sablonneuse, parfaitement semblable à celle qui borde l'Océan entre Gravelines et Calais. On signala bientôt la tour des Arabes à la droite d'Alexandrie, et à huit heures et demie du matin nous aperçûmes les minarets de cette ville. M. Magallon jeune, consul de France, vint annoncer, à bord de la frégate *la Junon*, qu'une escadre anglaise de quatorze vaisseaux de ligne, dont deux à trois ponts, avait passé deux jours auparavant à la vue d'Alexandrie, et qu'elle semblait avoir pris la direction d'Alexandrette, dans l'espoir de nous y rencontrer. Telle était la position critique où nous nous trouvions, qu'il était possible d'être surpris par les Anglais au milieu de l'opération du débarquement. Le général en chef sentit la nécessité d'agir promptement, soit pour arracher Alexandrie aux Anglais, soit pour débarquer avant leur apparition. Mais la mer était grosse; les vaisseaux mouillaient à deux lieues au large, et les marins regardaient le débarquement comme impossible à cause de la violence des vents, et des récifs qui remplissent la baie de Marabou. Rien ne put arrêter le général en chef, qui ordonna tous les préparatifs de la descente, et les pressa d'autant plus qu'il sentait la nécessité de mettre l'escadre à couvert d'un combat qui eût été inégal dans le désordre d'un premier mouillage sur un fond inconnu. A quatre heures du soir, le général monta sur une demi-galère de Malte avec son état-major, afin de pouvoir approcher plus près de la côte; il était environné de canots et de chaloupes. Les préparatifs s'étant prolongés jusqu'à onze heures du soir, la demi-galère qui portait Bonaparte s'avança le plus près possible à travers les récifs du fort appelé Marabou, à deux lieues à l'ouest d'Alexandrie; et l'ordre fut donné aussitôt aux embarcations qui portaient une partie des divisions Bon, Kléber et Menou, de débarquer sur la plage, en dépit d'une mer houleuse et d'un vent très-orageux. Entassés dans des canots, nos soldats étaient jetés sur une côte semée de rochers et d'écueils au milieu d'une nuit obscure. On entendait des cris partant de plusieurs barques chargées de troupes errant au gré des vents et des vagues, et demandant en vain des secours. Plusieurs de nos soldats, débarquant sur des écueils, furent emportés par les vagues sans pouvoir être sauvés. La division Menou fut la première qui put mettre à terre une partie de ses troupes. Mais la demi-galère sur laquelle se trouvait l'état-major général éprouvait les plus grands obstacles pour suivre les canots qui gagnaient le rivage ; elle mouillait à une demi-lieue de terre dans l'obscurité de la nuit. A une heure du matin, le général en chef, instruit qu'il n'y avait point de résistance, et que les troupes débarquées s'acheminaient par pelotons vers Alexandrie, se jeta dans un canot, suivi des généraux Berthier, Cafarelli et Dommartin, et gagna la terre à quelque distance du Marabou. Il n'y avait encore ni artillerie ni chevaux débarqués.

Accablé de fatigue et de sommeil, le général, avec son état-major, ayant fait former autour de lui une grand'garde, se coucha sur le sable, et dormit deux heures tandis qu'on achevait le débarquement.

L'avant-garde, composée de 2,000 hommes, marcha toute la nuit. Vers les trois heures du matin, le reste de l'armée, se formant en trois colonnes, prit la même direction. Je marchais tantôt avec l'état - major, tantôt avec la colonne du centre, traversant un désert aride de deux ou trois lieues, qui n'offrait ni arbres ni eaux, et seulement quelques monticules de sable. Il y eut beaucoup de traîneurs que la cavalerie arabe harcela; nous l'aperçûmes de loin, elle nous parut montée par des sauvages horribles. A la pointe du jour nous fûmes à la vue de l'ancienne enceinte d'Alexandrie. Quand les officiers et les soldats aperçurent ces ruines et les déserts qui les environnent, ils furent frappés de stupeur. Le général en chef, mettant pied à terre, avec les tirailleurs de l'avant-

SUR L'EXPÉDITION D'ÉGYPTE. 45

garde, suivi de ses aides-de-camp et de ses officiers d'état-major, et passant devant les colonnes d'attaque qui se formaient, ranima tout par sa présence; on voyait dans ses yeux que le bonheur qui accompagnait ses opérations devait suivre celle-ci. Il vint s'arrêter à la colonne de Pompée, placée hors de l'enceinte actuelle de la ville. Ce précieux reste de l'antiquité est en granit rouge et a cent six pieds de hauteur; son fût est de neuf pieds de diamètre; il est d'un seul morceau et a cinquante-six pieds de long.

Les trois colonnes de nos troupes ayant investi la ville après avoir chassé devant elles plusieurs pelotons de Bédouins à cheval, le général en chef détacha plusieurs officiers pour reconnaître la nouvelle enceinte, dite des Arabes, qui renferme l'Alexandrie moderne.

On savait, par le vice-consul, que la ville était défendue par environ 500 janissaires, sans discipline et mal armés, qui la plupart garnissaient les murs d'enceinte, hors d'état de résister à l'escalade. Quelques Francs, sortis d'une manière furtive, vinrent apprendre à l'état-major que les mameloucks et les principaux Arabes s'étaient réfugiés dans le désert ; qu'une partie de la population s'était jetée dans les forts, mais en tumulte, et que la plus grande confusion régnait dans la ville.

Le général en chef ayant ordonné l'attataque, quoique sans aucune pièce d'artillerie, nos soldats, marchant sur les ruines de l'ancienne ville, arrivèrent aux remparts et s'y précipitèrent avec fureur. Les Turcs tirèrent mal quelques coups de canon; mais nous étions déjà au pied des murs ruinés de l'enceinte. Là, nous reçûmes la mousqueterie et les pierres que nous lançaient les Arabes et les Turcs; nos soldats n'en montaient pas moins à l'assaut par des éboulemens de murs qui leur servirent de brèche. Les habitans armés, qui s'étaient portés sur leur toit et dans les maisons, firent un feu de mousqueterie qui renversa environ 150 hommes faisant partie des trois colonnes d'attaque. Celles qui étaient conduites par les généraux Menou et Kléber furent les plus maltraitées; ces deux généraux furent eux-mêmes blessés, ainsi que l'adjudant-général Lescale; ils le furent par les feux partis des murailles et des maisons. Nous aurions pu éviter cette perte en sommant la place; mais le général en chef voulut commencer par étonner l'ennemi et lui inspirer de la terreur. A onze heures nous étions maîtres d'Alexandrie. Les tirailleurs turcs, qui, sachant à peine tirer un coup de fusil, s'étaient défendus par les fenêtres, étaient ou cachés ou tués. Repoussés de tous côtés, les Turcs se réfugièrent les uns dans les forts, les autres dans leurs mosquées. Là, hommes, femmes, vieillards, enfans, tout fut massacré; ce ne fut qu'au bout de quatre heures que nos soldats mirent fin au pillage et au carnage. Une tranquillité sombre régna dans la ville. Les forts capitulèrent. Ceux des habitans qui survivaient à cette prise d'assaut étaient tremblans; ne voyant autour d'eux que l'image sanglante de la mort, ils semblaient étonnés qu'on leur laissât la vie. Le lendemain ce qui en était resté, ainsi que les Arabes de la campagne, nous parurent un peu remis de leur frayeur et assez confians. Ils lisaient, avec une sorte d'extase, la proclamation que le général en chef avait fait imprimer en arabe et qui leur promettait protection et sûreté. Nous vîmes dans le bazar quelques provisions, des moutons, des pigeons, du tabac à fumer, et surtout un grand nombre de barbiers qui rasaient leurs pratiques en mettant leur tête entre leurs genoux.

Rien au monde ne m'avait jamais paru si triste et si misérable que l'Alexandrie moderne, qui est pourtant le port le plus commerçant de l'Egypte. Il est divisé en deux baies très-belles, peu profondes, séparées par une digue ou chaussée de cinq à six cents toises de long, et qui s'étend jusqu'au phare où s'élevait jadis cet ancien et superbe édifice, d'où l'on découvrait les bâtimens à trente ou quarante lieues en mer. Ce n'est plus aujourd'hui qu'un mauvais fort qui tombe en ruines, et au milieu duquel s'élève un minaret. Je l'ai visité et j'y ai trouvé quelques pièces de canon, de longues couleuvrines et des mortiers en pierre, le tout hors d'état de service et ne pouvant résister à un seul coup de canon.

C'est seulement dans la configuration du port et de la digue qu'on reconnaît l'Alexandrie telle que nous la représentent les *Commentaires* de César. A peine y reste-t-il aujourd'hui dix mille âmes; et l'on voit, par son ancienne enceinte, qu'elle a bien pu en contenir trois cent mille : nous ne pouvions nous le figurer. Quant à l'Alexandrie moderne, où l'on voit çà et là quelques dattiers, arbre triste qui de loin ressemble au pin, ce n'est qu'un amas de ruines et de baraques de terre formant de petites rues fort étroites d'une malpropreté au-dessus de tout ce qu'on peut imaginer, ce qui, joint à la chaleur excessive du climat, fait qu'on y respire un très-mauvais air qui y amène chaque année la peste.

Qu'on se figure une villace ouverte de tous côtés, qui jamais n'aurait pu s'opposer aux efforts de 25,000 hommes qui l'attaquaient à la fois.

Qu'on se représente, en guise de maisons, une réunion de colombiers mal bâtis en boue et en paille, sans autres fenêtres que quelques trous couverts d'un treillage de bois grossier : il en est peu avec des toits, et les portes sont si petites qu'il faut se baisser pour entrer. Hormis le quartier des Francs et le côté des grands, les rues sont toutes étroites et tortueuses : aucune n'est pavée, de sorte qu'on y est continuellement incommodé de la poussière ou d'une chaleur brûlante. S'il prend fantaisie aux habitans d'arroser le devant de leurs maisons, ou plutôt de leurs cabanes, la poussière se change en boue, et il n'est plus possible alors de marcher autrement que dans la fange. Les plus belles maisons n'ont qu'un étage avec terrasse, et une petite porte en bois, serrure en bois; point de fenêtres, mais un grillage en bois, si serré qu'il est impossible de voir personne au travers.

L'aspect de la population est encore plus misérable; les habitans pauvres, qui forment le plus grand nombre, ont pour tout vêtement une chemise bleue jusqu'à mi-cuisse, qu'ils retroussent la moitié du temps dans leurs mouvemens; un turban de guenilles, une mauvaise ceinture, voilà tout le complément de leur toilette.

Dans une ville où tout n'arrivait du dehors que par la confiance et l'appât du gain, l'abondance ne devait pas régner après la crise de la conquête. A mesure que l'armée arrivait, on avait la plus grande peine pour se procurer des vivres et pour se caser.

Mais au quartier-général, qui était à l'extrémité de la ville, on voyait un air de mouvement et de vie; des troupes débarquaient; d'autres se mettaient en marche pour traverser le désert vers Rosette. Les généraux, les soldats, les Turcs, les Arabes, tout cela formait un contraste qui indiquait assez qu'une révolution allait changer la face du pays.

Au milieu de cette confusion paraissait le général en chef, réglant la marche des troupes, la police de la ville, les précautions sanitaires; traçant de nouvelles fortifications, coordonnant les mouvemens de l'armée navale avec ceux de l'armée de terre, et dépêchant aux tribus d'Arabes épouvantées des proclamations rassurantes. Deux jours après, douze ou quinze Arabes-Bédouins vinrent en députation offrir leur alliance au nom de leur tribu. Le général en chef leur fit quelques présens, et donna dix louis à chacun d'eux. Ils devaient revenir le lendemain, mais ils manquèrent de parole; ce qui nous fit croire que c'étaient des espions.

Après quatre ou cinq jours de repos, le général en chef, qui avait déjà fait partir la division Desaix en avant-garde avec des guides pour gagner les bords du Nil, mit le reste de l'armée en mouvement. Les divisions Bon, Reynier et Menou devaient se suivre. La division Kléber, commandée par le général Dugua, le premier étant resté blessé à Alexandrie, allait se porter sur Rosette pour s'emparer de cette ville, y laisser garnison, et remonter ensuite la rive gauche du Nil jusqu'à la hauteur de Damanhour, premier village sur le fleuve où devait s'opérer la réunion du gros de l'armée. Une flottille, commandée par le contre-amiral Pérée, reçut l'ordre de se rendre à Rosette, et de remonter le Nil en suivant la marche de la division Kléber. Elle était montée par quelques troupes, et par le général Andréossi, qui avait été directeur des équipages de ponts en Italie.

CHAPITRE III.

Marche de l'armée sur le Caire. — Combats avec les mamelucks. — Prise du Caire, et occupation de cette capitale par l'armée française.

Le général en chef, accompagné de son état-major, quitta la ville d'Alexandrie le 7 juillet, à cinq heures du soir. J'avais pris le devant avec d'autres officiers chargés comme moi de parcourir les différentes divisions en marche, afin de rendre compte à l'état-major de l'état des choses. L'armée avait à traverser un désert de vingt lieues pour arriver au Nil. Nous reconnûmes bientôt combien il était dangereux de s'écarter seul de la marche des colonnes sans être escortés; c'était courir le risque d'être assassiné, ou victime d'une passion infâme très en vogue dans ce pays, surtout de la part des Arabes-Bédouins. Plusieurs de nos grenadiers s'étaient fait tuer en résistant à leur violence; d'autres avaient succombé. Plusieurs Français, dans la ville même d'Alexandrie, avaient été enlevés à la nuit tombante, et avaient subi ce sort affreux. Pendant la marche le danger devint plus pressant. Nous étions toujours harcelés par des hordes de Bédouins qui nous tuaient des hommes et même des officiers à vingt-cinq pas de la colonne. Ceux de nos soldats qui, épuisés de soif et de fatigue, ne pouvaient suivre notre marche, étaient égorgés par ces brigands à cheval. C'était une guerre ma foi pire que celle de la Vendée. L'aide-de-camp du général Dugua, appelé Géroret, fut assassiné en allant porter un ordre à une portée de fusil du camp. Nous ne marchâmes plus comme porteurs d'ordres qu'escortés par les dragons ou les chasseurs.

On ne saurait se faire une idée de tous les maux qu'eut à souffrir l'armée pendant ces dix-sept jours de marche jusqu'au Caire, et surtout pendant les vingt lieues de désert qu'elle eut d'abord à parcourir pour arriver jusqu'au Nil. A notre sortie d'Alexandrie pour joindre le fleuve, nous rencontrâmes et passâmes à travers un désert nu comme la main, où l'on ne trouvait, chaque quatre à cinq lieues, qu'un mauvais puits d'eau saumâtre. Qu'on se figure une armée obligée de passer à travers ces plaines arides frappées des rayons d'un soleil brûlant, et les soldats marchant à pied sur un sable plus brûlant encore, tous chargés de leur sac et habillés de laine, portant chacun pour cinq jours de vivres. Au bout d'une heure de marche, accablés de chaleur et du poids de leurs effets, ils se déchargeaient en jetant leurs vivres, et ne songeant qu'au présent sans penser au lendemain. Dévorés bientôt de soif et de faim, ils ne trouvaient plus ni pain ni eau. C'est ainsi qu'il fallait se traîner jusqu'à quatre heures après midi, abîmés de chaleur, et harcelés par les Bédouins, dont nous fûmes continuellement suivis pendant nos trois premières journées de marche. J'ai vu des soldats mou-

SUR L'EXPÉDITION D'ÉGYPTE. 57

rir de soif, d'inanition et de chaleur; d'autres, accablés, et voyant la souffrance de leurs camarades, se brûler la cervelle. J'ai vu mourir beaucoup de volontaires qui tombaient, de faiblesse, roides sur la poussière. J'ai offert, dans cette marche affreuse d'Alexandrie à Damanhour, un louis d'un verre d'eau. Les soldats étaient sur le point de refuser de marcher.

Engagés sans provisions et sans eau dans ces déserts arides qui bordent la Libye, nous voyions les hommes les plus vigoureux, dévorés par la soif et accablés par la chaleur, succomber sous le poids de leurs armes. Tout-à-coup nous croyions apercevoir devant nous des fleuves, des étangs, et ce n'était que l'effet du mirage, sorte de phénomène qui, par la plus cruelle illusion, nous réduisait au supplice de Tantale. Replongés ainsi dans la plus grande tristesse, il en résultait l'abattement et la perte des forces, que je vis porter au dernier degré chez quelques-uns de nos braves; ils périssaient comme par extinction.

J'entendis l'un d'eux dire, au moment où il allait expirer, qu'il se trouvait dans un bien-être inexprimable : c'était la mort douce et calme des asphixiés. Nous nous en préservions au moyen de quelques gouttes d'esprit de vin, ou d'Hoffmann, dont quelques-uns de nous avaient eu soin de se prémunir. Il nous est mort, dans l'espace de cinq à six jours, cinq à six cents hommes, tous par la soif. Les soldats étaient si exaspérés qu'ils tenaient les propos les plus inconséquens et les plus lâches. J'en ai entendu qui disaient en voyant passer l'état-major : « Les voilà les bourreaux des Français ! » et mille autres propos semblables. J'avais vu des soldats se donner la mort en présence du général en chef, en lui disant : « Voilà ton ouvrage ! »

C'est ainsi que nous arrivâmes avec la plus grande peine, le quatrième jour de marche, à Damanhour, premier endroit de l'intérieur de l'Égypte qui offrît quelques ressources pour nous désaltérer. Nous fûmes obligés de glaner le peu qu'avaient laissé les divisions qui nous précédaient. Là je me reposai à l'ombre de quelques palmiers, et j'attendis le quartier-général. Le général en chef et l'état-major y arrivèrent dans la soirée du 8 juillet. Nous éprouvâmes deux accidens coup sur coup; nous perdîmes le général Muireur, qui, venant d'acheter un cheval arabe, et voulant l'essayer hors du camp malgré nos avis, fut massacré et dépouillé par des Bédouins avant qu'un des avant-postes d'infanterie fût venu à son secours. D'un autre côté le général en chef reçut d'un cheval arabe un coup de pied qui lui fit à la jambe droite une forte contusion. Le chirurgien en chef Larrey, s'étant trouvé heureusement au quartier-général, prévint par ses pansemens les suites que cet accident aurait pu avoir. Ce ne fut pas là tout. Le lendemain, au sortir de Damanhour, le général en chef, suivi de son état-major, allait être pris ou massacré par un parti de mamelucks et d'Arabes, détaché d'un autre parti plus considérable qui avait cherché à envelopper l'avant-garde du général Desaix.

Le prompt secours de la division, et une élévation qui avait dérobé la vue du général en chef aux ennemis, nous sauvèrent. L'armée venait d'arriver à Ramanié, premier village sur le Nil. Là elle s'était jetée presque tout entière dans le fleuve pour étancher sa soif. La vue du Nil fit sur nous une impression délicieuse. Dès lors on eut moins de privations à supporter, et les marches furent moins pénibles. Arrivés le soir au rendez-vous, on se baignait dans le Nil, et ces bains nous délassaient et nous fortifiaient.

Ce fut à Ramanié que nous rejoignit la flottille armée détachée de notre escadre, et qui remontait le Nil, aux ordres du contre-amiral Pérée; une grande partie de la cavalerie à pied y fut embarquée. La flottille nous suivit en marchant à notre hauteur autant que possible, tandis que nous nous avancions vers le Caire en suivant la rive occidentale du Nil, que nous trouvâmes garnies de melons d'eau; ils firent la principale nourriture du soldat. Ce ne fut qu'avec peine que nous nous procurâmes quelques volailles et de la viande de buffle; nous n'avions que de l'eau du Nil pour toute boisson. Souvent le général en chef a jeûné pendant douze et dix-huit heures, parce que le soldat arrivant le premier livrait tout au pillage. Nous côtoyions le Nil à petites journées, rencontrant quelques partis de mameloucks qui fuyaient successivement à notre approche.

Arrivés à Salamé le 12 juillet, le général en chef apprit que les mameloucks, au nombre de 4,000, l'attendaient au village de Chebreki, situé au bord du Nil, leur droite appuyée au fleuve, où ils avaient une flottille d'une douzaine de barques canonnières, et que là ils étaient couverts de quelques retranchemens grossiers armés de canons. Un second espion vint annoncer que les beys allaient marcher sur nous avec leurs forces réunies, et que nous devions être attaqués le lendemain. Le général en chef organisa aussitôt sa marche de bataille, chaque division formant le carré, défendu par son artillerie; et il prit toutes les précautions nécessaires pour n'être ni surpris ni entamé, détachant trois chaloupes canonnières à la découverte. Mourad-Bey, retranché au village d'Embabeh, avait sommé tous les habitans du Caire de se rendre à Boulac pour voir la destruction des chrétiens, qui, d'après le rapport d'un de ses espions, étaient attachés par des chaînes qui les tenaient serrés l'un à l'autre dans leur ligne de bataille. Mourad demandant à ce même espion quel était le nombre des Français, celui-ci prit une poignée de sable et la jeta en l'air.

Les divisions de l'armée ayant été mises en marche, notre flottille remonta le Nil*, et

* Voici l'état des bâtimens qui composaient la flottille du Nil, sous le commandement du contre-amiral Pérée :

Le chebec *le Cerf*, le demi-chebec *la Revanche*.

Petits sloops de guerre :

La Capricieuse, le Sans-Quartier, le Pluvier, l'Étoile, l'Éclair.

Demi-galères :

La Coquette, l'Amoureuse.

Chaloupes canonnières :

L'Hélène, la Victoire, et *l'Espérance.*

(NOTE *de l'auteur.*)

vint mouiller en face du village où étaient réunis les mameloucks. Dès la pointe du jour, ils firent voir toutes leurs forces, rôdant autour de l'armée, tantôt au galop, tantôt au pas, par bandes de dix, de trente, de soixante, et vingt fois essayant de nous charger, mais trouvant partout nos bataillons hérissés de baïonnettes, ou couverts par l'artillerie. Les mameloucks passèrent ainsi toute la journée, nous tenant exposés à un soleil brûlant. Le général en chef temporisa pour connaître son ennemi et se mettre au fait de son genre de guerre.

Ces mameloucks sont des hommes bien montés sur des chevaux arabes, et bien armés; mais aucune tactique ni aucun élément de guerre ne les conduit; ils se montrent intrépides à l'excès. Cette première journée se décida par la retraite, après qu'ils eurent perdu environ vingt-cinq hommes qui vinrent se faire tuer dans nos rangs. Aucun ne s'est rendu. Etonnés de l'ordre que présentaient nos colonnes, ils remirent à un autre jour le sort de l'Égypte, nous laissant avancer sur le grand Caire. Le lendemain, à la pointe du jour, je fus chargé par l'état-major de porter un ordre à l'adjudant-général Boyer, qui était à bord d'une chaloupe canonnière chargée d'aller à la découverte. On annonçait la prochaine arrivée de la flotille des mameloucks. Nous montâmes sur le mât de la canonnière, et nous découvrîmes en effet six chaloupes turques qui venaient sur nous; au même moment survint une de nos demi-galères de renfort. A peine eus-je été remis à terre pour rejoindre le quartier-général, que le combat entre les deux flottilles commença; il fut d'abord à notre désavantage; cinq chaloupes turques, qui avaient fait un feu terrible sur nous, en vinrent à l'abordage. Nous fûmes obligés d'abandonner trois chaloupes, et de manœuvrer du côté où l'ennemi avait le moins de forces; mais notre armée avançait; la flotille fut dégagée, et une canonnière turque sauta en l'air.

Nous nous trouvions alors à trois lieues

du Caire et à cinq lieues des fameuses Pyramides, dont on apercevait le sommet.

Déjà les mameloucks, au nombre de 4,000 hommes à cheval, et placés sur la rive gauche du Nil, marchaient sur nous au petit pas pour nous livrer bataille. Ils rôdèrent d'abord autour de nos divisions formées en carré, sans pouvoir faire la moindre attaque sur aucune d'elles; la journée se passa en escarmouches, jusqu'à trois heures après-midi. On s'aperçut alors que les mameloucks faisaient un mouvement. Notre armée avait sa droite appuyée aux Pyramides, et la gauche au Nil près le village d'Embabeh, retranché par l'ennemi. Alors, cédant à la voix de leur chef, ils vinrent se heurter contre une armée d'élite: leur charge fut un acte de fureur, de rage et de désespoir. La première attaque fut dirigée contre les divisions Desaix et Reynier. Formés en bataillons carrés, les soldats de ces deux divisions les reçurent avec assurance, et à dix pas un feu de file fait sur eux en jeta près de deux cents à terre : la mitraille fit le reste. Ils vinrent ensuite sur la division Bon, qui les accueillit de même ; ils percèrent les carrés, mais sans pouvoir les entamer d'une manière décisive. Enfin, après divers efforts inutiles, on les vit prendre la fuite, après avoir perdu sept à huit cents hommes. Deux cents se noyèrent en voulant passer le Nil à la nage. Le village d'Embabeh fut enlevé presque aussitôt, et nos soldats y firent un grand butin, ainsi que sur le champ de bataille, où ils s'enrichirent des dépouilles des mameloucks.

Cette valeureuse milice n'avait opposé qu'un courage irréfléchi à notre discipline parfaite. Nous inspirâmes une grande idée de notre tactique à un ennemi qui n'en avait aucune, qui ne savait guerroyer que par la supériorité des armes, l'adresse et l'agilité, c'est-à-dire dans un combat corps à corps ; mais du reste, sans ordre, sans tenue, ne sachant même pas marcher par escadrons, donnant sur son ennemi à la manière des hordes, par bourrasques et effarouchées.

En se retirant ils avaient mis le feu à leur flottille, dont ils firent sauter les bâtimens ; ils nous avaient aussi abandonné leur camp, où nous trouvâmes près de deux cents chameaux chargés de bagages. L'armée poussa le soir même jusqu'à Gizeh ; c'était la maison de plaisance de Mourad-Bey, le premier des mameloucks. Le général en chef y vint à pied, suivi de la plupart des généraux, témoignant à tous sa satisfaction du résultat de cette brillante journée. Le quartier-général s'établit à Gizez à neuf heures du soir ; l'armée bivouaqua sur les bords du Nil et autour des villages d'Embabeh et de Gizeh. Le général en chef ayant demandé à l'ordonnateur ce qu'il avait à donner pour vivres à nos soldats. « Votre bonheur ordinaire ! » dit-il. Je parcourus les différentes divisions, et je vis que dans toutes les soldats, se croyant sortis d'un grand danger, étaient persuadés que si l'on ne s'était pas battu en bataillon carré, l'armée aurait été détruite. « Nous avons eu l'ennemi partout, disaient-ils, devant, der-

5.

rière et par les côtés ; mais heureusement nous avons battu les plus redoutables de nos ennemis; les mameloucks ne craignent nullement notre cavalerie; ils ne redoutent que le canon, tombent sur les coups de fusil, comme le sanglier court sur le chasseur après qu'il est blessé. Ils n'ont pas de canon, ajoutaient nos soldats ; s'ils en avaient, s'ils savaient s'en servir, il n'y aurait nulle nation pour les battre. »

Cependant, tandis que Mourad-Bey fuyait vers la haute Egypte, Ibrahim-Bey, qui était resté sur la rive gauche de ce fleuve, recueillait les beys et les mameloucks qui avaient réussi à traverser le Nil à la nage. La terreur et la confusion régnaient au Caire, où l'on croyait à chaque instant voir arriver les Français sur les traces des fuyards. La populace commençait à remuer, et Ibrahim, ne se croyant point en sûreté, enleva ses trésors, quitta la ville dans la nuit et se dirigea vers Belbeis. Les négocians français du Caire, qui avaient failli être égorgés, se hâtèrent le lendemain d'envoyer au général Bonaparte une députation qui vint le trouver au quartier-général de Gizeh. Après avoir entendu les députés, le général en chef ordonna au général de brigade Dupuis, qu'il nomma commandant du Caire, d'aller la nuit même occuper cette ville. Ce général, que j'accompagnai, ainsi que quelques autres officiers, se mit avec deux compagnies de grenadiers à bord de la barque qui avait amené les députés ; le reste se jeta dans quelques djermes ou bateaux du pays qui se trouvaient à Embabeh; et une fois sur l'autre rive, avec nos guides, à la nuit close, nous traversâmes Boulac, qui sert de faubourg et de port au Caire, et nous arrivâmes sous les murs de cette ville immense qui renferme une population de trois cent mille âmes. Ainsi, à peine avec deux cents hommes, nous traversâmes, tambour battant et au milieu de la nuit, les rues étroites et silencieuses du Caire, sans qu'aucun habitant osât se présenter, comme si le bruit du tambour leur eût inspiré encore plus de terreur. Il était une heure du matin, et nous étions accablés de sommeil et de fatigue; pour arriver au quartier des Francs, et pour nous y retrancher, il nous aurait fallu encore plus d'une heure. Le général Dupuis, jugeant combien le repos nous était nécessaire, fit enfoncer la porte d'une maison assez vaste qui se trouvait sur notre passage et qui appartenait à un officier des mameloucks; nous nous y arrêtâmes pour nous y reposer et attendre le jour. Le lendemain quatre de nos divisions passèrent le Nil, occupèrent la ville et le château. Le même jour le général en chef Bonaparte y fit son entrée accompagné de l'état-major général. Le peuple, remis de sa première frayeur, vint en foule au-devant de nos troupes, et la capitale de l'Egypte présenta le mélange bizarre d'une armée européenne au milieu d'une population musulmane, offrant une grande variété de vêtemens et d'individus. Le peuple se porta au-devant de l'armée avec tant d'affluence que plusieurs soldats furent étouffés et écrasés par l'effet de la curiosité des habitans. Les cris de joie *nullul!* se faisaient entendre sur les minarets.

Je me hâtai de parcourir, à cheval, presque toute la ville, qui me parut un grand boyau rempli de maisons entassées les unes sur les autres, sans ordre, sans régularité, et dont les rues étaient presque toutes étroites et puantes. Le seul quartier des mameloucks semblait habitable. Le général en chef s'établit dans une assez belle maison de bey, sur la grande place d'El-Bekir. Le général Dupuis, commandant de la ville, occupa le palais de la femme d'Ibrahim-Bey. L'armée fut cantonnée dans la ville et aux environs; mais les ordres furent presque immédiatement donnés pour qu'elle se répandît dans la haute et basse Egypte. Au total, la ville du Caire me parut abominable; les rues y respiraient l'infection par leurs immondices. C'est néanmoins l'entrepôt et le lieu central d'un commerce considérable; c'est là où aboutissent toutes les caravanes de la Mecque et des

Indes; aussi est-ce une ville riche; mais toutes les richesses en avaient disparu quand nous y entrâmes. Nous la trouvâmes peuplée d'une canaille paresseuse, accroupie tout le jour devant leur hutte ou leur maison; fumant, prenant du café ou mangeant des pastèques et buvant de l'eau. Les femmes du peuple étaient horribles; les beys avaient laissé quelques jolies Arméniennes et Géorgiennes, dont les généraux s'emparèrent soi-disant au profit de la nation. La femme d'Ibrahim-Bey, qui avait dérobé à la mort les Francs qui résidaient au Caire, en les faisant retirer dans ses cours au moment de la crise, eut un sauf-conduit et une garde. Bonaparte ordonna que toutes les femmes des mameloucks eussent à se faire inscrire dans les vingt-quatre heures, sous peine de mort, et qu'elles déclarassent en même temps les effets et bijoux qu'elles pouvaient avoir à leur maître. On établit une police militaire, et des illuminations furent ordonnées pour éviter toute surprise nocturne.

En possession du Caire et d'Alexandrie, l'armée qui avait débarqué toute entière, pouvait se considérer comme maîtresse de l'Égypte, puisqu'il n'existait aucune force ennemie capable de mettre obstacle à ses opérations et à ses progrès. L'expédition d'ailleurs était formidable *; mais dans un état de délabrement et de misère extrême.

Le trésor, resté à Alexandrie, n'était point encore arrivé; il n'y avait point d'argent, pas même pour solder la troupe. Il était dû quatre mois de solde. On s'empara d'abord des biens des mameloucks. Vint ensuite une

---

* Voici par approximation, mais sur des données positives, l'état général des forces françaises employées à l'expédition d'Égypte :

Forces de terre.	42,000 hommes de toutes armes
Forces de mer	11,710
Sur les vaisseaux dans le port d'Alexandrie. .	4,948
Sur la flottille du Nil..	1,500
Sur les transports. . . .	3,017
	63,175

(Note *de l'Auteur.*)

ordonnance du général en chef portant que tout l'or et l'argent monnoyé, tous les objets d'or et d'argent, tous les lingots, les schalls de valeur, les tapis brodés en or qui se trouvaient dans les magasins généraux, seraient renfermés dans les caisses du payeur de l'armée. L'ordonnateur Sucy accapara tous les sequins frappés au Caire. La pénurie était extrême, et nos soldats ne vivaient pour ainsi dire que de brocantage. On en vit qui donnèrent pour très-peu de chose des sabres de vermeil, qu'ils prenaient pour du cuivre, et qui vendirent pour douze à quinze francs des schalls de cachemire.

Le général en chef ordonna de fortifier Damiette, Alexandrie, Rosette et plusieurs autres points importans; il détacha le général Desaix vers la haute Egypte, avec ordre de poursuivre Mourad-Bey; en même temps il envoya M. Rosetti, pour offrir à Mourad de conserver la province de Girgé, où il se retirerait dans l'espace de cinq jours, tandis que lui, Bonaparte, n'y ferait point entrer de troupes; on lui faisait même espérer par la suite de plus grands avantages. M. Rosetti était autorisé à signer avec Mourad un traité portant qu'il conserverait avec lui 5 à 600 hommes à cheval, avec lesquels il gouvernerait la province de Girgé, depuis les Cataractes jusqu'à une demi-lieue au-dessous de Girgé; mais qu'il se reconnaîtrait dépendant de la France. Le général Bonaparte s'engageait à n'y faire entrer aucune troupe. Cette négociation, qui resta secrète, n'eut aucun succès; mais plus tard elle servit de base à Kléber, dans son arrangement avec Mourad-Bey.

Le parti que le général en chef prit d'étendre et de diviser son armée lui facilita la conquête de l'Egypte, et les moyens de faire subsister les soldats. Mais le dégoût dans l'armée était général; toutes les administrations étaient désorganisées; il existait entre les officiers un égoïsme et une humeur qui s'opposaient à ce qu'ils pussent vivre ensemble. Ils étaient toujours aux prises avec les généraux, qui s'emparaient de tout. Le général en chef était le seul qui écoutât leurs plaintes et celles des soldats. Il donnait raison au militaire, il le ménageait, dans la crainte que le mécontentement de l'armée, qui murmurait déjà, ne vînt à prendre un caractère plus sérieux.

La campagne que nous venions de faire était sans contredit la plus pénible qu'eussent jamais faite les Français. Nos marches forcées dans le désert, sous un ciel brûlant, sur un sable plus brûlant encore; notre disette d'eau pendant cinq jours, de pain pendant quinze, de vin pendant trois mois, sans cesse au bivouac, exposés à une rosée perfide qui aveuglait les imprudens; voilà sans doute qui était plus redoutable que les batailles et les siéges. Que faut-il pour se battre ? de l'élan ; mais pour supporter la fatigue et les privations, il faut un vrai courage de tête et d'âme. Nos forces étaient épuisées; la plus grande partie de l'armée était attaquée de la dyssenterie. Nous étions dans un climat où la terre semblait un brasier; ce climat nous énervait, nous rendait mous et indolens; les insectes nous tourmentaient et nous dévoraient. Depuis plusieurs jours je n'avais presque pas fermé l'œil quand j'arrivai au Caire; je ne pus d'abord être couché que sur le carreau, où les mouches, les punaises, les cousins et les fourmis faisaient mon supplice. Les maladies et le fer des Arabes diminuaient tous les jours la force de notre armée. Le général en chef, pour calmer le mécontentement, promettait que des troupes viendraient bientôt nous relever. Nous crûmes généralement à cet adroit mensonge qui nous donna le temps de nous acclimater. Depuis la défaite des mameloucks, nous n'avions plus à craindre que les Égyptiens et les Arabes; nous savions qu'ils nous portaient une haine violente. Quant aux Arabes, voleurs par profession et par institutions reçues de race en race, ils étaient indestructibles, parce qu'il était difficile de les atteindre; il n'en était heureusement pas de même des habitans; quelques têtes de cheiks devaient bientôt nous les soumettre. Les instructions de Bonaparte à ses généraux portaient de désarmer le pays, de faire tomber quelques têtes, et de prendre des otages.

Je cherchais à me former une idée de l'Égypte, ce qui me fut d'autant plus facile que, chargé souvent de porter les ordres de l'état-major aux différentes divisions disséminées autour du Caire, je me familiarisai avec la topographie du pays. Le Nil se divise en deux branches à deux lieues au-dessous du Caire; l'une descend à Rosette, l'autre à Damiette; entre ces deux branches est le Delta, pays fertile, non-seulement arrosé par le Nil, mais traversé par une multitude de canaux. Du côté des terres, la lisière du pays cultivé n'excède pas une lieue de large; au-delà on trouve les déserts qui aboutissent les uns à la Libye, les autres aux plaines sablonneuses qui vont à la mer Rouge. Du Caire à Rosette, le pays est très-habité, et on trouve beaucoup de villages, mais leur construction est abominable. Ce sont toujours des cabanes faites avec de la boue et de la paille. On y cultive beaucoup de riz, des lentilles, du blé-froment et du blé de Turquie. Les cultivateurs, appelés *fellahs*, sont extrêmement laborieux et sobres, mais d'une malpropreté dégoûtante.

CHAPITRE IV.

Sur les déserts qui environnent l'Égypte, et sur les Arabes.

Dans l'espace de près de deux cents lieues, la vallée du Nil, qui forme l'Egypte, est bordée au levant et au couchant par d'immenses déserts. Ces déserts ont des plaines de sable sans eau ni végétation, dont l'aspect monotone n'est varié que par des monticules ou des rideaux de sable. Là il n'existe aucune trace de chemin; les vents déplacent parfois les mamelons de sable mouvant, ce qui rend pénible et souvent très-dangereuse la marche dans le désert. Parfois le sol enfonce sous les pieds, parfois il est ferme; il est rare qu'on y trouve des arbres; quelquefois pourtant on trouve des puits, on rencontre des palmiers. Il est rare aussi d'y faire plus de vingt à vingt-cinq lieues sans trouver une source; mais l'eau y est d'ordinaire peu abondante; elle est d'ailleurs saumâtre, exhalant presque toujours une odeur alcaline. Il y a aussi dans le désert des bas-fonds où les eaux séjournent et s'écoulent plus ou moins longtemps. Autour des mares naissent des broussailles d'un pied ou un pied et demi de hauteur. C'est la partie pittoresque des déserts. Ces broussailles servent de nourriture aux chameaux. On trouve également dans le désert une grande quantité d'ossemens d'hommes et d'animaux dont les Arabes se servent pour faire du feu; enfin on y voit assez souvent des gazelles et des troupeaux d'autruches qu'on prendrait de loin pour des Arabes à cheval. Quels que soient les inconvéniens de la marche dans ces sables mouvans, on est forcé de les traverser souvent pour communiquer du sud au nord de l'Égypte, pour passer de l'Égypte en Syrie; on triplerait la distance si l'on suivait toujours les sinuosités du cours du Nil.

On conçoit que ces déserts ne puissent

avoir que des habitans nomades, et ces nomades ce sont les Arabes, qui sont divisés en une soixantaine de tribus, toutes dépendantes de l'Égypte. Nous avons déjà dit qu'elles forment une population d'à peu près 120,000 âmes qui fournissent dix-huit à vingt mille cavaliers, et dominent les différentes parties du désert. Il y a telle tribu de deux mille âmes qui possède quatorze cents chameaux, met en campagne trois cents cavaliers, et occupe quatre-vingts à cent lieues carrées de terrain. Ces différentes tribus possèdent une grande quantité de chameaux, de chevaux et de brebis. Elles possèdent aussi des oasis *, qui, semblables à des îles, ont, au milieu même du désert, de l'eau, de l'herbe et des arbres. Les Arabes les cultivent et s'y réfugient à certaines

* Ce sont des portions de terres cultivées et situées, comme des îles, au milieu des déserts de la Libye. Des eaux abondantes y entretiennent une végétation continuelle; on y trouve beaucoup d'arbres d'espèces variées, et les habitans y recueillent une quantité considérable de fruits.

(Note *de l'Éditeur.*)

époques de l'année. Toutefois ils sont assez généralement misérables; ils ont constamment besoin de l'Égypte, viennent en cultiver annuellement les lisières, y vendre le produit de leurs troupeaux, et louer leurs chameaux pour les transports dans le désert. Le bénéfice qu'ils retirent de ce trafic, ils l'emploient d'ordinaire à acheter les objets qui leur sont indispensables.

Voici sur les Arabes-Bédouins qui occupent les déserts des environs d'Alexandrie, qui poussent leurs incursions jusqu'à la vallée des lacs de Natron et aux Pyramides, des détails propres à faire connaître leurs mœurs et leurs habitudes. Les Bédouins se lèvent chaque jour de très-bonne heure, et, se mettant aussitôt à genoux, baisent la terre deux fois en regardant le ciel. Au lever du soleil et à l'apparition de la lune ils font la même cérémonie, trois fois de suite, en tournant les regards vers cette planète. Commandés par des chefs appelés cheiks, ils les respectent, les saluent toutes les fois qu'ils passent devant eux, et remplissent exactement leurs ordres.

Ils sont vêtus d'une toile blanche de laine qui s'attache à leur col et dont ils jettent les pans sur leurs épaules. Leurs bras sont nus. Ils ont une espèce de pantalon large qui s'attache aux genoux. La jambe est nue comme les bras et ils n'ont aux pieds qu'une sandale de cuir jaune.

Comme les Scythes, ils s'établissent dans des camps qu'ils transportent à volonté et selon les circonstances. Ils amènent avec eux toute leur famille qu'ils mettent sur des chameaux, dont ils ont un bien plus grand nombre que de chevaux. Les femmes et les enfans montent sur le dos d'un chameau où se trouve une espèce de cabane circulaire dans laquelle ils sont très-commodément couchés ensemble avec leurs enfans.

Les femmes sont habillées à peu près comme les hommes; elles portent leurs enfans sur le dos. Quoiqu'elles soient considérées de leurs maris, elles ne mangent pas avec eux; il en est de même entre les hommes, quoiqu'ils se voient souvent, qu'ils soient complaisans et très-familiers entre eux; les personnes d'une même famille ne mangent jamais chez une autre.

Leur manière de vivre est très-dure. Ils vivent d'un pain très-noir cuit sur le crottin de leurs chameaux. Leur eau, contenue pendant long-temps dans des sacs de peaux de boucs exposés toujours au soleil, est très-puante. Ils trempent leur pain dans une espèce d'huile qui exhale aussi une très-mauvaise odeur. Ils font des échanges de marchandises ou autres objets d'utilités générales, et ont peu besoin d'argent.

Chaque famille habite seule une même tente; elle est commandée par un chef; c'est lui qui fait la guerre; mais tout ce qui est pris appartient à celui qui a fait la capture; l'homme même fait prisonnier peut être vendu par celui qui s'en est rendu maître sans que d'autres puissent avoir rien à y prétendre. En général ils ont pour habitude de dévaliser sans tuer, à moins qu'on ne leur résiste. C'est à cheval qu'ils font toutes leurs expéditions; leurs chevaux sont de la plus grande agilité; tous sont sauvages, et franchissent les monticules et les hauteurs avec la même rapidité qu'ils courent dans la plaine; ils ne sont jamais ferrés. Les Arabes s'accoutument dès l'enfance à s'orienter dans les déserts par les sinuosités des collines ou des rideaux de sable, par les accidens du terrain, ou par les astres.

Il est impossible que tant de tribus errantes ne se fassent pas souvent la guerre entre elles, soit pour la démarcation de leurs limites, soit pour le pacage de leurs bestiaux, soit pour tout autre objet.

Mais à notre arrivée en Égypte, presque toutes ces tribus se réunirent contre nous, et il nous fallut réprimer quinze à vingt mille voleurs indépendans de la justice, parce qu'ils se réfugiaient dans l'immensité du désert; ils portaient l'audace au point de venir piller des villages, tuer des fellahs, et enlever leurs troupeaux presque à la vue de nos cantonnemens.

On comptait pendant notre occupation dans la province du Caire cinq tribus principales d'Arabes; celle des Billy était la plus nombreuse; au moment de l'expédition de Syrie, elle était en paix avec nous; elle avait son chef et plus de deux cents chameaux à l'armée. Nous étions également en paix avec la tribu des Joualk. Les fils de ses deux principaux cheiks étaient en otage chez le commissaire près le divan du Caire. Les Terrabuis, avec qui nous étions également en paix, avaient aussi leurs cheiks et presque tous leurs chameaux dans les convois de l'armée. Nous avions pour ennemies les tribus Aouatah et des Faydé : nous avions brûlé leurs villages et détruit leurs troupeaux. Ils s'étaient réfugiés dans le fond du désert; mais ils revenaient souvent faire des brigandages aux environs du Caire. L'ordre était donné dans les petits forts qui environnaient la ville de leur tirer des coups de canon quand ils approcheraient de trop près. Nous avions aussi un poste à Gizeh, pour donner la chasse aux Bédouins.

CHAPITRE V.

Sur les chevaux arabes du désert.

Les chevaux de race arabe ont été de tout temps distingués par leurs belles formes et par leur qualité : ils sont généralement estimés en Asie ; mais il y a dans le désert des tribus en possession des plus belles races. Tels sont les Arabes qui se trouvent sur les bords de l'Euphrate et du Tigre, entre Bagdad et Bassora. Les cheiks ont grand soin de conserver ces races dans la plus grande intégrité, et sans aucune altération.

Les chevaux se divisent en deux classes, les nobles et les communs; ceux-ci se croisent de toute manière, et forment l'espèce la plus nombreuse; nous ne parlerons ici que de la première. Il se présente d'abord une observation sur un usage singulier qui paraît assez conforme à l'expérience : c'est que la généalogie des chevaux arabes ne se transmet que par les femelles ; la noblesse du mâle n'est qu'individuelle. Les Arabes disent : Telle jument est fille d'une telle. Ils ont grand soin que les races ne s'abâtardissent pas.

Lorsque les jumens sont en chaleur, ils les font couvrir par les étalons dont la famille est connue ; et lorsqu'ils envoient au vert, ils ont soin de les boucler. Dès que les jumens mettent bas, les chefs attestent la filiation du produit mâle ou femelle par une patente en bonne forme, et signée de plusieurs témoins. Celle d'un poulain, comme nous venons de le dire, ne passe point à ses descendans; celle d'une pouline fait mention de tous les ascendans maternels. Ce certificat accompagne la vente des chevaux.

Il y a quatre races distinguées de chevaux arabes près de Bagdad, et dont j'ai oublié les noms. Leurs formes ont quelques différences qui n'échappent point aux maquignons ; ils n'ont pas besoin de voir des patentes pour savoir si une jument est noble, et de quelle écurie elle sort.

Les Arabes sèvrent leurs poulains après cinquante ou soixante jours de lait. Lorsqu'ils naissent dans les villes, et que l'on ne veut pas se charger de leur éducation, on les envoie chez les Arabes du désert. Le prix ordinaire, suivant leur expression, est de donner un pied du poulain, et quelquefois deux, c'est-à-dire qu'à deux ans on paie à celui qui en a eu soin le quart ou la moitié de l'estimation faite par devant experts.

Les Arabes font un grand commerce de chevaux ; ils les vendent à deux ou trois ans, et gardent les jumens, qui leur tournent à profit. On prétend aussi qu'ils les préfèrent par la raison qu'elles ne hennissent pas, ce qui les décèleraient dans leurs courses nocturnes. Les princes arabes ne montent que des jumens ; les Turcs, au contraire, ne se servent ordinairement que de chevaux entiers.

Le commerce que font les Arabes de leurs chevaux ne se borne pas au dehors, ils en ont un autre entre eux qui est assez singulier : ils vendent le ventre de leur jument sans en aliéner la possession ; tous les fruits appartiennent à l'acquéreur du ventre, hors la première pouline qui appartient au vendeur : l'acquéreur a aussi son droit de suite sur cette première pouline, et le vendeur sur le premier fruit femelle de celle-ci, etc.; ensorte que ces droits se conservent pendant des siècles.

Les Arabes commencent à placer la selle sur le poulain à l'âge de quinze à seize mois : il ne la quitte plus, pas même la nuit.

La forme des étriers est un carré long, de la longueur du pied, et un peu convexe ; ils ne passent pas le ventre du cheval, ce qui l'empêche de pouvoir se coucher sur le flanc. On le soumet ensuite à une autre gêne, en lui passant un bridon attaché d'assez près au pommeau de la selle, pour l'accoutumer à conserver la tête dans une position presque perpendiculaire : on le laisse ainsi tout le jour. C'est peut-être aussi pour cette raison que la mangeoire est élevée et profonde. Le cheval arabe ne connaît point le foin, ni la manière dont il est distribué aux chevaux en Europe. Sa nourriture consiste en cinq ou six livres d'orge, poids de marc, qu'on lui donne au coucher du soleil. Cette habitude le rend infatigable et patient toute la journée. Sous les tentes on l'amuse le jour avec de la paille d'orge coupée. Il s'ensuit de ce que je viens de dire, qu'un cavalier arabe portant en croupe soixante livres d'orge, parcourt le désert l'espace de dix jours. Des dattes et quelques livres de farine de froment, dont il se sert pour faire son pain, sont sa nourriture : il se sert pour cet effet d'un vase de cuir ou de bois. Une outre passant en travers sous le ventre, et attachée de chaque côté de la selle, abreuve lui et sa jument.

Les Arabes commencent à faire monter avant deux ans leurs chevaux par leurs enfans : ils se connaissent parfaitement puisqu'ils sont élevés sous la même tente. On ne leur donne que deux allures, le pas et le galop. On leur coupe la crinière, et on leur rase la queue pour qu'elle se fournisse davantage.

La selle porte en avant à cause de la position du cavalier qui tient les étriers assez courts ; elle diffère de beaucoup de celle des mameloucks du Caire, et très-peu de celle de notre cavalerie légère. Il ne m'appartient pas de décider ici quelle est l'espèce de selle qui donne au cavalier la meilleure assiette ; mais en examinant les armes des Arabes du désert, il paraît que leur manière de monter leur est avantageuse. Ils se servent de javelots qu'ils tiennent sous la cuisse, de lances et de sabres. Le maniement de ces trois armes les oblige de se soulever pour s'en servir avec succès.

Les Arabes, comme tout le monde sait, font la guerre en attaquant et en fuyant. Leur position en selle leur donne la facilité de se courber sur le col de leur jument, pour éviter la lance et le javelot. Ils les accoutument à courir à toutes jambes, et à s'arrêter court, pour pouvoir se retourner sur-le-champ et présenter la lance à l'ennemi. Un des premiers mérites des jumens arabes étant de savoir fuir à propos, ils les font poursuivre, lorsqu'elles sont jeunes, la lance sur leur croupe. Elles sont tellement accoutumées à ce manège que, lorsqu'elles sentent un cavalier après elles, il ne faut que leur lâcher la bride pour les faire disparaître.

La lance du cavalier arabe est un bambou de la Chine, noueux, léger et élastique, de douze pieds de long, terminé par un fer pointu et bien acéré, au-dessous duquel est une houpe de soie noire; elle n'est point immobile dans leurs mains, comme celle de nos anciens guerriers; lorsqu'ils attaquent, ils la tiennent à un tiers de fer, la lancent en la laissant glisser entre leurs mains, sans cependant s'en dessaisir.

Le cavalier arabe est si svelte, qu'il s'élance à cheval en se soutenant sur sa lance.

Les Arabes ont une très-bonne coutume

pour maintenir et conserver les pieds de leurs chevaux ; lorsqu'ils ont fait quelque course, et que l'animal est en moiteur, ils ne l'attachent jamais qu'ils ne l'aient fait promener doucement à la bride un bon quart-d'heure; ils la lui laissent ensuite une heure ou deux à la selle avant de lui donner à manger.

Ils ont un talent particulier pour faire concevoir les jumens ; lorsqu'ils s'aperçoivent qu'elles entrent en chaleur, ils les montent trois ou quatre jours de suite pour les fatiguer, et diminuent leur ration pour les affaiblir. Ils se conforment au sentiment de Buffon : ce naturaliste pense que les femelles les moins vives sont celles qui retiennent le mieux.

Les Arabes gardent des étalons pour leurs jumens; ils sacrifient des chevaux de quatre à cinq ans à cet usage. En général, l'on ne fait pas saillir les chevaux de monture ; ils deviennent trop mutins, lorsqu'ils sentent les jumens.

On prépare la jument avant de lui présenter l'étalon. Après l'avoir attachée par les pieds, déferrée de ceux de derrière, le maréchal prend un morceau de savon qu'il introduit avec le bras dans le vagin de la jument; il le lave aussi profondément qu'il peut, et redresse l'entrée de la matrice, si elle se trouve tortueuse. L'on m'a même assuré un fait que je me refuse à croire; c'est que lorsqu'ils s'aperçoivent qu'une jument est stérile, ils sortent la matrice hors du vagin, raclent de petits points noirs qui s'y trouvent, et quelquefois même recousent de petits trous. Aussitôt que l'étalon a quitté la jument, on jette sur la croupe de celle-ci un baquet d'eau fraîche, et on la promène au galop. On s'aperçoit à trois ou quatre mois si la jument est pleine. Voici ce que j'ai vu pratiquer : on présente le flanc de la bête au soleil, et lorsqu'il est échauffé, on lui jette de l'eau fraîche sur le ventre, à l'origine de la cuisse. La contraction qu'éprouve la mère dans ce moment se propage à la matrice, et fait remuer le fœtus.

Chaque Arabe a son cheval, et l'entretient à peu de frais. Le prix varie suivant la qualité : les communs se vendent, lorsqu'ils sont jeunes, depuis 50 francs jusqu'à 120 francs (monnaie de France); ceux de race vont de 1,000 à 10,000 francs. Pour les jumens, elles sont toujours d'un tiers plus chères que les chevaux; celles d'un grand prix ne se vendent pas pour l'ordinaire entièrement; le maître se réserve le ventre, c'est-à-dire la première portée, comme je l'ai dit plus haut.

Les chevaux arabes qui sont soignés dans les villes ont une belle allure et de la grâce; ceux du désert ont l'air humble, et sont assez maigres; un cheval étoffé nuirait à l'Arabe pour ses incursions.

La vitesse et la légèreté de la course mettent une grande différence parmi les chevaux; mais malgré les fables et les fanfaronnades des Arabes, il s'en faut bien qu'ils aient la vitesse des chevaux destinés aux courses en Europe : ceux-ci parcourent deux mille toises en quatre minutes, ce qui fait les trois-quarts du vol de l'hirondelle.

La taille des chevaux arabes est plus basse en général que celle des chevaux de France; mais elle est plus uniforme : ils ont de la ressemblance avec les chevaux limousins, à part la croupe qu'ils ont plus étoffée que ceux-ci.

Le cheval arabe se distingue d'abord par la petitesse de son sabot, et par la sécheresse de ses jambes.

On en voit de tout poil, hors le noir.

CHAPITRE VI.

Exploration de la province de Charqhié, qui confine au désert du côté de la Syrie.

Le général en chef savait que Ibrahmi-Bey s'était arrêté à Belbéis, d'où il paraissait vouloir inquiéter cette frontière de l'Égypte. Il eut bientôt connaissance que plusieurs scheiks s'étaient réunis à Ibrahim pour intercepter la caravane des Indes, partie de la Mecque pour le Caire, sous la conduite de Saleh-Bey, prince des Pélerins. Ibrahim l'avait fait inviter à se diriger sur Saléhiéh pour éviter de tomber au pouvoir des Français qui étaient maîtres du Caire; mais plusieurs pélerins qui n'avaient rien à perdre quittèrent la caravane, et vinrent dans la capitale de l'Égypte donner l'éveil; on sut par eux que les Arabes avaient déjà pillé une partie de la caravane qui était en quelque sorte désorganisée, et que tout ce qui avait pu échapper s'était mis sous la protection d'Ibrahim. Le général en chef mande d'abord au général Reynier, dirigé sur cette frontière, de détacher les Arabes des intérêts d'Ibrahim, en leur faisant comprendre qu'ils n'ont rien à gagner à nous faire la guerre; puis, déterminé à poursuivre lui-même Ibrahim, il écrit à Reynier qu'il va partir pour se porter à vingt-huit lieues du Caire, vers la Syrie. Formant aussitôt deux colonnes d'opérations, avec une partie des divisions Lannes et Dugua, il les met en mouvement avec trois cents chevaux. Là était mon ami Lasalle, chef de brigade du 22e de chasseurs à cheval. L'aide-de-camp du général en chef, Sulkousky, ayant été chargé de marcher en éclaireur pour reconnaître le terrain, je l'accompagnai avec une avant-garde de cavaliers d'élite. Je donne ici la description que nous fîmes ensemble du pays que nous étions chargés d'explorer; je reviendrai ensuite sur l'opération militaire.

Nous sortîmes du Caire par la porte de

Nassr. Le désert fut le premier objet qui frappa notre vue; ses limites arides viennent ceindre les murailles de la ville après avoir encombré une partie de ses faubourgs. Des groupes de maisons désertes se dessinent au milieu de cette plaine blanchâtre; on y remarque la Coubbé, qui veut dire coupole : c'est une mosquée entourée d'édifices réguliers bâtis en pierres, et avec des galeries. A une lieue de la Coubbé, nous rencontrâmes le village d'Elmatarié. On y voit un obélisque regardé comme une des ruines de l'ancienne Héliopolis; au-delà on aperçoit, entouré d'arbres, le village d'Elmargue; plusieurs milliers de palmiers plantés en quinconces, ombragent ces huttes délabrées : cette route est celle que suivent les caravanes pour se rendre en Syrie. Elle semble tracer la limite entre l'Égypte et le désert; elle nous étonna par ses sites bizarres. On a toujours les sables sur sa droite, et les terres cultivées sur sa gauche, de sorte que la vue se perd sur les uns, et s'arrête sur les autres : plus on avance, plus l'Égypte est ombragée; on distingue à peine les villages au milieu d'énormes amas de dattiers. Les beaux sycomores ne sont pas rares, et presque partout l'on rencontre de vastes enclos remplis d'acacias et de citronniers; mais ni la verdure, ni les fleurs, ni les ruisseaux, n'égaient leurs alentours, et l'aspect d'une hideuse pauvreté les entoure.

Mais si, d'un côté, l'œil se réjouit des signes d'une végétation forte, de l'autre la réflexion détruit cette impression fugitive, car on voit en même temps le contour du désert empiéter sur les bonnes terres; on apercoit sur les coteaux nus des coupoles, des maisons abandonnées; on rencontre à chaque pas les traces de la culture presque effacées par le sable, tandis qu'on chercherait en vain une seule partie de la terre aride rendue au labourage.

D'Elmargue nous aperçûmes au loin Elhanka qui passe pour un des plus gros bourgs du pays. Entre ces deux villages est un bois touffu; il couronne le sommet d'un plateau dont la pente s'avance vers le désert, et se termine au fameux lac des Pélerins Birhet et Hadji. Ce n'est plus aujourd'hui qu'une mare desséchée, entourée de plusieurs ronds d'arbres.

Le pays que je viens de décrire paraît avoir été arrosé autrefois par la branche Pélusiaque du Nil. C'était la plus orientale de toutes, et celle qui, s'avançant vers le désert, a probablement disparu sous ses tourbillons dévastateurs. On ne voit plus aujourd'hui la moindre trace de la masse d'eau qu'elle charroyait, tandis qu'à peu de distance en arrière on voit encore des canaux sur l'emplacement de ceux qu'on avait creusés vers l'embouchure Mendisienne. Elhanka, ville jadis considérable, dut son accroissement au passage fréquent des caravanes; mais quoique les trois quarts aujourd'hui soient convertis en décombres, on y voit un reste d'aisance; c'est le premier endroit de l'Égypte où nous vîmes une rue alignée au cordeau. Passé Elhanka, nous ne rencontrâmes qu'une suite de villages qui n'ont rien de remarquable. Après sept heures de chemin on arrive à Belbéis, la seule ville qui se trouve sur cette route. On croit que c'est l'ancienne Bubaste, qui aujourd'hui ne contient que des maisons délabrées et des habitans misérables; à peine occupe-t-elle le tiers de ses anciennes dimensions, comme il est facile de s'en convaincre par les traces de ses vieux remparts. C'était, il y a six siècles, le seul boulevart de l'Égypte du côté de la Syrie. On sait qu'elle opposa une vigoureuse résistance aux attaques d'Amaury, roi de Jérusalem, et qu'elle contenait assez de richesses pour occuper pendant trois jours son armée au pillage. Mais Amaury s'en éloigna ensuite pour quelques sommes d'argent, et les Musulmans restèrent maîtres de l'Égypte.

Au sortir de Belbéis, le pays nous parut plus fertile; les villages se succèdent et se lient entre eux par leurs vergers. Les fontaines et les coupoles isolées sont plus fréquentes; mais les sites pittoresques s'évanouissent dès qu'on a dépassé Souva ; toutes les terres cultivées semblent fuir, et il faut traverser trois lieues de désert jusqu'à Coraïm, à moins d'entreprendre un grand détour. Coraïm est un bois assez spacieux, qui contient huit ou dix hameaux avec leurs jardins. On y qualifie de château un amas de maisons entourées d'une muraille de terre où l'on entre par une porte qui n'a pas même de verroux; on y attache l'idée de forteresse, parce que des hommes à cheval armés de lances n'osent entreprendre de l'escalader.

Nous avions encore six lieues à faire pour arriver à Saléhiéh. Pendant la moitié de la route nous côtoyâmes quelques villages, mais bientôt nous les quittâmes pour nous enfoncer dans des landes incultes jusqu'à Saléhiéh. C'est un bourg beaucoup plus grand que Coraïm, ou plutôt c'est un bois d'environ deux lieues de long où quelques villages sont enclavés, ainsi qu'une assez belle mosquée bâtie en pierre. Le nom de Saléhiéh dérive du fameux sultan que les auteurs du moyen âge nomment

Saladin. L'expérience avait fait connaître à ce prince guerrier l'insuffisance des remparts de Belbéis; il sentait également le danger qui menaçait Damiette si les croisés l'attaquaient. Ne voulant pas qu'on pût ébranler l'existence de son empire par l'issue d'un seul siége, il voulut avoir une place forte sur les flancs de l'ennemi qui remonterait la branche de Damiette, afin d'arrêter au sortir du désert l'armée qui viendrait de Syrie. Tel fut le but que Saladin se proposa en faisant élever une forteresse à Saléhiéh. Là se trouve la dernière lisière des terres cultivées de l'Égypte. Au sortir de ces bois commence l'isthme de Suez : il faut dès lors parcourir cinquante lieues avant de rencontrer un endroit habité; durant tout cet espace le voyageur ne marche que sur un sol nu, et ne rencontre que sept fois une eau saumâtre et peu abondante. Chargé de découvrir les vestiges de l'ancienne forteresse de Melle-Saleh, toutes nos recherches furent inutiles : la tradition de son emplacement ne s'est pas même conservée.

Les Arabes-Bédouins forment la caste prépondérante dans ces contrées. Leurs camps sont tendus à côté des villages de l'Égypte. Ces Arabes nous parurent plus opulens et moins sauvages que ceux que nous avions aperçus précédemment le long des rives du Nil. Il est vrai qu'ils trafiquent avec le produit de leurs troupeaux; qu'ils rançonnent ou escortent les caravanes; que plusieurs mêmes cultivent la terre : mais la branche la plus lucrative de leur revenu est toujours le pillage de tout ce qui est hors de l'arrondissement de leur tribu. Leurs cabanes nous parurent moins basses que les tentes où s'accroupissent les Arabes de Damanhour. Leurs parois sont d'un fort tissu de joncs, et leurs tentes toujours spacieuses ne couvrent que le milieu. Dans l'intérieur règne une sorte d'abondance relative; le riz, le lait, l'orge n'y sont pas rares ; les ustensiles y sont nombreux, et souvent on y trouve enfouis des ballots précieux enlevés à des voyageurs imprudens.

Quoique bien montés et bien équipés, aux armes à feu près, qu'il leur est difficile de se procurer, ils en viennent rarement à se mesurer avec leurs ennemis. Ils traitent avec les mameloucks, ménagent l'habitant, se servent plutôt de la ruse que de la violence, et ne mettent aucune honte à fuir; aussi pendant notre trajet vîmes-nous plusieurs fois un seul de nos cavaliers d'escorte en chasser plusieurs devant soi. Ce contraste avec le courage des Bédouins qui avoisinent Alexandrie et Rosette, nous frappa; là nous les avions vus chercher jusque sous nos fusils un butin douteux.

Le fellah ou laboureur nous parut aussi moins malheureux que ceux des bords du Nil, apparemment parce que les produits de sa culture ne sont pas tous absorbés par le propriétaire qui réside au Caire. Dans notre marche vers cette ville nous n'avions vu que des champs immenses entr'ouverts par des crevasses, et qui, sans enclos comme sans sillons, paraissaient n'avoir été labourés que d'une main indifférente; la seule crue du Nil les arrosait une fois l'an. Ici, au contraire, chaque morceau de terre montrait les soins du laboureur. Les puits étaient entretenus; des rigoles élevées avec précision conduisaient l'eau dans les campagnes, et une immensité de carrés factices, cernés d'un rebord, la conservaient sur les champs arrosés. Qu'on ajoute la plus vive sollicitude peinte dans le regard des habitans à notre approche, bien éloignée de cette apathie stupide qui suit l'extrême indigence, et que nous avions remarquée dans les autres lieux de notre passage, et on aura une idée de l'état physique et moral de cette partie de l'Égypte.

Nous attribuâmes cette amélioration dans le sort du cultivateur à l'éloignement et à l'abri, pour ainsi dire, où jusqu'alors ils avaient été des mameloucks, leurs oppresseurs, qui rançonnaient avec bien plus de sécurité les endroits situés sur les bords du Nil et des canaux navigables. Ici, pour parcourir une vingtaine de lieues par terre, on était arrêté par bien plus de difficultés, et il fallait des satellites plus nombreux. Comment maîtriser à la fois tant de villages et ces camps arabes garnis d'hommes armés? Pour s'y établir avec une suite considérable, il eût fallu quitter le Caire. Les beys propriétaires de la Charqhié, dont le besoin était le luxe et les jouissances, préféraient un revenu moins abondant, mais plus sûr à un revenu plus considérable, accompagné de vexations et de dangers.

Quant à l'étendue et à la population de cette province que nous parcourûmes si rapidement, nous avons calculé que depuis la Coubbé, village à une demi-lieue du Caire jusqu'à Saléhiéh, la distance était d'environ vingt-quatre lieues, et que la population des hameaux, bourgs et villages que nous avons reconnus et traversés, s'élevait à un peu plus de vingt mille habitans. Quant aux endroits intermédiaires nous les avons traversés si rapidement, qu'il ne nous a pas été possible d'y faire la moindre remarque.

CHAPITRE VII.

Combat de Saléhiéh. — Retour du général en chef au Caire. — Bataille navale d'Aboukir.

Pendant notre exploration géographique, nous ne négligeâmes rien pour avoir des renseignemens positifs sur la marche des mameloucks d'Ibrahim-Bey. Ce ne fut qu'aux approches de Belbéis que nous apprîmes qu'Ibrahim, réuni aux Arabes, venait de s'emparer de la plus grande partie de la caravane des Indes, avec laquelle il se disposait à passer en Syrie.

Nous marchâmes aussitôt dans la direction de Saléhiéh, pour la lui arracher des mains. Nous espérions avoir chacun de beaux schalls de cachemire. Le général en chef, après trois marches forcées, rassemblant toute la cavalerie, la dirigea lui-même au-delà du village de Koraïm, dans l'espoir d'atteindre Ibrahim-Bey. A cinq heures du matin nous arrivâmes vers le bois de palmiers qui entoure le village de Saléhiéh. Le général en chef, s'y étant arrêté près d'une citerne, nous envoya immédiatement à la découverte de l'ennemi. Nous apprîmes qu'Ibrahim avait campé la nuit dans le bois de palmiers, et qu'il avait pris la route du désert, traînant à sa suite la caravane et ses propres bagages, où se trouvaient ses trésors et ses femmes. Toute notre cavalerie se mit aussitôt en marche; nous brûlions tous d'atteindre les mameloucks. Nous avions devancé de beaucoup notre infanterie, qui était encore éloignée quand nous aperçûmes l'arrière-garde d'Ibrahim, forte de quatre cents mameloucks bien montés, et qui protégeaient l'immense convoi, dont la tête se perdait au loin dans l'horizon du désert. Le général en chef fit donner l'ordre à une partie de la cavalerie de charger les mameloucks. Nous nous élançâmes avec impétuosité; les mameloucks, évitant notre choc, revinrent bientôt sur leurs pas et nous chargèrent à leur tour. Les hussards et les chasseurs soutinrent l'attaque. Les mameloucks s'éparpillèrent autour de nos escadrons pour les envelopper; la mêlée devint alors terrible et sanglante; nous étions perdus, si le général en chef n'eût pas envoyé les dragons et ses propres guides à notre secours. Les mameloucks cédèrent alors le terrain et rejoignirent le convoi, qui avait pressé sa marche dans le désert. Ainsi nous ne pûmes remplir notre projet, et nous perdîmes plusieurs braves. Nous eûmes une cinquantaine de blessés et une vingtaine d'hommes de tués. Les blessés furent pansés sur le sable et transportés ensuite dans la mosquée de Saléhiéh. Presque toutes les blessures étaient faites par l'arme blanche: ce fut dans cet engagement que nous reconnûmes pour la première fois les terribles effets des damas dont les mameloucks sont armés: plusieurs de nos blessés eurent les membres entièrement coupés, d'autres le crâne, ou une grande partie des épaules et des cuisses emportés. Le chef d'escadron du 7e des hussards, d'Estrées, reçut plus de vingt blessures. L'aide-de-camp Sulkouski, moins dangereusement blessé, reçut pourtant plusieurs coups de feu et sept coups de sabre. Il n'y avait eu aucune infanterie engagée dans l'action; ni nous ni les mameloucks n'avions d'artillerie, ce qui fut un avantage pour ces derniers, qui ne savent pas se servir du canon. Ils déployèrent, il faut en convenir, dans cette rencontre, plus d'habileté et de courage qu'on ne leur en supposait. Le 11 août, le général en chef avait écrit à Ibrahim-Bey pour l'engager à entrer en négociation avec lui, et à lui envoyer le pacha du grand-seigneur porter sa réponse. Mais Ibrahim n'eut garde de se séparer du pacha, qu'il avait entraîné avec lui au moment de sa fuite du Caire; il vit un piége dans cette ouverture, et n'y répondit pas.

Le général en chef ayant donné des ordres pour fortifier Saléhiéh, y laissa le général Reynier avec sa division, et fit marcher la division du général Dugua sur Damiette. Le 13 août, il reprit la route du Caire avec le quartier-général. Nous étions à peu de distance de Saléhiéh, quand un aide-de-camp du général Kléber parut, et remit au général une lettre de Kléber, et le rapport du contre-amiral Gantheaume sur la malheureuse bataille navale d'Aboukir. Le général en chef, montrant une grande force d'âme après la lecture des dépêches, annonça lui-même, d'un air riant, mais affecté, que nous n'avions plus de flotte. Tout le quartier-général fut consterné. On accéléra la marche sur le Caire, et pendant toute la route, nous ne nous entretînmes que des suites probables de la destruction de notre escadre. Arrivés au Caire, nous trouvâmes les généraux et les officiers de l'armée, de même que les administrations, très-affectés et découragés de l'événement d'Aboukir. Nous apprîmes là des détails; nous sûmes que onze vaisseaux avaient été pris, brûlés ou perdus. Plusieurs personnes bien informées assuraient que le vice-amiral Brueys, qui venait de périr dans la bataille, aurait voulu mettre à la voile aussitôt après le débarquement des troupes à Alexandrie, mais que Bonaparte s'y était opposé. Brueys, qui lui était entièrement dévoué, s'était soumis sans murmure, bien décidé à suivre les destinées du général en chef. Toutefois, ce dernier avait insisté pour que l'escadre, forte de quinze vaisseaux de ligne et de plusieurs frégates, se cachât dans le port d'Alexandrie; mais Brueys, persuadé qu'elle ne pourrait y entrer sans danger, à cause des bas-fonds et des récifs, et voulant au préalable faire sonder les passes, avait pris son mouillage dans la rade ouverte d'Aboukir, en attendant le résultat de cette opération. La manœuvre inconcevable de la flotte anglaise, qui était retournée dans l'ouest, tandis que nous opérions notre descente, qu'elle aurait pu facilement contrarier, avait établi mal-

heureusement l'idée qu'elle n'avait pas ordre
de nous attaquer. De là une trop grande et
funeste sécurité. Jusqu'alors la belle saison
et les hasards avaient tellement secondé notre escadre, qu'elle était parvenue avec le
convoi, sans perte ni accident, sur les côtes
d'Égypte. Nous avions souvent entendu parler de l'ennemi en mer, mais sans jamais le
rencontrer : deux fois les deux escadres s'é-
taient trouvées très-près l'une de l'autre, sans
même s'en douter. Si Bonaparte avait désiré
que l'escadre restât sur la côte d'Égypte,
c'est qu'il sentait bien qu'elle donnait une
force d'opinion incalculable à l'armée de terre.
Voici ce que me dit plus tard à Alexandrie
un lieutenant de vaisseau que j'avais connu
à Toulon, et que je questionnai sur ce malheureux événement. « Vous savez quelle fata-
lité a poursuivi notre escadre. L'amiral Brueys
était frappé du pressentiment de sa perte
inévitable avant même de mettre à la voile
de Toulon; en serrant sa femme et ses enfans dans ses bras, ses soupirs indiquèrent

assez qu'il croyait que c'était pour la dernière fois. Vous savez que c'est son grand attachement pour le général Bonaparte qui l'a retenu sur la côte d'Égypte après le débarquement. Il y avait assez de fond dans le port vieux d'Alexandrie pour les vaisseaux de 74; il ne fallait qu'ôter une partie de l'artillerie du vaisseau à trois ponts *l'Orient*, qui était le vaisseau amiral.

» L'escadre anglaise ne se présenta point devant la baie d'Aboukir à midi, comme on l'a dit; elle était alors devant Alexandrie. Deux vaisseaux de guerre vinrent reconnaître à demi-portée de canon les forces qui étaient dans le port. Nelson ne fit route pour Aboukir qu'à trois heures après midi, et il n'engagea le combat qu'au coucher du soleil. Un brick français, qui était en reconnaissance, venait de tirer quelques coups de canon pour prévenir l'escadre, à laquelle il se rallia aussitôt. Il fit la faute de marquer le passage entre l'îlot et le vaisseau chef de file.

» Les vaisseaux n'étaient pas embossés, à la

vérité, assez près de terre; mais la batterie de l'îlot était assez bien armée pour défendre le passage; cette batterie fut mal défendue.

» A dix heures du soir le combat était presque décidé; les vaisseaux *le Conquérant* et *le Guerrier* s'étaient rendus. A peu près à la même heure, *l'Orient* sauta. Une heure avant, un boulet avait coupé en deux l'amiral Brueys.

«Les Anglais mirent à terre les prisonniers pour leur faire subir le même sort qu'à l'armée de terre, qu'ils croyaient perdue. »

A ces détails, je crois devoir joindre la relation peu connue du lieutenant de vaisseau Achard sur ce triste événement; toutefois j'avertis le lecteur que cet officier passe pour avoir été très-sévère dans son jugement sur les généraux de l'escadre. On en jugera par la teneur de sa relation.

DÉTAIL *du combat naval d'Aboukir, entre l'escadre française aux ordres de l'amiral* BRUEYS, *et l'escadre anglaise aux ordres de l'amiral* NELSON.

LA vérité est une; un marin ne peut ni ne doit la taire : je la dirai toute, malgré l'intérêt qu'avaient certains hommes de laisser enveloppé d'un voile épais le combat naval d'Aboukir, dont les résultats désastreux sont l'ouvrage de la lâcheté, de l'impéritie des chefs, et peut-être de la trahison.

La flotte française aux ordres du vice-amiral Brueys, des contre-amiraux Blanquet-Duchayla, Villeneuve, et Decrest, partit de Toulon le 19 mai, et arriva le premier de juillet devant Alexandrie. Sur l'avis qui fut donné que l'escadre anglaise s'y était présentée deux jours avant, et qu'on avait insinué aux Turcs que les Français venaient dans l'intention de faire une descente en Égypte, le vice-amiral Brueys fit signal de se préparer au combat en faisant embossure nord-est et sud-ouest : première sottise, puisque la flotte française, qui, d'après l'apparition des Anglais, devait rester à la voile, mouilla sans ordres, contre toutes les règles de la tactique, de la prudence et du sens commun, en pleine mer, sur des rochers inconnus, au risque de perdre ancres et câbles.

Cependant la descente s'effectua sans obstacles à l'ouest d'Alexandrie; et le 2 juillet, cette ville fut au pouvoir des Français. Le lendemain, tous les bâtimens du convoi entrèrent dans le port vieux. Bonaparte témoigna à Brueys son désir que toute l'escadre y entrât. Ce dernier, qui cherchait l'occasion de se soustraire aux ordres de Bonaparte, ne voulant pas néanmoins heurter son opinion, fit explorer l'entrée du port, et en fit sonder la profondeur. Ceux qui furent chargés de cette opération rapportèrent que la passe du port, dans sa partie la plus étroite, était d'un demi-câble, qu'il y avait cinq brasses et demie d'eau de profondeur (vingt-huit pieds), et que le vaisseau *l'Orient* pouvait être mis à vingt-trois pieds de son tirant-d'eau : cela suffisait. Sur ce rapport, l'amiral convoqua tous les officiers commandans pour décider s'il y avait possibilité de faire entrer l'escadre dans le port vieux. Comme le chef avait insinué d'avance la négative, elle prévalut, et il fut décidé qu'on n'y entrerait pas; et ce qu'il y a de plus curieux, c'est que pendant que les généraux provoquaient cette décision, l'amiral promettait un grade supérieur à celui qui ferait entrer l'escadre dans le port vieux. Il rebuta ensuite qui voulut s'en charger.

Brueys, qui n'avait pas voulu faire entrer l'escadre dans le port, malgré la possibilité démontrée, alla mouiller dans la rade découverte d'Aboukir, assez bonne en été.

On ne peut attribuer l'obstination des généraux de la marine à ne point entrer dans le port qu'à leur morgue, ne voulant pas rester sous les ordres de Bonaparte; mais du moment qu'il fut décidé que l'escadre n'y entrerait pas, pourquoi ne pas retourner à Toulon ou à Corfou, ou bien tenir la mer prêt à recevoir l'ennemi ? Puisqu'on était assuré qu'il était dans la Méditerranée, on devait s'attendre à être attaqué; et c'était positivement ce qu'il fallait éviter.

La vérité est qu'on pouvait faire entrer l'escadre dans le port vieux; et qu'en supposant qu'on craignît de toucher, on pouvait user des moyens connus : établir des balises avec des bâtimens démâtés, et mouiller sur chaque côté de la passe. Avec ces précautions, le vaisseau gouvernant mal serait, par son choc entre les balises, rentré d'autant plus sûrement dans sa véritable route, que le vent était constamment favorable à cette opération. D'ailleurs, pourquoi cette offre d'un grade supérieur à l'officier qui se chargerait de l'entrée de l'escadre dans le port d'Alexandrie ? Ou elle était praticable, ou elle ne l'était pas. Dans le premier cas, les chefs devaient l'exécuter, et ils sont coupables de ne l'avoir pas fait. Dans le second cas, pourquoi confier le sort de notre escadre à l'ambition d'un homme, si la chose était jugée impossible? N'était-ce pas pour avoir sujet de faire retomber la responsabilité sur quelque subalterne en cas d'enquête?

On ne peut se défendre de quelques soupçons, quand on considère que les généraux de la marine, après s'être obliquement opposés à l'entrée dans le port vieux, n'ont pris aucune mesure indiquée par l'art pour s'embosser dans la rade d'Aboukir. Les mesures étaient : 1° de mouiller le vaisseau de tête sur les bancs, une ancre d'avant et une d'arrière, l'escadre formant l'angle obtus, la pointe de l'angle ouest, les vaisseaux beauprés sur poupe; 2° d'établir une batterie de douze pièces de 36 sur l'île, qui aurait défendu la tête de notre ligne; 3° de serrer tout-à-fait la ligne; et à cet effet, de placer les vaisseaux *le Causse* et *le Dubois*, qui étaient à Alexandrie, par les trois brasses et demie à quatre d'eau; 4° de compléter les équipages des vaisseaux avec ceux du convoi, devenus inutiles dans le port. Ces précautions eussent empêché une partie des malheurs où nous a plongés la faute de rester au mouillage et d'y attendre l'ennemi; car, pour attaquer, il eût dû renoncer au précieux avantage du vent, qui souffle dans la même direction depuis juin jusqu'en septembre. A toutes ces mesures on pouvait ajouter celle de faire placer des frégates de 44 canons, pour empêcher d'être doublés par la tête et par la queue, et d'être mis entre deux feux croisés.

Au lieu de tout cela, la ligne fut établie nord-ouest et sud-est, formant une ligne courbe, la pointe nord, ayant une ancre de poste-stribord au nord-ouest, avec un croupiat, et une ancre-agée babord à l'ouest-sud-ouest, distant d'un vaisseau à l'autre de deux tiers de câble, de l'île douze, et quatre des bancs, sur la pointe desquels nous aurions dû être mouillés.

L'escadre ayant mouillé sans ordres à Aboukir, le vice-amiral ordonna que le vaisseau *le Guerrier* formât la tête de la ligne.

A cet effet, ce vaisseau, qui se trouvait par son poste à l'arrière-garde, appareilla, et fut mouiller en tête des bancs, par les cinq brasses et demie d'eau, distant trois câbles du *Conquérant*, qui était devenu, par la nouvelle disposition du général, son matelot.

Ensuite, il fut ordonné que *le Guerrier* se repliât sur *le Conquérant*. Le capitaine du premier, voyant que, bien que près de terre, il avait encore de l'évitage, en fit avertir le vice-amiral par un officier; et sur ce qu'on ne révoquait pas l'ordre de culer, il alla lui-même représenter au vice-amiral l'importance du poste qu'il occupait. Mais l'ordre fut irrévocable; et le vaisseau *le Guerrier* fut obligé de se replier de deux encâblures et demie.

Telle était la misérable position de l'escadre dans la rade d'Aboukir, au nombre de treize vaisseaux de ligne, quatre frégates, deux bombardes et deux corvettes, l'armée ayant en tout 1216 pièces de canon.

Le 1er août, à deux heures après midi, nous

SUR L'EXPÉDITION D'ÉGYPTE.

avons aperçu l'armée ennemie, forte de quatorze vaisseaux, une corvette, et ayant 1032 pièces de canon. A deux heures et demie, le vice-amiral fit le signal d'envoyer haut les perroquets, et celui de se préparer au combat. A trois heures, il fit le signal que son intention était de combattre à l'ancre. A trois heures et quart, signal aux bricks *l'Alerte* et *le Railleur* d'appareiller, et à l'un d'eux de passer à poupe, ce qu'ils exécutèrent. Ils mirent sous voile, et poussèrent différentes bordées pour aller en découverte. A quatre heures, un de nos bricks était à la portée du canon de 36 avec celui de l'ennemi, et à celle de 8 d'une djerme, bâtiment du pays, qui paraissait attendre les Anglais. Notre brick lui tira plusieurs coups de canon pour la faire arriver. Elle tint le vent, et n'arriva que lorsque la tête de l'armée ennemie fut près d'elle. Alors elle fit route en avant des Anglais, jusqu'aux bancs, qu'il leur fallut doubler pour attaquer la tête de notre ligne. A quatre heures, le général fit dire à la voix d'amener tous les pavillons. L'ennemi était alors nord et sud avec notre tête, et faisait route sur nous.

Après qu'il eut doublé les bancs qui nous restaient au nord-est, lesquels lui furent indiqués par la djerme, qui lui servit de pilote, il vira lof pour lof, et dirigea pour doubler notre tête. Le premier vaisseau anglais la longea tribord à la portée du fusil. Un second vaisseau fit la même évolution, et lorsqu'ils furent, l'un par la hanche babord-d'avant, et l'autre par la hanche tribord-d'avant du vaisseau de tête, à la portée du pistolet, le général fit le signal de faire feu, ce qui fut exécuté. Ces deux vaisseaux se portèrent, l'un par la hanche babord-d'arrière, et l'autre par la hanche babord-d'avant du vaisseau de tête, ayant mouillé une grosse ancre par le sabord de la sainte-barbe babord, et un croupiat à l'écubier du même bord, présentant leurs travers aux hanches du *Guerrier*.

Un troisième vaisseau ennemi, destiné à

attaquer la tête, échoua sur les bancs qui étaient au nord.

Un quatrième vaisseau ennemi, le dernier de sa ligne, vint prendre poste, par la même évolution, entre *le Guerrier* et *le Conquérant*, présentant son côté babord à l'arrière du *Guerrier*, et son stribord à l'avant du *Conquérant*.

Les autres vaisseaux ennemis se postèrent de la même manière jusqu'au *Tonnant*, qui était le huitième de notre ligne. Engagés de cette manière, le vaisseau *le Conquérant* se battit jusqu'à huit heures et demie; *l'Aquilon*, *le Spartiate*, *le Guerrier*, et *le Peuple-Souverain*, jusqu'à neuf heures et quart, et *le Franklin*, jusqu'à neuf heures et demie.

A neuf heures trois quarts, le vaisseau *l'Orient* prit feu, au moment où il faisait amener un vaisseau anglais, *le Bellérophon;* mais les flammes ayant gagné les batteries sur le faux-pont, il fit son explosion, qui fut épouvantable.

Pendant tout ce temps, les généraux Villeneuve et Decrest furent, avec cinq vaisseaux, deux frégates de 44 canons, et une de 36, spectateurs passifs du combat. Quand *l'Orient* sauta, les vaisseaux de l'arrière-garde coupèrent leurs câbles; ils se tirèrent par méprise quelques bordées entre eux, et les vaisseaux *l'Heureux* et *le Mercure*, au lieu d'abattre au large, abattirent du côté de terre, et s'échouèrent.

Au jour, cinq de nos vaisseaux, *l'Heureux*, *le Mercure*, *le Généreux*, *le Timoléon* et *le Guillaume-Tell*, les frégates *la Diane*, *la Justice* et *l'Arthémise*, avaient tous encore leurs mâtures et le pavillon tricolore, ainsi que *le Tonnant*, quoique dépourvu de tous ses mâts. Les vaisseaux *le Guerrier*, *le Conquérant*, *l'Aquilon* et *le Peuple-Souverain* étaient tous démâtés. Au *Spartiate*, il lui restait le mât de misaine; et au *Franklin*, celui de misaine, le mât de hune et de perroquet, le bas mât d'artimon et celui de beaupré. La frégate *la Sérieuse* avait été coulée bas par l'ennemi, et tous les vaisseaux maltraités étaient en son pouvoir. L'ennemi avait un vaisseau, *le Bellérophon*, démâté de tous ses mâts, et six autres ayant quelques pièces de leurs mâtures et gréemens intéressées; les six autres étaient presque intacts.

A huit heures du matin, nos vaisseaux *le Guillaume-Tell, le Généreux, le Timoléon*, les frégates *la Diane* et *la Justice*, appareillèrent. Les deux premiers et les frégates prirent leur bordée au large; *le Timoléon* mit le cap au sud-est, et s'échoua.

Le vaisseau anglais *le Zélé*, qui était resté en tête de notre ligne, appareilla, et les ayant dépassés, vira de bord, et vint à leur rencontre; ils se lâchèrent de part et d'autre leurs bordées du même bord. L'Anglais revint mouiller, et à midi, nos vaisseaux et nos deux frégates étaient hors de vue.

Les Anglais sommèrent le capitaine du *Timoléon* de se rendre. Il y consentit, à la condition qu'on lui fournirait un parlementaire pour transporter lui et son équipage en France. Sur le refus de l'ennemi, il fit sauver son équipage à terre, et mit le feu à son vaisseau.

L'Heureux et *le Mercure*, qui s'étaient échoués pendant la nuit, se rendirent aux Anglais sans condition, étant tout gréés. Les Anglais les ont brûlés.

Ainsi de nos treize vaisseaux, quatre frégates et deux bombardes, six vaisseaux furent pris, deux furent brûlés par l'événement du combat, un par son capitaine, et deux par les Anglais... De quatre frégates, *la Sérieuse* fut coulée bas ; *l'Arthémise* fut brûlée par son capitaine, après que, sans y être contraint, il eut amené son pavillon.

Les généraux ont pu faire entrer l'escadre au port vieux, et ne l'ont pas voulu. Le vice-amiral, après que l'armée de terre se fut emparée du grand Caire, devait et pouvait retourner à Toulon ou à Corfou, sans craindre de rencontrer les Anglais, d'autant plus que, par les brises qui règnent à cette époque, eux auraient eu vent arrière, tandis que nous aurions été obligés de louvoyer. Ce qui vient à l'appui de ce que j'avance, c'est que les Anglais, ayant eu deux jours devant nous, n'ont pu nous voir avec un convoi immense, si mal mené qu'il tenait la moitié de la mer. Au reste, le pis eût été de les rencontrer; et si l'on eût fait son devoir, jamais il ne pouvait résulter de leur rencontre rien de semblable à la catastrophe d'Aboukir.

Les généraux, après avoir mouillé dans cette rade, ont eu un mois pour s'y embosser, et ont négligé de le faire; mais encore le général en chef s'est opposé à ce que *le Guerrier* gardât son premier poste. L'expérience a démontré que s'il l'eût gardé, les Anglais, pour attaquer la tête, auraient eu trois vaisseaux échoués au lieu d'un; et encore, dans aucun cas, n'auraient-ils pu doubler notre armée au vent. Se fussent-ils résolus à attaquer la queue, la tête n'aurait eu qu'à couper ses câbles pour mettre l'ennemi entre deux feux, ou à l'obliger à s'échouer.

Les généraux pouvaient, quand l'ennemi

fut à demi-portée, faire commencer le feu, selon que le demandèrent les équipages, avec d'autant plus de raison qu'on eût encouru la chance de le dégréer, de faire engorger sa ligne au point de le faire échouer, ou du moins lui faire manquer son but d'attaquer la tête. Les capitaines se refusèrent à cet élan des équipages, sur ce que les généraux n'en donnaient point le signal; et en attendant qu'ils s'avisassent de le faire, l'ennemi se portait où bon lui semblait, sans essuyer d'opposition de notre part, quoiqu'à la portée du pistolet.

Le premier sentiment de nos équipages fut l'indignation; il en résulta la confusion; et de la confusion, ils en vinrent à obéir aussi mal qu'ils furent commandés. Il en était autrement de l'ennemi par la bonne position que nous lui avions laissé prendre. La nôtre était devenue si mauvaise, que nos vaisseaux, dans quatre heures et demie de combat, avaient à peine tiré trois cents coups de canon, tandis que l'ennemi nous criblait.

Jusqu'au premier août, à deux heures, que les deux armées s'aperçurent respectivement, l'ennemi pouvait avoir ignoré si, maîtres d'entrer dans le port vieux, ou de retourner à Toulon ou à Corfou, nous avions préféré rester dehors; si, maîtres de nous embosser, nous avions simplement mouillé. Ce qu'il y a de certain, c'est qu'à l'apparition des Anglais, une djerme (barque du pays d'Alexandrie) partit pour aller les informer de tout ce qu'il leur importait de savoir; et ils surent en profiter, car cette même djerme fit route avec eux : ce fut elle qui les conduisit lorsqu'ils vinrent occuper le vide que nous avions laissé entre la terre et nous. Cette djerme était montée par des officiers français attachés à l'expédition. Le citoyen Sieyes, consul général de la république à Naples, a leurs noms.

Depuis deux heures jusqu'à six, que nous nous laissâmes assaillir, on aurait pu appeler tous les capitaines, et tenir un conseil de guerre; au lieu de cela, on s'amusait sur les vaisseaux des généraux à distribuer du riz qu'on avait reçu de Rosette. Enfin les vaisseaux ont été attaqués qu'ils avaient leurs équipages occupés au palan d'étai pour hisser le riz, etc., lorsqu'ils auraient dû être en batterie, et faire feu sur l'ennemi. Bref, la déroute était complète avant même le commencement du combat.

Telle est la vérité des faits; le ministre de la marine aura sans doute mis sous les yeux du Directoire tous les rapports qui lui seront parvenus. Il faut conclure de tous ces détails qu'il y a eu dans cette malheureuse affaire au moins impéritie et lâcheté de la part des chefs, de ces hommes qui, regrettant le régime monarchique, cherchent à avilir et à détruire notre marine, pour en rejeter l'odieux sur les braves officiers qui ne doivent point leurs grades au hasard de la naissance, mais à leurs talens, à leur bravoure, et à leur civisme.

Qu'on se rappelle que depuis cinq ans toutes nos flottes ont été commandées par les Truguet, les Trogolff, les Villaret-Joyeuse, les Blanquet-Duchayla, les Villeneuve, les Decrest, les Lelarge, etc., etc.; par ces hommes qui étaient la crasse de l'ancienne marine; qu'ils en ont conservé toute la morgue, et non les talens ni l'honneur; depuis leur funeste empire, cinquante de nos plus beaux vaisseaux sont tombés au pouvoir des Anglais.

Cependant que nos féroces ennemis sachent qu'il nous reste des ressources pour rétablir notre marine, et que le gouvernement saura les mettre à profit; il rejettera ces conseils flatteurs et perfides qui ne voient qu'obstacles et périls, lorsqu'il s'agit de battre les esclaves des rois; il prendra à l'égard de la marine les mêmes moyens qu'il a pris pour nos armées de terre; et si celles-ci ont produit les Bonaparte, les Marceau, les Hoche, les Jourdan, et tous les héros dont la longue nomenclature passera à la postérité, celle-là peut produire encore des Jean Bart, des Duguay-Trouin. Pour se convaincre de ce que j'avance, qu'on jette un coup d'œil sur les combats du *Vengeur*, du *Censeur*, du *Ça-ira*; on y verra les marins préférer la mort au joug des Anglais. (Mais des républicains commandaient ces vaisseaux!) Ne vient-on pas récemment de voir ce que peut la valeur républicaine dans la conduite de Richer, commandant une corvette qui a enlevé à l'abordage la frégate anglaise *l'Embuscade :* il n'est point de la caste noble ce brave officier !....

Les moyens pour y parvenir sont une bonne organisation; un code pénal rigide, capable de rétablir la discipline ; la suppression à bord des vaisseaux de plusieurs hommes inutiles et dispendieux; enfin une telle responsabilité pour tout officier commandant qui perdra son vaisseau, qu'il soit toujours obligé d'en rendre compte à un conseil martial, et que le capitaine d'un bâtiment de la république soit à l'égard de son vaisseau ce que l'âme est au corps. Ces dispositions valent mieux que la guerre à mort déclarée aux Anglais; avec de telles mesures, les marins, à l'exemple des braves armées de terre, montreront à l'univers qu'ils n'ont pas renoncé à vaincre.

.

Ici finit la relation du lieutenant de vaisseau Achard. A compter de cette malheureuse journée d'Aboukir, les Anglais furent maîtres des côtes de l'Égypte; ils interceptèrent toutes nos communications avec une seule division de quatre vaisseaux et de quatre frégates. Le reste de leur armée navale et les prises firent route pour la Sicile. Nous jugeâmes dès lors qu'il n'y avait plus que la paix qui pût consolider l'établissement de notre nouvelle colonie. Mais comment espérer la paix de la part de l'Angleterre, qui, après avoir détruit notre flotte, était maîtresse absolue de la Méditerranée? Ce funeste événement eût enlevé l'espérance à toute l'armée si elle n'avait pas mis sa confiance dans le génie du général en chef qui la dirigeait; c'était entièrement sur lui qu'on se reposait du soin de nous tirer du mauvais pas où nous étions engagés. Déjà il avait repoussé Ibrahim-Bey dans le désert, tandis que Desaix contenait et repoussait dans la haute Égypte Mourad-Bey, encore plus redoutable qu'Ibrahim. On croyait généralement dans l'armée, qu'une fois maîtres de toute l'Égypte, nous pourrions nous y maintenir pour peu que le Directoire nous envoyât des secours pendant l'hiver, époque où la croisière n'était plus tenable.

L'Égypte et la Syrie, disait-on, sont deux contrées qui, par leur climat, la bonté de leur sol et leur fertilité, peuvent devenir le grenier du commerce de la France, son magasin d'abondance, et par la suite des temps l'entrepôt de son commerce des Indes. Après nous être emparés des deux pays, après nous y être organisés, nous pourrons jeter nos vues plus loin, et, par la suite, détruire le commerce anglais dans les Indes, l'utiliser à notre profit, et nous rendre maîtres du commerce même de l'Asie et de l'Afrique.

Voilà comment l'inconcevable témérité du général Bonaparte n'avait d'autre appui que la crédulité sans bornes et l'esprit d'illusion de ses soldats et de ses officiers.

CHAPITRE VIII.

Mission dans le Delta. — Du lac Menzalech et du Cheik Hassan-Toubar.

Cependant on ne pouvait pas même parcourir le Nil avec des avisos, sans être obligé de se battre contre les Bédouins et les Arabes, auxquels se joignaient les habitans des villages riverains. Les paquebots, en descendant à Rosette ou à Damiette, étaient sans cesse attaqués. A l'embouchure du Nil, le danger était encore plus grand de la part des croiseurs anglais, auxquels il était presque impossible d'échapper.

Ainsi, il nous restait encore à détruire Mourad-Bey, qui occupait la haute Égypte, et à soumettre l'intérieur du Delta, où plusieurs partisans des beys se trouvaient les armes à la main.

J'y fus envoyé vers la fin d'août, avec une mission, et je trouvai à Damanhour l'adjudant-général Bribes, qui s'y maintenait, malgré les efforts des Arabes et des fellahs. Ils s'étaient réunis pour nous combattre, à la suite du premier échec qu'avait éprouvé le général Félix Du Muy, vers la fin de juillet. Ce général, attaqué à l'improviste à Damanhour, avait été obligé de rentrer à Alexandrie avec sa colonne; mais le général Kléber venait de prendre des mesures convenables pour dissiper les rassemblemens d'Arabes, protéger l'arrivage des subsistances, et éclairer cette partie des environs d'Alexandrie. Là tout était dans le plus grand ordre, malgré la pénurie extrême qu'on y éprouvait de toute chose. Il n'y avait pas un sol. La douane, qui rapportait 50,000 écus par mois, avant notre invasion, ne rapportait plus rien depuis que les Anglais bloquaient le port.

M. Poussielgue avait laissé à Alexandrie M. Baude, chargé de réaliser 185,000 francs, montant de l'argenterie enlevée à Malte. Il avait emporté avec lui les lingots d'or comme étant d'un transport plus facile et plus faciles aussi à convertir en monnaie. On avait trouvé trop de danger à compromettre le trésor par terre, ne pouvant lui donner qu'une faible escorte; les dangers de la mer avaient paru moindres, et M. Poussielgue était parti avec le général Menou pour Rosette, et très-heureusement quelques jours avant l'apparition des Anglais.

Abandonné à lui-même le général Kléber s'était créé quelques ressources à Alexandrie. Il avait établi et fait aligner le camp sur la grande place; il maintenait une discipline parfaite, et organisait une légion nautique. Le pays d'Alexandrie, qui n'est qu'un pays de sable presque sans culture, et où l'habitant mourrait de faim s'il ne recevait ses approvisionnemens du dehors, ne recevant plus rien par la voie de la mer, n'était plus approvisionné que par la voie du Delta.

Le général de division du Muy fut chargé

de faire creuser le canal d'Alexandrie à Ramaniéh. Il ne fut navigable que pour de petites djermes. On parvint à faire remonter par là des munitions de guerre et de l'artillerie. Les Arabes saignèrent souvent ce canal et nous enlevèrent quelques barques.

La route de Rosette était la plus sûre; elle était la mieux gardée. Le général Marmont était chargé de sa défense. Il faisait fortifier les retranchemens et le fort d'Aboukir. Il lui était enjoint, ainsi qu'au général Dommartin, de seconder toutes les dispositions prises par le général Kléber à Alexandrie et par le général Menou à Rosette, à l'effet de mettre la côte et les communications à l'abri de toute insulte.

J'arrivai à Rosette peu de jours après le départ de M. Poussielgue pour le Caire par la voie du Nil; il était avec le payeur, à bord de deux avisos ayant deux cent cinquante hommes d'escorte. Il y avait aussi une quarantaine de passagers, parmi lesquels se trouvait l'ex-conventionnel Tallien, qui se rendait au Caire pour tâcher de faire fortune.

Je trouvai à Rosette, ville qui est bien au-dessous de sa réputation, le général Menou, installé en qualité de commandant de la ville et de la division. Il était en traité de pacification et même d'alliance avec quelques chefs de tribus arabes. Il espérait convertir à lui la tribu qui avait si mal reçu le général Damas. L'un des chef avait déjà fait la paix, et on lui avait assigné un lieu de campement. Il venait prendre les ordres du général Menou; mais il y avait peu de fond à faire sur ces conversions.

Les dames de Rosette, qui se réunissaient au lieu ordinaire des bains, voyant que leurs maris ne voulaient plus permettre qu'elles allassent en liberté dans la ville comme avant l'arrivée des Français, arrêtèrent qu'elles enverraient une députation au général Menou, pour lui demander qu'il prît des mesures à l'effet de leur faire recouvrer leur liberté. Elles chargèrent les deux plus jolies d'entre elles d'être leur organe, entre autres la fille du baigneur de Rosette, que Menou accueillit parfaitement, et qu'il épousa depuis, quand il se fit musulman. Ce général, pour condescendre à la demande des dames de Rosette, prit un arrêté portant que les femmes étaient pour les Français un objet de respect, et que les cheiks et ulemas eussent à les laisser circuler dans la ville comme à l'ordinaire.

Les communications entre Alexandrie et Rosette avaient toujours lieu au moyen des djermes, que les Anglais ne pouvaient intercepter tout-à-fait : la légion nautique venait d'être formée, tant pour l'escorte des courriers, que pour la défense du fort d'Aboukir.

Je trouvai à Damiette le général Vial, qui venait de s'y fortifier; il s'y était cantonné n'ayant avec lui que quatre cents hommes au moment où trois ou quatre mille Arabes, s'étant soulevés dans la province de Mansourah, avaient chassé le détachement qui occupait cette dernière ville, et menacé Damiette. Le général Vial, ayant informé le général en chef des dangers de sa position, le général Dugua fut détaché sur Mansourah avec une forte

colonne. Sa présence dissipa les rassemblemens, et ce général entra sans obstacle dans
Mansourah, qu'il trouva presque abandonnée.
Mais il eut bientôt à réprimer plusieurs révol-
tes partielles, entre autres celle du village de
Soubat, dans les premiers jours de septembre.
« Brûlez ce village, lui écrivit le général en
» chef, et ne permettez plus aux Arabes de
» venir l'habiter. »

Dans le reste du Delta, les généraux Fu-
gière et Zayonscheck avaient été aux prises
aussi du côté de Ménouf contre des hordes
d'Arabes insurgés, et ils avaient livré plusieurs villages aux flammes, afin d'imprimer
la terreur à cette population indocile.

La conquête du Delta, ou du moins son
occupation paisible, dépendait surtout de la
soumission des provinces de Mansourah et de
Charqiéh; toutes deux étaient infestées d'Arabes, maîtres d'ailleurs du lac Menzaléh, qui
d'une part confine à la branche de Damiette,
et de l'autre aux ruines de Péluse et aux dunes
de sable mouvant qui conduisent en Syrie.

Il était impossible dans ces provinces de prendre possession des biens des mameloucks, et même de s'y établir, à cause de la résistance que faisaient tous les villages, et de la manière dont ils recevaient nos troupes et nos ordonnances. Journellement les Arabes attaquaient nos barques sur le lac Menzaléh, les pillaient et assassinaient les escortes. Hassan-Toubar, cheik de Menzaléh, était soupçonné d'être à la tête de l'insurrection de cette partie de la province. Ce fameux cheik des Arabes habitait la ville de Menzaléh avec sa famille; elle comptait quatre à cinq générations de cheiks. L'autorité d'Hassan-Toubar était très-considérable dans ce canton; elle était fondée sur son crédit, ses richesses, une nombreuse parenté, la grande quantité de salariés qui dépendaient de lui, et l'appui des Bédouins auxquels il donnait des terres à cultiver, et dont il comblait les chefs de présens. Hassan-Toubar était en outre un des plus riches propriétaires de l'Egypte, et peut-être le seul qui, sous le règne des mameloucks, ait osé accumuler des biens-fonds aussi considérables que ceux qu'il possédait. Il s'était érigé en protecteur de son canton, ce qui lui avait attiré la confiance générale. Les mameloucks avaient plusieurs fois tenté de s'emparer de sa personne, comme étant un obstacle à leurs vexations; mais il avait toujours résisté avec avantage. Mourad-Bey le redoutait et le menageait. Depuis notre arrivée en Egypte, il avait fait passer ses richesses à Damas, ainsi que sa femme et sa famille, et il annonçait que si les troupes françaises s'établissaient dans son canton, et qu'il ne pût y résister, il partirait aussi pour la Syrie. L'ascendant qu'il exerçait sur le pays le rendait si recommandable et si puissant, que les généraux chargés du commandement à Mansourah et à Damiette étaient d'avis d'attirer Hassan-Toubar, par tous les moyens possibles, dans les intérêts des Français.« Je » suis sûr, mandait de Damiette le général Vial, » qu'alors toute incursion d'Arabes cesserait, » et qu'on jouirait de la plus grande tranquil- » lité. » Le général en chef, dont la politique consistait à s'entourer de personnes du pays qui eussent de l'influence sur le peuple, instruit que le cheik Hassan-Toubar avait résisté à Menzaléh à toutes les forces des mameloucks, et qu'il ne leur payait aucun tribut depuis plusieurs années, crut aussi devoir le ménager. Il envoya des présens au général Vial, commandant à Damiette, en le chargeant de les offrir de sa part à ce cheik. Le général Vial lui écrivit aussitôt pour l'inviter à venir le trouver à Damiette; qu'il avait des présens à lui donner de la part du général en chef, et qu'en même temps ils régleraient ensemble la contribution de la ville de Menzaléh ; mais Hassan-Toubar, craignant un piége, répondit qu'il irait à Damiette, mais il n'effectua pas sa promesse. Il parut d'abord vouloir vivre en bonne intelligence avec les Français, et se mit en correspondance avec le général Vial. Le 13 août, il lui apprit lui-même que Bonaparte avait réellement repoussé Ibrahim-Bey sur la frontière de Syrie; le général Vial fit passer au général en chef une de ses dépêches par le canal d'Hassan-Toubar.

Cependant le général en chef jugea bientôt que le cheik de Menzaléh n'avait d'autre but que de rester indépendant, et maître absolu du pays, et qu'il s'opposait autant par la ruse que par la force à ce que nos troupes occupassent paisiblement la province de Mansourah et le lac de Menzaléh. Des mouvemens précurseurs de la révolte du Caire s'étant manifestés dans le Delta, et particulièrement dans les deux provinces de Charqiéh et de Mansourah; plusieurs colonnes furent mises en mouvement. Hassan-Toubar, de son côté, arma sur-le-champ les pêcheurs du lac de Menzaléh, et, y joignant une foule d'Arabes des deux provinces voisines du lac, s'embarqua aussitôt avec toutes ses troupes à Matariéh à bord de cent cinquante djermes. Un vent favorable le conduisit en moins de quatre heures au village de Castel-Nazaran, à une demi-lieue de Damiette. Là, les Arabes débarquent en désordre, armés de fusils, de lances et de piques, et ils surprennent le général Vial avec la

13e demi-brigade dans les casernes de Damiette. Les gardes avancées sont égorgées, et les Arabes s'emparent d'une partie de la ville. Leur avidité pour le pillage les détourne de consommer leur conquête; ils s'emparent du trésor public, mais, trouvant la caisse fermée à clef, cerclée en fer et vissée, ils ne peuvent ni l'emporter, ni l'ouvrir; ce qui donne le temps aux soldats de se rallier, et aux habitans de Damiette, qui, presque tous Grecs, craignaient le pillage, de faire feu à coups de tromblons, de leurs maisons, sur les assaillans. De part et d'autre on passa la nuit sur le qui-vive. Le lendemain 15 septembre, à la pointe du jour, le général Vial, faisant ses dispositions de retraite, préparait des barques pour repasser le Nil, lorsqu'il reçut un renfort de Mansourah, qui lui permit de prendre l'offensive. En moins de deux heures les Arabes furent obligés de se replier sur les bords du lac, où ils se rembarquèrent après avoir éprouvé quelques pertes. Cependant une de leurs colonnes s'était emparée du village de Schouara, à portée de canon de Damiette, tous les Arabes s'y réunirent et en firent leur quartier général; les deux jours suivans ils reçurent beaucoup de renforts par le lac de Menzaléh. La garnison de Damiette reçut également un renfort de la 25ᵉ demi-brigade : le général Vial décida le 20 septembre, à la pointe du jour, l'attaque du village de Schouara, combinant ses opérations avec notre flottille, qui était sous le commandement du général Andréossi.

Ces deux généraux partirent l'un et l'autre de Damiette; le général Vial par terre, le général Andréossi ayant à bord de sa flottille quatre cents hommes environ. La colonne du général Vial aperçut bientôt l'ennemi, qui était posté en avant de Schouara, au nombre de douze à quinze cents hommes rangés sur une seule ligne et occupant tout l'espace depuis le lac jusqu'au Nil; en arrière était un bois de palmiers qui avoisine Schouara. Dès qu'ils aperçurent les Français, les Arabes firent une décharge, mais de trop loin pour qu'elle pût avoir quelque effet. Le général Vial fit défense d'y répondre; et, voulant d'abord s'emparer du bois, il envoya une compagnie de grenadiers de la 25ᵉ avec une pièce de canon pour tourner le bois, et enlever les djermes que l'ennemi avait sur le lac, et au moyen desquelles il pouvait opérer sa retraite. Ce mouvement ne put échapper aux Arabes, qui s'avancèrent aussitôt vers leurs barques; mais le général Vial les faisant attaquer immédiatement et au pas de charge par une centaine d'hommes, les Arabes, poussés en désordre sur les rizières, se jetèrent, les uns dans Schouara, d'autres vers le village de Miniéh, qu'ils trouvèrent garni de tirailleurs. Beaucoup d'entre eux se jetèrent à la nage, et joignirent leurs barques; d'autres prirent la fuite, et, traversant plusieurs canaux, eurent de l'eau jusqu'à la ceinture. Toutes les djermes s'étant mises au large, on ne fut plus à temps de les approcher. Le général Vial se porte alors sur Schouara pour attaquer de suite le village.

Une partie de ses soldats percent par le grand chemin, l'autre gagne l'extrémité des retranchemens, d'où l'ennemi est chassé et culbuté bientôt sur le Nil. En même temps le général Andréossi, à bord de notre flottille qui, remontant le fleuve, avait été arrêtée par le courant, fait embarquer ses soldats sur des canaux, et arrive au moment même où les Arabes culbutés sur le Nil, et se sauvant à la nage, tombaient sous les coups de fusil des tirailleurs du général Vial. On débarque sur la rive droite, et on se réunit aux troupes de terre. Bientôt le village de Schouara est emporté et livré aux flammes après avoir été pillé. Trois drapeaux, deux petites pièces de canon, deux djermes et la perte d'environ trois cents Arabes tués et noyés; tels furent les fruits de cette victoire qui ne nous coûta qu'une vingtaine de blessés et très-peu d'hommes tués.

De nombreuses colonnes mobiles parcoururent toute la province de Damiette et celle de Mansourah, où le général Dugua était ar-

rivé avec sa division. Les instructions du général en chef étaient positives : « Mettez tout
» en usage, écrivait-il au général Dugua, pour
» vous assurer des deux provinces de Man-
» sourah et de Damiette. Faites passer dans
» le lac Menzaléh quatre ou cinq djermes
» armées de canons, que vous avez à Damiette;
» et si vous le pouvez, faites-y aussi passer
» une chaloupe canonnière; enfin, armez le
» plus de bateaux que vous pourrez, pour
» être entièrement maître du lac. Soit par
» terre, soit par le canal, il faut absolument
» parvenir à Menzaléh. Tâchez d'avoir Hassan-
» Toubar dans vos mains ; et pour cela, em-
» ployez la ruse, s'il le faut; et si jamais vous
» le tenez, envoyez-le-moi au Caire. Sur-le-
» champ, faites partir une forte colonne pour
» s'emparer d'El-Menzaléh; faites-en partir
» une autre pour accompagner le général An-
» dréossi, et s'emparer de toutes les îles du
» lac. Mon intention est qu'on fasse tout pour
» être souverainement maître du lac Men-
» zaléh; dussiez-vous y faire marcher toute

» votre division ; il faut que le général An-
» dréossi arrive à Péluse. Faites des exemples
» sévères, opérez le désarmement ; faites cou-
» per des têtes, et prenez des otages. »

Le général Dugua, voulant d'abord détacher Hassan-Toubar de la cause des Arabes et des mameloucks, et sachant d'ailleurs qu'il avait été égaré par les écrits et les fausses promesses d'Ibrahim-Bey, lui envoya un émissaire chargé de lui faire des propositions. Hassan-Toubar lui écrivit pour se plaindre du peu de confiance que les Français avaient en lui; si on l'eût consulté sur la première expédition commandée par le général Damas, sur le lac de Menzaléh, on n'aurait point à se reprocher la perte des deux villages, qui n'étaient coupables, disait-il, d'aucune hostilité; selon lui, c'était une erreur bien malheureuse, ou des rapports bien faux qui avaient pu décider à commettre de pareils excès; si on l'en avait averti, il aurait marché lui-même avec tout le pays contre les Arabes qui avaient attaqué Damiette : eux seuls étaient coupables; tous les villages de son canton étaient prêts à payer les impositions et les contributions ; mais ils ne voulaient pas recevoir de troupes françaises, dont ils craignaient les déprédations et les dévastations.

Sur ces entrefaites le général en chef ordonna au général Andréossi de faire la reconnaissance du lac Menzaléh. Ce général, qui avait commandé l'équipage de pont à l'armée d'Italie, était, plus que tout autre, capable de remplir une pareille mission. Il partit à bord de sa flottille, composée de 16 djermes, dont trois armées; il était accompagné des citoyens Fèvre jeune, ingénieur des ponts et chaussées; Polier et Bouchard, élèves de l'école Polytechnique; du chef de bataillon des pontonniers Tirlet, et du capitaine du génie Sabatié; plusieurs djermes étaient montées par des troupes d'escorte.

C'est sur les notes mêmes du général Andréossi, que nous allons faire connaître le lac Menzaléh à nos lecteurs; nous donnerons ensuite le détail militaire de son exploration.

Le lac Menzaléh, appelé autrefois lac Tennis, paraît avoir été formé par l'ancienne branche du Nil appelée Mendésienne; il est compris entre deux grands golfes, et une longue bande de terre basse et peu large qui le sépare de la mer. Là se réunissent les deux golfes qui, rentrant sur eux-mêmes, forment la presqu'île de Menzaléh, à la pointe de laquelle se trouvent les îles de Matariéh, les seules du lac qui soient habitées. La plus grande dimension du lac est de Damiette à Péluse où elle s'étend d'environ vingt lieues; sa plus petite dimension n'est que de cinq lieues, depuis Matariéh jusqu'à la bouche de Dibéh.

Les îles de Matariéh sont très-populeuses; les cabanes qui récèlent leurs habitans sont bâties de boue ou en partie en briques, et couvrent entièrement leur surface. Dans l'île de Mit-el-Matariéh, les cahuttes sont pêle-mêle avec les tombeaux; elles paraissent plutôt des agglomérations de tannières que des habitations d'hommes. La population de ces îles comprend, outre les femmes et les enfans, onze cents hommes occupés à la pêche et à la chasse des oiseaux.

Les pêcheurs de Matariéh paraissent former une classe particulière : comme ils interdisaient la pêche du lac à leurs voisins, ils avaient avec eux peu de communication. Presque toujours nus, dans l'eau, et livrés à des travaux pénibles, ils sont forts, vigoureux et déterminés; avec de belles formes ils ont un air sauvage; leur peau brûlée par le soleil, une barbe noire et dure, rendent cet air plus sauvage encore. Lorsqu'ils se trouvent en présence de leurs ennemis, ils frappent sur une sorte de tambourin, sur le pont de leurs bateaux, sur tout ce qui peut faire du bruit, et poussent mille cris barbares, avec l'accent de la fureur. Ils étaient sous l'autorité de quarante chefs, et ceux-ci dépendaient d'Hassan-Toubar, qui avait la pêche du lac sous la redevance qu'il faisait aux beys d'Égypte. Diverses populations d'Arabes pouvaient se rendre dans le canal de Moës par le canal de Salahiéh qui en est dérivé, et de là déboucher dans le lac pour se joindre aux habitans de Menzaléh et de Matariéh.

La première de ces deux villes, qui a donné son nom au lac, est peu considérable et en partie ruinée; elle est située sur la rive droite du canal d'Achmoun, à trois lieues de Matariéh, et à six lieues de Damiette. Sa population virile est d'environ 2000 âmes. On y trouve des manufactures d'étoffes de soie et de toile à voiles.

La ville de Péluse est située à l'extrémité orientale du lac, entre la mer et les dunes, au milieu d'une plaine nue, rase et stérile. C'était jadis une ville considérable, dont il ne reste aujourd'hui que quelques colonnes couchées dans la poussière, et de misérables décombres. C'est sur son rivage que Pompée aborda et trouva la mort.

On voit dans le lac, à fleur d'eau, des îles anciennement habitées, couvertes de décombres; elles sont incultes et stériles.

Les eaux du lac ont une saveur moins désagréable que celles de la mer ; elles sont même potables pendant l'inondation du Nil. La profondeur générale du lac est de trois pieds ; il est très-poissonneux ; l'entrée des bouches est fréquentée par des marsouins. On navigue sur le lac à la voile, à la rame, et à laperche; on mouille en s'amarant à deux perches qu'on enfonce très-aisément, l'une de l'avant, l'autre de l'arrière. Les bateaux pêcheurs du lac ont à peu près la même forme que ceux du Nil, c'est-à-dire que leur proue est plus élevée d'environ deux pieds que leur poupe. La quille est concave sur sa longueur, à cause de l'échouage assez fréquent dans un lac qui se trouve avoir tant de bas-fonds.

L'air du lac est très-sain; il y avait plus de trente ans que les habitans de Matariéh n'avaient vu leurs îles ravagées par la peste.

Le lac ne communique avec la mer que par deux bouches praticables, celles de Dibéh et d'Omm-Farége. Ces ouvertures étaient connues des anciens. La langue de terre qui sépare le lac de la mer, et qui s'étend depuis la bouche de Damiette jusqu'à la bouche Pélusiaque, n'a que quatre interruptions sur un développement d'environ vingt lieues; elle est très-basse, sans culture, et d'une largeur variable.

Le lac reçoit les eaux de l'inondation du Nil, qui lui sont fournies par les canaux qui y aboutissent; c'est le moment de la pluie pour ce vaste bassin, dont les contours sont en partie stériles, et en partie cultivés.

Les habitans de Menzaléh et de Matariéh étaient seuls propriétaires d'environ cinq à six cents barques qui naviguaient sur le lac. Secondés par les Arabes, ils étaient les tyrans du lac et des pays riverains. Leur commerce consiste en poissons frais, poissons salés, et boutargue qui se fait avec les œufs du mulet.

Tel est le pays sur lequel régnait, pour ainsi dire, Hassan-Toubar.

Le général Andréossi partit de Damiette le 3 octobre, à deux heures du matin, à bord de sa flottille; il descendit d'abord le Nil, et passa le Bogaz à sept heures. Se mettant en marche aussitôt avec cent hommes, il suivit par terre la digue qui sépare le lac Menzaléh de la mer; le reste de ses troupes, de cent hommes environ, le suivit embarqué sur les djermes. A trois heures et demie, la flottille et la colonne qui escortait le général arrivèrent au hameau de Dibéh, où le lac communique avec la mer par une ouverture qui porte le nom du village. Quoique la marche sur la langue de terre aride où l'on ne trouve pas une goutte d'eau douce, eût été de plus de huit heures, les soldats ne firent entendre aucun murmure.

Le 4 octobre, à la pointe du jour, le général sonda le bogaz de Dibéh, ainsi que l'entrée des canaux qui se trouvent à son débouché, et qui sont formés par plusieurs îles; il fit fouiller, pour y trouver de l'eau, une trentaine de cabanes qui s'élèvent à la pointe de l'île de l'ouest, en face de la bouche de Dibéh; on en trouva plusieurs jarres qui servirent à étancher la soif à nos soldats. Ce ramas de cabanes, formant une espèce de hameau, porte le nom de *Mahonadhé,* qui veut dire pêcherie. Le général se remit en route vers le milieu du jour, et au sortir du bogaz de Dibéh, il pénétra dans le canal compris entre l'île de l'ouest et la terre qui tient au continent de Damiette. Ce canal a jusqu'à six cents toises dans sa plus grande largeur, et souvent jusqu'à onze pieds d'eau sur un fond de vase noire.

Le général, prenant la direction de Matariéh, aperçut, vers trois heures de l'après-midi, au-dessus d'est, un grand nombre de voiles cachées en partie par des îles, et allant à l'est. Ces îles, ainsi qu'on l'a vu plus haut, sont sans culture et stériles. Les pilotes et l'interprète du général, s'effrayant à l'apparition d'un si grand nombre de djermes ennemies, conduisirent la flottille dans l'intérieur du golfe, en arrière de la pointe de Matariéh; bientôt l'expédition aperçut, par le travers de la presqu'île, les minarets de la ville de Menzaléh. Au même moment les djermes ennemies débouchent derrière les îles, et se portent sur notre flottille. Le jour baissait, et le général Andréossi se trouvait à cinq lieues de Damiette, sur un lac et au milieu de plages inconnues, entre les mains de pilotes effrayés qui, d'après leurs signes, laissaient voir qu'ils craignaient pour leur tête. N'ayant que peu de troupes, le général ordonna qu'on rabattît vers Damiette; mais les djermes ennemies, faisant route parallèlement à notre flottille, pénétrèrent dans le même canal où nous naviguions, et bientôt nous nous trouvâmes en présence de plus de cent barques armées. Mille cris barbares, poussés avec l'accent de la fureur, se firent entendre; les Arabes joignirent à ce vacarme effroyable les sons aigus d'instrumens de cuivre, et le bruit de leurs tambourins. A ces démonstrations succède une vive fusillade. Le général, qui avait fait diminuer de voiles, avait réuni ses embarcations en masse, attachées par de bonnes amarres, pour mieux combattre ses agresseurs dont les djermes arrivaient et s'amarraient aussi à celles qui les précédaient. Alors, rangés sur nos bâtimens, nous fîmes un feu de file nourri et appuyé de six coups de canon. Exécuté dans l'obscurité, ce feu étonne l'ennemi qui, cessant de marcher à la hauteur de la flottille, se contente d'en harceler la queue jusqu'au mouillage de Miniéh, à l'est de Damiette; là recommence ses vociférations et son vacarme qui sont entendus de Damiette. Ses barques s'approchent de terre, comme pour opérer un débarquement, dans l'espoir que les Français abandonneront leurs djermes; mais le général fait rester les troupes à bord et recommencer le feu, tant pour repousser l'ennemi que pour avertir le général Vial de la présence de la flottille. Déjà l'une de ses patrouilles, chargée d'observer le lac, arrivait à Miniéh, quand les ennemis, au lever de la lune, opèrent leur retraite, conduits par ce même Hassan-Toubar qui était résolu de résister aux Français. Quelques jours après le général Dugua écrivit à ce cheik pour l'engager à entrer en accommodement. « Je » ne veux voir les Français ni de loin ni de » près, répond Hassan-Toubar ; s'ils me don- » nent la certitude de me laisser tranquille » chez moi, au bourg de Menzaléh, je leur » paierai le tribut que je payais aux mame- » loucks ; mais je ne veux avoir avec ces infi- » dèles aucune communication. »

Cependant le 8 octobre un nombre de barques encore plus considérable se présente devant notre flottille, toujours mouillée à Miniéh ; mais le feu de nos djermes, soutenu par une pièce de huit, parvient à éloigner l'ennemi qui se retire en désordre.

D'un autre côté, une forte colonne, détachée par le général Dugua, s'emparait du bourg de Menzaléh, résidence d'Hassan-Toubar, et le principal repaire des djermes qui infestaient le lac. Le général Damas, chargé de cette opération, avait d'abord dispersé un rassemblement d'insurgés, puis était entré à Menzaléh sans rencontrer d'obstacles. Là il fut joint par notre flottille forcée de mouiller à une lieue de la côte à cause des bas-fonds. Dès lors les djermes ennemies se virent dans la nécessité de fuir jusqu'auprès de l'ancienne bouche Pélusiaque, donnant ainsi aux Français la facilité d'établir des postes militaires à Matariéh et à Menzaléh, pour la protection de la flottille destinée à croiser sur le lac. Tel fut le résultat des deux opérations combinées entre le général Andréossi et le général Dugua.

Hassan-Toubar, qui avait mis ses trésors en sûreté, restait à bord de sa flottille armée, et là semblait nous braver encore.

Quand le général en chef eut arrêté son expédition de Syrie, il sentit la nécessité de ne pas laisser derrière lui, dans un pays que la force des armes contenait à peine, un homme si considérable par l'antiquité de sa famille, par ses riches propriétés, par ses relations nombreuses, et qui d'abord s'était réuni aux osmanlis contre les Français; il était à craindre aussi qu'il ne se réfugiât en

SUR L'EXPÉDITION D'ÉGYPTE. 171

Syrie, pour se réunir à Ibrahim-Bey. Les généraux Vial et Dugua, et le contre-amiral Ganthaume, furent chargés d'employer tous les moyens qui étaient en leur pouvoir pour s'emparer d'Hassan, ce qui eut lieu à la suite d'une conférence. Il fut aussitôt envoyé au Caire, et tenu dans la citadelle comme otage.

« Vous activerez, écrivit ensuite le général
» en chef au contre-amiral Ganthaume en
» partant pour l'expédition de Syrie, vous
» activerez, par tous les moyens possibles, la
» navigation du lac Menzaléh, qui dans ce
» moment est notre moyen principal pour
» l'approvisionnement de l'armée. »

Après la campagne de Syrie, Hassan-Toubar, prisonnier au Caire, sollicita vivement du général en chef la permission de rentrer dans ses foyers.

Voici ce qu'écrivit à ce sujet le général Bonaparte au général Kléber, le 23 juin 1799 :

« Hassan-Toubar est au Caire, et je dois
» le voir dans une heure ; je ne sais pas trop

» le parti que je prendrai avec cet homme.
» Si je lui rends ce qu'il me demande, le
» préalable sera qu'il me remettra ses enfans
» en otages. — Hassan sort de chez moi; il
» remet ici ce soir son fils en otage : c'est
» un homme âgé de trente ans. Il part sous
» peu de jours pour Damiette; il paraît un
» peu instruit par malheur; d'ailleurs son
» fils nous assure de lui. Je crois qu'il vous
» sera très-utile pour l'organisation du lac
» Menzaléh et de la province de Damiette,
» pour les communications avec El-Arich,
» et l'espionnage en Syrie. »

Dans une seconde lettre sur le même sujet, sous la date du 1er juillet, le général en chef s'exprima en ces termes : « Hassan-Toubar
» se rend décidément à Damiette; il a laissé
» ici son fils en otage; il compte habiter
» Damiette, ou du moins y laisser sa femme
» et sa famille pour assurer davantage de
» sa fidélité. Je lui ai restitué ses biens pa-
» trimoniaux. Quant aux femmes qu'il ré-
» clame, je n'ai rien statué parce que j'ai

» pensé qu'elles étaient données à d'autres,
» et que d'ailleurs il serait ridicule qu'un
» homme dont nous avons eu tant à nous
» plaindre, reprît tout-à-coup une si grande
» autorité dans le pays. Par la suite, vous
» verrez le parti que vous pourrez tirer de
» cet homme. »

Quand le général Kléber eut pris le commandement de l'armée, après le départ du général Bonaparte, il traita presque aussitôt avec Mourad-Bey, pour s'en faire un ami, et agit avec la même loyauté et la même franchise à l'égard d'Hassan-Toubar, auquel il fit restituer ses femmes, et qui depuis cette époque témoigna beaucoup d'attachement aux Français. Rentré en possession de Menzaléh, Il fut, peu de temps après, victime de la jalousie d'une de ses femmes ; car tels étaient ses penchans érotiques, qu'il passait successivement, la même nuit, dans les bras de plusieurs femmes de son harem. Ayant excité au plus haut degré la jalousie d'une d'elle, nommée Zeftaya, elle l'empoisonna dans une tasse de café, vers le mois de juin 1800, peu de jours après l'assassinat du général Kléber.

Le *Courrier d'Égypte,* journal officiel de l'armée, pour voiler son genre de mort, annonça qu'Hassan - Toubar venait d'expirer subitement d'une attaque d'apoplexie. Le général en chef Menou accorda la place de grand cheik de tout le pays de Menzaléh, à son frère Chébby-Toubar.

CHAPITRE IX.

Retour au Caire. — Fêtes données par le général en chef. — Description du Caire. — Insurrection de ses habitans contre les Français.

A mon retour au Caire je trouvai les esprits en apparence plus calmes. Le général en chef y avait donné deux fêtes, l'une à l'occasion de la rupture de la digue qui retient les eaux du Nil, l'autre pour célébrer la naissance de Mahomet. Cette dernière fête avait duré quatre jours, pendant lesquels le général était allé présenter ses félicitations, dans une visite d'apparat, au cheik El-Bekry, l'un des premiers descendans de Mahomet, dont il accepta un repas magnifique. J'arrivai à temps pour assister à une fête d'un autre genre : celle de la fondation de la République, dont l'anniversaire tombait au 1ᵉʳ vendémiaire (21 septembre 1798).

Le général en chef avait fait élever, sur la place d'El-Bekir, une pyramide à quatre faces, où étaient inscrits les noms des soldats de l'armée morts dans les combats précédens; on avait entouré la pyramide d'autant de colonnes que la France avait de départemens. Un arc de triomphe, sur lequel était représentée la bataille des Pyramides, s'élevait à l'un des points de cette colonnade. Le canon s'étant fait entendre à six heures du matin, toutes les troupes de la garnison du vieux Caire et de Boulac se rendirent en armes et en grande tenue sur la place d'El-Bekir. A sept heures le général en chef parut accompagné par les généraux, les chefs des administrations, les membres de l'Institut, le divan du Caire. Parvenu au pied de la pyramide, il prononça un discours consigné dans les journaux du temps. Après ce discours, qui fut interrompu par les acclamations des soldats, le général en chef fit exécuter des évolutions et des exercices à feu. A quatre heures commencèrent les courses à cheval; la fête fut terminée par un repas de deux cents couverts, par une illumination, un feu d'artifice, des danses, des fanfares, des salves d'artillerie, ce qui offrit aux Égyptiens un spectacle nouveau, et dont ils parurent étonnés.

Avant la célébration de cette fête le général en chef avait organisé une espèce de divan ; il avait arrêté la formation de l'Institut et pourvu à la police du Caire, objet assez difficile et fort important.

Le Caire est situé à une demi-lieue du Nil; Boulacq et le vieux Caire sont à la fois ses ports et ses faubourgs. La ville, dont la population s'élève à 200,000 habitans, est environnée de hautes murailles bâties par les Arabes, et surmontées de tours qui tombent de vétusté; une citadelle, placée sur un mamelon, la commande et la tient en bride.

Le Caire, qui peut avoir environ trois lieues de circonférence, est traversé par un canal qui se remplit pendant l'inondation du Nil. La moitié de son enceinte confine avec le désert. En sortant par la porte de Suez, et par celles qui sont du côté de l'Arabie, on ne trouve que des sables arides. Ses rues sont étroites et non pavées; les maisons sont mal construites, en briques et en terre, comme toutes celles de l'Égypte en général, mais elles sont élevées et ont jusqu'à trois étages, contre l'usage du pays. Les maisons ne tirent point leur jour de la rue, elles ne sont éclairées que par des fenêtres donnant sur des cours intérieures, ce qui leur donne l'aspect de prisons. Ce système de construction et le rétrécissement des rues ont pour objet de mettre les habitans à l'abri du soleil. Pour le même motif les bazars ou marchés publics sont couverts de toiles. Les beys, du reste, y ont d'assez beaux hôtels, dans le style oriental; les cheiks y ont aussi d'assez belles maisons. De grands bâtimens carrés nommés *Okels*, ayant de vastes cours intérieures, sont destinés aux corporations des marchands; ceux de Suez et de Syrie, ceux qui font le commerce du riz, du séur, sont les plus remarquables; ils ont, à l'extérieur, de petites boutiques qui donnent sur les rues, et où se tiennent les marchands avec les échantillons de leurs marchandises. Le Caire a un grand nombre de mosquées qu'on élève à près de trois cents, parmi lesquelles il en est quatre ou cinq qui sont très-belles. Chaque mosquée a son minaret, dont plusieurs sont riches et ornés. Ces mosquées se composent de cours dont le pourtour est en colonnades couvertes par des terrasses; on y pratique dans l'intérieur des réservoirs ou bassins d'eau à l'usage des pélerins, qui y couchent dans leur voyage.

On trouve au Caire le quartier des Francs habité par quelques familles européennes, qui ont des maisons bâties et meublées à la manière d'Europe; on y trouve aussi des églises pour les cophtes, et quelques couvens pour les catholiques syriens; en outre beaucoup de cafés où l'on prend du café, des sorbets ou de l'opium, et où l'on cause des affaires publiques. Les bains, dont l'usage est si important chez les Orientaux, sont ce qu'il y a de mieux entretenu et de plus remarquable dans la ville. Lors de la crue du Nil, le canal qui traverse la ville communique son eau à des canaux nombreux. A cette époque la place d'El-Békir, ainsi que la plupart des places et des jardins du Caire, est couverte d'eau, et l'on traverse en bateaux tous ces quartiers. C'est à Boulacq que s'arrêtent les bateaux venant de la haute Égypte; quelques-uns des beys et des principaux habitans du Caire y possèdent des maisons de plaisance dans lesquelles ils se retirent lors de la haute crue du Nil.

Près du Caire, du côté du désert, se trouve ce qu'on appelle *la ville des morts,* qui est plus grande que le Caire même; c'est le Père-la-Chaise du Caire. Là toutes les familles ont leur sépulture; une multitude de mosquées, de minarets et de dômes conservent le souvenir des grands qui y sont enterrés. Le peuple lui-même a des tombeaux qui s'élèvent à deux pieds de terre, et qui sont distingués par familles ou par quartiers.

Les précautions trop minutieuses que nous prîmes contre les ravages de la peste indisposèrent singulièrement les habitans du Caire. Le général Dupuis, qui y commandait, s'attira la haine de ces peuples, parce qu'il avait dit, dans une proclamation, que la malpropreté des maisons et des rues donnaient aux habitans des maladies inconnues en Europe. Ils étaient contrariés aussi de voir les mosquées gardées par des troupes françaises, quoique cette mesure eût pour objet de faire respecter leur culte, car il y avait peine de mort contre tout Français qui insulterait un Musulman en prières.

D'un autre côté, par un arrêté du général en chef, il était permis aux Grecs de porter le turban de toutes couleurs : ils ne pouvaient le porter que blanc auparavant. Cette innovation, ou plutôt ce privilége, déplut aux Turcs.

Mais ce qui les irritait le plus c'étaient les vexations. On avait du blé, du riz, des légumes en abondance; mais l'argent manquait et on s'en procurait de toutes manières. Une foule d'intrigans, Juifs, cophtes, Grecs et Européens, que nous trouvâmes au Caire, et qui y étaient venus pour offrir aux beys leur expérience dans l'art de piller et de vexer les peuples, devinrent nos agens, et nous firent détester par de nouvelles et criantes déprédations. Les propriétés des mameloucks ne pouvaient suffire à notre cupidité; c'était de l'or qu'on voulait tout de suite. On donnait des sauve-gardes aux femmes des beys restées au Caire, mais on les leur faisait payer. La femme de Mourad-Bey fut imposée plusieurs fois, et en dernier lieu à 8000 talaris; la femme d'Hussein-Chaïm fut imposée à 4000 talaris. On n'épargna pas la femme de Soliman-Bey, qui était très-riche, et dont la maison au Caire avait été une des premières entièrement pillées par la populace, après la défaite des mameloucks. On fit emprisonner la femme d'Osmand-Bey, et on l'imposa durement à 10,000 talaris, sous prétexte qu'elle avait continué d'avoir des intelligences avec le camp de Mourad-Bey.

Les exactions n'allant point assez vite, un cophte promit à M. Poussielgue, notre administrateur-général, de lui indiquer toutes les maisons et jardins des mameloucks, ainsi que toutes les cachettes de mobiliers. On promit au cophte le vingtième de ce qu'il ferait découvrir. Toutes ces causes d'irritation agirent sur les Égyptiens.

Depuis notre prise de possession du Caire, les partisans des Turcs et des mameloucks, et ceux de leurs agens qui étaient restés dans la ville, épiaient l'occasion de pousser les habitans à la sédition. Notre appareil militaire les contenait, et il ne fallut rien moins que le double mobile du fanatisme et de l'intérêt pour soulever la population de cette immense capitale. Le général en chef y avait rassemblé les notables de l'Égypte, et les chefs de la religion des grandes mosquées; ceux-ci, en s'occupant en apparence des projets du général, attisaient secrètement le feu de la révolte. Les imans firent parler Dieu et le prophète; ils répandirent à profusion le firman du grand seigneur contre les Français. Enfin une dernière mesure adoptée par le général en chef, excita un mécontentement général. Il s'agissait de soumettre toutes les concessions de propriété à une révision et à un droit d'enregistrement, afin de se procurer des ressources dans une capitale où le numéraire avait disparu en grande partie. L'insurrection éclata le 22 octobre, par des rassemblemens dans différens quartiers de la ville, au moment où le général en chef venait de partir pour Gizéh, où il allait visiter un établissement d'artillerie. Plusieurs jeunes mameloucks avaient pris l'habit et l'uniforme français, pour mieux exciter et enflammer le peuple. Les principales maisons occupées par les Français furent d'abord investies et pillées. La première victime du soulèvement fut le général Dupuis, commandant de la ville; sorti avec une faible escorte, il fut tué d'un coup de lance dans la rue du Bazar. Sa mort fut le signal d'une révolte générale. Les insurgés égorgèrent ensuite plusieurs négocians français établis au Caire, et mariés avec des Arméniennes. Ils se portèrent en foule au Trésor public, dont les braves grenadiers de la 32e demi-brigade défendirent les approches. Le cheik El-Sarah, qui avait paru protéger les Français, fut vêtu de l'habit d'un soldat assassiné; on lui coupa ensuite la barbe, et on le vendit pour treize piastres au milieu du Bazar. Le chef de brigade Sulkowski, Polonais, aide-de-camp du général en chef, officier de la plus grande espérance, fut tué en défendant l'entrée de la ville aux Arabes qui voulaient pénétrer pour piller et se réunir aux insurgés.

Après l'assassinat du général Dupuis, le canon d'alarme s'était fait entendre; plusieurs bataillons avaient pris les armes, et la fusillade s'était engagée dans presque toutes les rues. Cent cinquante Français avaient déjà péri, et rien ne semblait pouvoir calmer le peuple. Pressés par nos troupes, les insurgés, au nombre de 15,000, venaient de se retrancher dans la grande mosquée d'El-Hazar, espérant rallier à eux les habitans qui n'avaient pris encore aucun parti. Le général en chef, averti à Gizéh que la populace s'était assemblée dans les mosquées avec des armes à feu, des piques, des bâtons et des lances, et que partout on égorgeait les négocians français et les soldats isolés, accourut avec des renforts, et ordonna sur-le-champ aux principaux de la ville de se rendre près de lui. On vint lui dire qu'ils cherchaient à ramener le peuple à la soumission, et que leur présence était nécessaire au divan. Sur ce refus, faisant prendre les armes aux troupes qu'il avait rassemblées, il fait cerner la grande mosquée et le quartier qui l'entoure. Des batteries sont dressées dans la nuit. Le lendemain le bombardement commence. Il est dirigé sur la grande mosquée. En vain les insurgés envoient demander grâce; nos troupes, après deux heures de bombardement, entrent dans la ville la baïonnette en avant. Tout ce qui est trouvé les armes à la main est immolé sans pitié. Le général en chef était furieux; je lui ai entendu dire : « Serons-nous le jouet de quel- » ques hordes de vagabonds, de ces Arabes » que l'on compte à peine parmi les peuples » civilisés, et de la populace du Caire, ca- » naille la plus brute et la plus sauvage qui » existe au monde? »

Barthélemy, mamelouck renégat, homme cruel, fut chargé, après le carnage, de faire couper la tête, sur la place de la citadelle, à tous les moteurs de la sédition. Trois cents personnes furent exécutées, parmi lesquelles cinq principaux cheiks. Le divan fut supprimé.

Le général en chef regretta singulièrement son aide-de-camp Sulkowski; il était membre de l'Institut d'Égypte. On vendit au Caire son portrait, au bas duquel étaient les quatre vers suivans :

> « Il fut savant sans le connaître ;
> » Dans toutes les sciences il obtint des succès ;
> » Si dans l'art des combats il fit plus de progrès,
> » C'est qu'il choisit un meilleur maître. »

L'insurrection du Caire fit naître au général Bonaparte l'idée d'établir un système de défense complet de cette capitale, qui en embrasserait, par une combinaison de travaux et d'ouvrages, l'enceinte et les abords. Ce moyen lui parut capable de prévenir un second soulèvement. Le général du génie Caffarelli fut chargé de reconnaître et de désigner les emplacemens convenables pour la construction de divers ouvrages autour du Caire, qui missent cette ville immense à l'abri de toute entreprise dans ses murs et hors de ses murs. Sur un monticule, entre le faubourg de Boulacq et le Caire, on éleva d'abord le fort Camin, ainsi appelé du nom d'un adjudant-général massacré par les Arabes. Sur la droite de ce premier fort, on mit en état de défense un ancien château qui, par sa position, dominait une partie de la ville, et qui reçut le nom du brave Sulkowski, tué dans cet endroit même pendant la révolte. Sur l'emplacement des batteries, que le général Dommartin avait établies pour foudroyer la grande mosquée, on éleva plusieurs redoutes; et non loin de là, on construisit un autre ouvrage, qu'on appela fort Dupuis, en mémoire de ce commandant du Caire, mort victime de la sédition.

Le génie ajouta aussi plusieurs ouvrages à ceux qui existaient à la citadelle, ou château du Caire. On abattit toutes les constructions inutiles qui l'environnaient. Des batteries furent placées sur l'aqueduc qui est entre la ville proprement dite, et le vieux Caire. On construisit aussi un nouveau fort sur une élévation située entre la maison appelée Ferme d'Ibrahim-Bey, et la maison où l'Institut tenait ses séances, et ce nouveau fort reçut le nom même de l'Institut, sorte d'hommage que rendit le général en chef aux membres de cette société savante, pour la conduite courageuse qu'ils avaient tenue pendant le soulèvement. Entre Boulacq et le Caire, une route militaire et une chaussée à parapets furent tracées, afin d'avoir une communication assurée de la ville à Boulacq, et à la Ferme d'Ibrahim. Des deux côtés de la chaussée on creusa un fossé large et profond. On débarrassa la place El-Békir de tous les petits bâtimens qui en obstruaient les avenues, et on en agrandit même l'entrée principale, pour avoir constamment un débouché sûr et facile hors de cette immense place. Enfin deux ponts-volans furent établis, l'un pour communiquer de la Ferme d'Ibrahim à l'île de Roudah sur la petite branche du Nil, l'autre pour servir de communication entre l'île et le village de Gizéh, sur la branche principale du fleuve. Gizéh fut entouré d'une muraille crénelée, qui mettait cette espèce de faubourg du Caire à l'abri d'un coup de main. D'autres ouvrages furent ajoutés par la suite à ceux que je viens d'indiquer, pour tenir en bride la capitale de l'Égypte.

CHAPITRE X.

Situation du Caire après sa révolte. — Fête militaire du premier décembre. — Amours de Bonaparte en Italie et en Égypte.

Après la révolte du Caire, le général en chef s'occupa essentiellement et avec chaleur de l'organisation de l'Égypte, et de la répartition des troupes françaises. Dans les provinces, l'effet de cette terrible compression se fit sentir également; les troubles s'apaisèrent. Le général en chef fit embellir sa demeure, et orner le jardin qui touchait à son hôtel. L'administration éprouvant moins d'entraves, marcha d'un pas plus ferme et plus libre.

Le général en chef ordonna qu'on prît la

cocarde tricolore; il prescrivit aux fonctionnaires l'écharpe tricolore, et fit arborer le pavillon national sur tous les établissemens publics. Il ordonna en outre la formation d'une garde nationale, composée de tous les employés, de tous les individus attachés à l'armée, et en général de tous les Européens qui résidaient au Caire. La ville offrit désormais l'apparence de la plus complète soumission. L'industrie française s'y fit apercevoir; on leva des ateliers, on ouvrit des boutiques, et un grand nombre de Français industrieux adoucirent les privations de l'armée. Il y eut des cafés et des restaurateurs à la française; mais le vin était toujours d'une rareté excessive; on n'en avait que ce qui échappait à la vigilance de la croisière anglaise. On imagina aussi de transporter dans la capitale de l'Égypte le simulacre du Tivoli de Paris, avec ses jardins, ses illuminations, ses billards, ses salles de jeu, qu'on établit à grands frais dans le palais d'un bey fugitif. Mais il fut impossible d'y organiser des bals : les femmes manquaient, ce qui rendait triste et monotone toutes nos distractions, tous nos plaisirs *.

La rareté des femmes françaises faisait rechercher bien davantage le petit nombre qui avait suivi l'armée; le besoin d'une compagne avec laquelle on pût s'entendre, prêtait des charmes à la moins jolie; c'est ainsi que des vivandières, des femmes de soldats, furent érigées en maîtresses de plusieurs officiers supérieurs : d'autres s'attachaient à des femmes abandonnées des mameloucks, telles que des Géorgiennes et des Circassiennes; quelques-unes étaient belles, mais d'un embonpoint qui contrastait trop avec la taille élégante et svelte de nos Françaises. Les femmes des

* Le Tivoli du Caire était tenu par le sieur Dargeavel, employé dans l'administration civile du pays conquis. Le sieur Conté, chef du corps des *Areosticos*, établit des usines et des manufactures de tous genres. De leur côté, les sieurs Champy père et fils établirent des ateliers pour la fabrication de la poudre à canon. (NOTE *de l'Auteur.*)

mameloucks fugitifs était à notre disposition à un prix très-modéré; mais, à vrai dire, ce n'étaient que de belles statues avec des formes peu gracieuses et peu séduisantes. Elles ne faisaient point l'ornement de nos fêtes, et n'auraient pu dans aucun cas suppléer au charme et à l'amabilité de nos Françaises sorties des rangs de la société. Celles-ci avaient été exclues de l'expédition avec une rigueur que peu d'entre elles étaient parvenues à éluder en changeant leurs habits de femme pour un costume d'homme; mais celles qui s'étaient ainsi glissées au milieu de l'armée, étaient dévolues aux chefs de l'administration et aux généraux. Le général en chef lui-même n'était rien moins qu'insensible aux attraits du beau sexe; c'est ce qu'on va voir dans l'épisode que je vais consacrer à ses amours en Italie et en Égypte:

Avant la prise de Mantoue, la marquise de Bianchi, dame d'une grande beauté, âgée de dix-huit à dix-neuf ans, se présenta devant le général en chef, en robe de soie noire, vêtement affecté aux solliciteuses italiennes; elle réclamait vingt-cinq chevaux appartenant à son mari, et qu'on lui avait enlevés dans le Parmesan; elle les obtint en échangeant faveur pour faveur.

Ensuite vint exprès de Venise pour faire l'ornement de l'opéra de Vérone, une virtuose *di canto,* appelée Ricardi, qui était reçue à l'académie de Florence. Elle plut au général en chef, et le lendemain elle reçut de Duroc une voiture avec un attelage de six chevaux; mais elle refusa un rouleau de cent louis qui lui fut aussi présenté. C'était une petite femme d'une vingtaine d'années, vive et résolue, s'habillant souvent en homme sur la scène. Joséphine, très-jalouse, et qui était alors à Milan, parvint à la faire éconduire.

Arriva de Gênes à Milan Mlle Campini, danseuse de dix-sept ans, qui passait pour une vierge, étant continuellement sous la garde de sa mère. Elle devait danser dans un ballet d'action et de caractère où elle remplissait le rôle de la fille de l'empereur d'Allemagne. Voici quel était le sujet du ballet. La jeune princesse devait épouser un prince polonais qu'elle n'aimait pas, ayant, au contraire, une inclination secrète pour un jeune officier des hussards de l'empereur. Elle lui donne un rendez-vous dans les jardins de la cour. Le prince polonais averti se cache dans le jardin; les deux rivaux se rencontrent dans les ténèbres, et se battent; le prince polonais est tué, et on arrête son meurtrier, qui est condamné à mort. Son cœur devait être apporté à l'empereur dans un bassin d'argent. Le prisonnier forme un projet de révolte avec les troupes chargées de le garder; les soldats s'arment contre l'empereur, et au moment où l'on vient au château impérial présenter le cœur du jeune meurtrier qui est censé sur un bassin d'argent recouvert d'une draperie écarlate, les soldats tournent le bassin, et laissent voir aux yeux de l'empereur la partie convexe en forme d'écusson, et portant écrits ces mots en transparent : *La Li-*

berté ou la mort! A la faveur de ce coup de théâtre, la princesse paraît au milieu des soldats armés, offrant l'écharpe tricolore à l'empereur, et lui conseillant de la ceindre. L'empereur hésite, il se rend enfin, jetant et brisant son diadème et son sceptre. Ce fut à l'une de ces représentations que les grâces et les beaux grands yeux de Mlle Thérèse Campini firent la conquête du conquérant de l'Italie. Cette intrigue, alimentée par beaucoup d'argent et des cadeaux magnifiques, dura plus d'un mois.

A Mlle Campini succéda la fille d'un pelletier du midi, qui avait épousé un certain Caula, patriote piémontais, pendu en effigie, et qui, réfugié en France, disait assez gaîment : « J'avais bien froid le jour que je fus » pendu. » Ce jour-là il passait le mont Cenis pour venir se jeter dans les bras de la république-mère. A l'époque de la première invasion de Bonaparte, il se rendit à Milan avec sa femme, qui plut un instant au général. On la vit à Turin portant le portrait du héros suspendu à une chaîne d'or autour de son col. Elle avait une mise singulière, un gilet brodé et des pantalons de tricot couleur de chair, à la manière de nos danseuses de l'Opéra. La canaille la suivait, et faisait foule pour la voir.

En Égypte, Bonaparte forma d'autres amours. Il se délassa d'abord avec quelques femmes de beys et de mameloucks; mais ne trouvant avec ces belles Géorgiennes ni réciprocité ni aucun charme de société, il en sentit tout le vide, et regretta plus que jamais, et les lascives Italiennes, et les aimables Françaises. On n'en citait que deux dans l'armée qui eussent pu mériter les soins et les hommages du général en chef. L'une était la femme du général Verd***, qui avait suivi son mari habillée en aide-de-camp; mais, éprise du général Kléber, elle passait pour être sa maîtresse. L'autre s'appelait madame F***; c'était la femme d'un capitaine au 20ᵉ régiment de cavalerie, d'autres disent d'un officier d'artillerie, variante qu'on peut expliquer, cet officier ayant passé, je crois, d'une arme à une autre. Quoi qu'il en soit, madame F*** était une petite femme d'une vingtaine d'années, gentille, rondelette, spirituelle; elle n'était pas dépourvue d'une certaine éducation ni d'amabilité, quoiqu'elle eût été d'abord couturière. Très-attachée à son mari, elle avait bravé les dangers et toutes les privations pour le suivre à la faveur d'un déguisement dans une expédition lointaine et périlleuse. Aussi le mari et la femme étaient-ils cités comme offrant le modèle de la plus tendre union. Leur destinée semblait être de jouir long-temps du bonheur le plus doux, le bonheur domestique. Il en fut autrement. Par l'effet d'une imprudence cette heureuse union vint se briser devant l'écueil le plus redoutable. A la suite d'une revue générale des troupes que passa le général en chef avec le plus grand appareil militaire, on lança sur la place El-Békir un aréostat qui étonna beaucoup les Égyptiens. La journée se termina par une fête, un grand feu d'artifice, et un bal au Tivoli français d'Égypte. Soit que pour l'ornement du bal, ou pour tout autre motif, on se fût proposé d'y attirer avec les femmes des principaux négocians français du Caire, celles qui avaient suivi l'armée, et qu'on jugeait présentables, le fait est que le capitaine F*** fit l'imprudence de conduire sa jeune femme au bal de Tivoli. Le général en chef la remarqua beaucoup, et il s'en fit lui-même remarquer en ne cessant pas de jeter les yeux sur elle, et en lui faisant même quelques-unes de ces prévenances qui d'ordidaire séduisent et captivent les femmes quand elles partent d'un personnage éminent.

Le général en chef enflammé, et songeant aux moyens de posséder l'objet de ses désirs, se servit de son aide-de-camp Junot pour se ménager une première entrevue. Voici l'anecdote qu'on raconte à ce sujet : Junot fut chargé d'inviter madame F*** à déjeuner chez lui avec son mari. Elle arrive et trouve cinq couverts. Bientôt on entend les trompettes annoncer le général en chef, qui survient avec Berthier. Il questionne d'abord le mari sur son avancement, puis s'efforce de devenir aimable. Vers la fin du déjeuner, Junot, qui s'était concerté, laisse tomber, par une feinte maladresse, une tasse de café sur la robe de madame F***. Elle pousse un cri, et, cédant aux instances de Junot, passe dans un cabinet voisin, soit pour changer de robe, soit pour faire enlever la tache. Junot entretient le mari tandis que le général en chef, qui a feint de sortir et de se retirer avec Berthier, passe furtivement dans le cabinet. En y entrant, il se jette aux genoux de la jolie Française, qui, comprenant aussitôt ce qu'on voulait d'elle, résiste au vainqueur, verse des larmes, et n'en paraît que plus intéressante. Bonaparte, touché des sentimens et de l'innocence de cette jeune femme, n'ose rien brusquer, et sort en lui jurant amour et constance. Elle résiste encore long-temps à ses poursuites; lettres d'amour, protestations, riches cadeaux : tout est employé pour séduire la jeune Française, dont l'esprit romanesque s'exalte, et qui se croit appelée à fixer l'âme fière d'un héros. Elle cède enfin ; et le goût, l'attachement de Bonaparte survivent à la possession. Trois jours après F*** est mandé au quartier-général ; on lui donne le grade de chef d'escadron, et en même temps une mission auprès du directeur Barras, et un mandat de 6,000 francs à toucher au Trésor. Il part, est fait prisonnier, et apprend du commodore Sidney-Smith, qui le fait remettre à terre, que sa femme est la maîtresse de Bonaparte. Il est au désespoir, et il intéresse les officiers de son régiment, qui s'élèvent hautement contre l'injure faite à un de leurs camarades. On croît devoir éviter l'éclat et le scandale, ou du moins parer aux inconvéniens de l'un et de l'autre. Que fait le général en chef? il décide sa maîtresse à se séparer de son mari, et fait prononcer son divorce devant un des commissaires des guerres de l'armée. Une seconde mission, ou peut-être la même, renouvelée avec un ordre impératif, éloigne du Caire l'époux récalcitrant et dépossédé.

Tout ceci est raconté diversement par d'autres personnes de l'expédition. F***, qui était en détachement, n'aurait eu que mille écus pour remplir l'objet de sa mission. Pris par les Anglais dans sa traversée, il aurait été jeté de nouveau sur la côte; mais les officiers de son régiment ne voulant plus le recevoir, l'accusant d'avoir vendu sa femme au général en chef, il se serait battu en duel, et n'en serait pas moins resté sans activité au Caire, recevant toujours son traitement. Il est certain que soit alors, soit plus tard, le divorce fut prononcé.

Le général en chef avait logé sa maîtresse à la droite de la maison dite Elfi-Bey, sur la place El-Békir. Là, on la voyait couverte de bijoux avec des vêtemens somptueux, portant, le portrait du héros; et lui, les cheveux de l'héroïne.

Elle s'habillait fréquemment en habit de général, allait aux promenades sur un cheval arabe dressé pour elle, et suivie par les aides-de-camp. Il est faux qu'elle ait accompagné

Bonaparte en Syrie; mais elle en recevait des lettres très-tendres, où il lui faisait part de ses regrets et de ses traverses avec une sorte d'abandon qui rendraient ces lettres bien précieuses aujourd'hui. Cette confiance et cet amour se soutinrent, et à son retour il se montra si épris qu'il n'hésita point de promettre à sa jeune maîtresse de faire prononcer son divorce avec Joséphine, dont il n'avait point d'enfant, et de l'épouser elle-même si elle le rendait père. Il aurait tenu parole si cette dernière condition s'était réalisée. Sa jeune maîtresse favorisa involontairement son évasion de l'Égypte, en restant au Caire avec son train de maison, tandis qu'il lui assurait et disait publiquement qu'il allait faire une tournée dans le Delta. On voit que chez lui l'amour fut toujours subordonné à sa passion principale, l'ambition. Sa maîtresse, courroucée de son départ furtif, en était inconsolable; elle exhalait son chagrin en plaintes amères, quand un poète français, membre de l'Institut, lui adressa les couplets suivans, dont la poésie n'est pas merveilleuse, mais que je reproduis comme un essai de notre muse française dépaysée sur les bords du Nil.

Air : *Je suis Lindor.*

Consolez-vous, aimable Cléopâtre,
Quand votre amant délaisse vos appas;
Il court sans vous dans d'autres climats :
Faut-il encor que votre cœur l'idolâtre?

Un cœur jaloux des dons de la victoire,
Ne peut long-temps brûler du même amour;
Votre héros l'éprouve sans détour;
Il n'est constant qu'à l'amour de la gloire.

De vos beaux yeux essuyez donc les larmes.
Pour ne plus craindre un semblable tourment,
Rendez heureux un moins illustre amant
Qui sache mieux apprécier vos charmes.

Dans tous les temps le danger fut extrême
Pour la beauté d'aimer trop un héros :
L'ingrat Thésée abandonne Naxos,
Et fait périr Ariane qu'il aime.

Dans ce climat une autre Cléopâtre,
Bien avant vous subit le même sort ;
Elle implora le secours de la mort,
Et la reçut sur son sein d'albâtre.

Mais, vous, vivez ! et que votre présence
Fasse pour nous le charme de ces lieux ;
Quand vos attraits frappent ici nos yeux,
Qui peut se croire éloigné de la France ?

En partant, le général Bonaparte avait ordonné à son écuyer Vigogne de payer toutes les petites dettes de sa maison, et d'abandonner le reste, ainsi que les meubles, à Mme F***, à l'exception toutefois d'un riche ameublement qui devait rester au général Kléber. Madame F*** fit au nouveau général différentes visites comme pour venir réclamer ce qui lui était laissé. Kléber lui dit : « Je vous
» plains, Madame, d'avoir été abandonné par
» un amant aussi illustre ; je ne chercherai
» point à augmenter vos regrets en vous chi-
» canant sur ce qu'il a pu vous laisser ; je vous

» remets le tout, ne voulant rien avoir à dé-
» mêler à cet égard. »

Inconsolable du départ de Bonaparte, madame F*** épia l'occasion de repasser en France. Elle eut recours à Junot, qui était resté aussi en Égypte; il consentit à la faire embarquer à bord de *l'America*, l'un des transports français, avec lui, avec son aide-de-camp Lallemand, le musicien Rigel, Corences fils, et d'autres. A la sortie du port d'Alexandrie, le bâtiment tomba au pouvoir des Anglais, qui amenèrent tous les passagers à bord du *Thésée*. Junot fut envoyé à Mahon, et les passagers furent renvoyés à terre. Quant à madame F*** elle demanda et obtint d'être ramenée en France, où elle avait l'espoir de jouer un grand rôle, sachant déjà que Bonaparte s'était emparé du gouvernement; mais à son arrivée à Marseille, elle reçut défense de se rendre à Paris. Enfin elle en obtint l'agrément, et vécut long-temps dans un château que lui acheta Bonaparte à deux lieues de la capitale; sa maison y était montée sur le pied de 25,000 livres de rente. Son divorce ayant été régularisé, elle se remaria avec M. R**, qui fut nommé par Bonaparte consul à Saint-Ander. Là, s'étant séparée de corps et de biens de son second mari, elle se jeta dans des affaires de commerce, chargea des bâtimens à son compte, eut un comptoir au Brésil, y fit de fréquens voyages et de très-bonnes affaires.

CHAPITRE XI.

Des Pyramides et des Caravanes.

J'ALLAI voir aussi les fameuses pyramides, dont on a tant parlé, et sur lesquelles par conséquent je m'arrêterai peu, n'ayant rien de particulier à en dire. On sait qu'on les distingue en grandes pyramides et en petites. On appelle les premières les pyramides de Gizéh, pour les différencier des petites qui sont situées à deux lieues à l'est du village de Gizéh, dans le désert de Sahara.

On trouve le désert à la distance d'une petite lieue environ avant d'arriver à ces monumens gigantesques élevés par l'orgueil humain, comme pour faire naître les méditations les plus profondes sur le néant des grandeurs terrestres. On est tout étonné, à mesure qu'on avance, de voir les pyramides s'abaisser en quelque sorte; cette illusion provient de leur forme inclinée et anguleuse. Mais ensuite le moindre objet de comparaison, un homme, un chameau, un cheval, ou tout autre objet placé au pied de ces monumens, semble leur rendre toute leur grandeur colossale.

Les grandes pyramides sont au nombre de quatre, à la distance d'environ six cents pas l'une de l'autre; leurs quatre faces répondent aux quatre points cardinaux. La première, qui est la seule qui soit ouverte, a servi, selon Hérodote, de sépulture au roi Chéops. Sa hauteur est d'environ 465 pieds; elle a été minutieusement décrite. La seconde pyramide, la plus rapprochée de la première, paraît à une certaine distance plus élevée; ce qui provient de l'inégalité du sol, car elles sont toutes les deux de la même grandeur. Je gravis, non sans peine, sur le plateau de la première qui, à l'œil, paraît pointu, mais sur lequel cependant plusieurs hommes peuvent se tenir ferme.

Les deux autres qui leur ressemblent pour la construction et pour le ton de couleur, sont moins hautes.

Toutes les quatre sont environnées de beaucoup d'autres plus petites, de la même forme, également destinées à servir de sépulture. Presque toutes ont été fouillées, et plusieurs même ont été détruites.

C'est de la chaîne de montagnes appelée Mokatam, qui se trouve sur la rive droite du Nil, à l'opposé des pyramides, qu'on a tiré les énormes pierres carrées avec lesquelles ces grands monumens ont été construits à l'extérieur. Les pierres sont taillées comme pour être collées ensemble l'une sur l'autre, de sorte qu'elle sont jointes par leur propre poids, sans chaux, sans plomb, et sans ancres d'aucun métal. Quant au corps de la pyramide, il est construit avec des pierres irrégulières cimentées avec un mortier composé de sable, de chaux et d'argile.

A l'occident des deux premières on voit

une espèce de canal creusé dans le roc, et à l'orient les ruines d'un temple. A la distance d'environ trois cents pas se trouve le fameux sphynx dont le corps est enseveli sous le sable, mais dont on peut remarquer la tête colossale dont l'expression est douce et tranquille. Un pareil monument indique qu'à une époque si reculée l'art était déjà, sans aucun doute, à un très-haut degré de perfection.

On a prétendu que le général en chef avait été visiter les pyramides, le 11 août, accompagné de plusieurs officiers de son état-major et de quelques membres de l'Institut; qu'il s'était arrêté à la pyramide de Chéops, dont il avait fait déterminer la hauteur; qu'il avait pénétré avec sa suite dans l'intérieur de ce vaste monument; qu'arrivé dans la salle qui servait de tombeau aux Pharaons, il s'était assis sur le seul siége qu'offrait ce sombre palais de la mort (une longue caisse de granit, dans laquelle on suppose que reposait le corps du monarque égyptien); puis, qu'ayant fait placer à ses côtés le mufti Suleiman, et les imans Mohamed et Ibrahim, il avait eu avec eux une espèce d'entretien mystique qu'on a fait imprimer et publier à Paris, dans le *Moniteur*.

Tout cela est une pure fiction; le 11 août 1798, le général en chef, comme on l'a vu, était près de Salahiéh, à la poursuite d'Ibrahim-Bey.

Ce ne fut que le 14 juillet suivant, après l'expédition de Syrie, que Bonaparte, instruit du mouvement rétrograde de Mourad-Bey, partit du Caire avec ses guides et différentes troupes, et se rendit aux pyramides, où il se réunit au général Murat, chargé aussi alors de la poursuite de Mourad. J'ai entendu dire qu'il ne monta point à la pyramide de Chéops, parce que sa culotte de nankin se déchira. Ce fut là qu'il reçut une lettre d'Alexandrie annonçant qu'une flotte turque de cent voiles mouillait devant Aboukir.

Des Caravanes de Nubie et de Maroc qui passent au Caire.

Une partie de la caravane de Nubie qui tous les ans apporte au Caire des esclaves femelles, quelques esclaves mâles, des dents d'éléphans, des plumes d'autruches, du tamarin, de la poudre d'or, etc., apparut dans cette capitale dans le courant de décembre 1799. La plus grande partie était déjà arrivée à Suyout, une des villes principales de la haute Égypte. Mais, sur les bruits qu'avaient fait répandre les mamelouks dans le saïd, que les Français tuaient et mangeaient les hommes, les marchands nubiens étaient retournés à Sienne. Ceux qui étaient restés à Suyout, faute de bateaux pour suivre leurs compagnons de voyage, reçurent dans l'intervalle des lettres du Caire, qui les rassurèrent, et ils s'y rendirent.

Cette caravane était partie de Berber, bourg principal du royaume de Chaudi, situé sur la rive orientale du Nil, où régnait, du temps du voyageur Bruce, une princesse maure, nommée Sittina, dont il reçut l'accueil le plus gracieux. Les marchands de Berber nous apprirent que cette princesse était morte depuis plusieurs années, et qu'elle avait laissé une fille et un garçon qui régnait à Chaudi. La postérité de Sittina avait, dit-on, dans les traits, beaucoup de ressemblance le célèbre voyageur.

La caravane avait mis dix-huit jours pour se rendre à Drau; elle avait continué sa route sur les mêmes chameaux qui l'avaient conduite depuis Berber jusqu'au-delà des cataractes, où elle s'était embarquée et rendue à Sienne.

Dans la route que suit cette caravane pour se rendre sur les bords du Nil, on trouve des villages où l'on peut se procurer des rafraîchissemens; mais dans plusieurs parties on ne rencontre de l'eau que tous les deux jours, de sorte qu'il faut en porter dans des outres pour les besoins des hommes. Quant aux chameaux ils s'en passent facilement pendant deux jours; il y en a même qu'on habitue à ne boire que tous les trois ou quatre jours.

Les esclaves que cette caravane conduit en Égypte viennent du milieu de la Nigritie à Sennaan, capitale de la province de Fazinclo dans l'Abyssinie, située entre le Nil et le fleuve Blanc, qui se perd ensuite dans le premier.

La langue française n'a pas d'expression grammaticale assez précise pour bien faire connaître l'état des enfans des deux sexes blancs et noirs, que l'on vient vendre en Égypte. Mais le mot *esclave* est très-impropre à le désigner, puisque c'est plutôt une adoption qu'une servitude. Ils sont au Caire, par exemple, beaucoup mieux traités que les domestiques, soit pour la nourriture et les habillemens, soit pour les égards; et après quelques années de service, les maîtres sont obligés, par les lois de l'honneur et par l'usage, de marier les filles et de donner un état aux mâles. Lorsqu'ils tombent entre les mains de maîtres barbares qui les maltraitrent, ils peuvent les forcer à les revendre, et la loi les protége sur ce point.

Les mamelouks, qui depuis 1200 années au moins, sous le titre de sultan, ou sous ceux de kiaya, de beys ou de kia-chef, gouvernaient l'Égypte en maîtres absolus, et dont le règne n'a fini qu'à la bataille des Pyramides, étaient presque tous des enfans géorgiens, circassiens, alsazas, apportés au Caire sur des bâtimens venant de Constantinople, achetés d'abord par les hommes puissans, et ensuite affranchis et élevés par eux aux premières dignités. Ce que l'on appelle improprement en Égypte esclavage était presque toujours pour ceux dont nous venons de parler la route de la fortune.

Tel est sans doute le côté brillant sous lequel on peut envisager ce commerce de chair humaine, et le seul auquel nous voudrions pouvoir nous arrêter : mais lorsqu'on a parcouru les bazards où se fait ce trafic, lorsqu'on a vu les excès auxquels se livrent envers ces infortunés ceux qui sont chargés de les échanger contre quelques pièces d'or, lorsque l'on voit à côté de la jeune fille arrivant à peine à l'âge de puberté un enfant enlevé au sein maternel et qui bientôt vont l'un et l'autre passer entre les mains de l'homme avide, on ne peut se défendre d'un sentiment pénible; il n'est adouci que par l'espérance de voir un jour la philosophie et l'humanité, obtenir aussi des triomphes sur les bords du Nil, où le génie et le courage se sont récemment signalés par des victoires d'autant plus brillantes, qu'elles semblaient devoir délivrer ces belles contrées du despotisme le plus affreux.

La caravane des pélerins de Maroc, qui avait passé au Caire pour se rendre à la Mecque, fut de retour dans le courant de juillet 1799. Le chef qui la commandait écrivit en arrivant au Caire une lettre au citoyen Poussielgue, administrateur de l'Égypte, contenant quelques détails intéressans qui furent insérés dans les journaux.

Mais voici quelques circonstances que ce chef nous fit connaître verbalement.

La caravane de Maroc, forte de 1000 hommes, bien armés de fusils, fit son retour par Jérusalem, par complaisance pour la caravane de Damas, qui était sans armes et sans escorte; les pélerins de Maroc furent toujours à l'avant-garde.

Djezzar-Pacha envoya un courrier à leur chef avant même qu'il arrivât à Jérusalem. Il l'engageait à se rendre à Acre avec tous ses pélerins, lui promettant de lui donner des vaisseaux pour les transporter à Maroc, et de les faire escorter par les Anglais; il ajoutait que, s'il ne voulait pas accepter ses offres et qu'il persistât à s'en retourner par le Caire, il y serait pillé et massacré par les Français. Le chef répondit que l'empereur de Maroc était resté en bonne amitié avec la France; que la caravane avait été bien reçue par les Français, à son passage au Caire; et que les pélerins étaient sûrs de retrouver le même accueil. La caravane se pressa davantage d'arriver à Jérusalem ; là, elle apprit que Djezzar-Pacha avait fait couper la tête à quarante Mogrebins, qui s'étaient sauvés avec l'émir Hadji en Syrie, sous prétexte qu'ils avaient servi auparavant les Français ; qu'une caravane de 300 Barbaresques, qui s'était rendue par mer à Acre pour aller à la Mecque, avait été à son retour retenue aussi sous différens prétextes par Djezzar, et qu'il les avait employés aux travaux les plus durs de la guerre, en sorte que la plupart y avaient succombé, et que ceux qui restaient étaient presque tous mutilés.

Ces circonstances ne disposèrent pas la caravane de Maroc à écouter plus favorablement les nouvelles invitations de Djezzar. Cependant Isman-Pacha, qui commandait à Jérusalem, tenta de nouveau de les séduire en leur offrant de l'argent, des chameaux, des chevaux, des munitions, et même de l'artillerie. Quand il vit que les pélerins étaient constans dans leurs refus, il employa les menaces et fit des dispositions pour s'opposer à leur sortie de Jérusalem. Le chef de la caravane rassembla sur-le-champ tout son monde, et alla camper hors de la ville, décidé à repousser toute sorte d'hostilité, et cependant il envoya douze pélerins armés pour acheter dans la ville des provisions : Isman-Pacha les fit arrêter. A cette nouvelle, deux cents pélerins bien armés, avec le chef de la caravane à leur tête, se portent sur la ville pour réclamer leurs compagnons de voyage. Comme ils arrivaient aux portes, Isman-Pacha en sortait avec un grand nombre de cavaliers armés, pour aller forcer le camp des pélerins : ils s'insultèrent réciproquement ; les pélerins couchèrent en joue les gens du pacha et tirèrent quelques coups de fusils ; leur chef voulait les contenir ; mais les deux cents pélerins indignés se précipitèrent sur le pacha, le firent descendre de son cheval, et se disposèrent à l'emmener prisonnier. Il offrit alors toute sorte de satisfaction, fit rendre les douze pélerins prisonniers et fut lui-même relâché. La caravane se hâta de continuer sa route sur le Caire, où elle arriva sans accident, quoique Djezzar-Pacha et Ibrahim-Bey eussent envoyé des avis à tous les Arabes pour la faire attaquer et piller.

CHAPITRE XII.

Expédition de Syrie.

On la regarde généralement comme une tentative faite par Bonaparte pour révolutionner l'Orient, et néanmoins il présenta lui-même cette expédition comme n'étant qu'une opération défensive qui eut pour premier objet de mettre l'Égypte à couvert de l'irruption d'une armée turque du côté de la Syrie. La guerre entre la Porte ottomane et la France était inévitable. Comment aurait-on pu douter que la conquête de l'Égypte n'eût armé contre nous la Porte, notre ancienne alliée? Croit-on que le général en chef ait pu se faire illusion à cet égard? Il devait peu compter sur la politique du Directoire, d'ailleurs peu capable de faire impression sur le divan, après une agression si gratuite de la part des Français. La malheureuse issue de la bataille navale d'Aboukir, qui entraîna la destruction de notre escadre, décida le divan. Dès la fin de 1798 il prépara plusieurs armemens contre les conquérans de l'Égypte, l'un à Rhodes, l'autre en Syrie. La légation française à Constantinople, et tous les agens consulaires établis dans les villes de la domination turque, furent successivement arrêtés et incarcérés, d'après les usages de l'Orient. Le général en chef avait prévu cet orage dès la fin du mois d'août. Tournant ses regards vers la Syrie, et redoutant les efforts d'Achmet-Pacha, gouverneur de Séide et de Saint-Jean-d'Acre, connu sous le nom de Djezzar, il lui écrivit la lettre suivante, sous la date du Caire, le 22 août.

« En venant en Égypte faire la guerre aux
» beys, j'ai fait une chose juste et conforme
» à tes intérêts, puisqu'ils étaient tes ennemis;
» je ne suis point venu faire la guerre aux
» Musulmans. Tu dois savoir que mon pre-

» mier soin, en entrant à Malte, a été de faire
» mettre en liberté deux mille Turcs qui de-
» puis plusieurs années gémissaient dans l'es-
» clavage. En arrivant en Égypte, j'ai rassuré
» le peuple, protégé les muphtis, les imans
» et les mosquées; les pélerins de la Mecque
» n'ont jamais été accueillis avec plus de soin
» et d'amitié que je ne l'ai fait, et la fête du
» Prophète vient d'être célébrée avec plus de
» splendeur que jamais.

» Je t'envoie cette lettre par un officier qui
» te fera connaître de vive voix mon intention
» de vivre en bonne intelligence avec toi, en
» nous rendant réciproquement tous les ser-
» vices que peuvent exiger le commerce et le
» bien des états; car les Musulmans n'ont pas
» de plus grands amis que les Français. »

Le général en chef confia cette lettre au chef de bataillon d'état-major Beauvoisin, qui était alors commissaire près le divan du Caire, et il lui donna les instructions suivantes :

« Le chef d'état-major Beauvoisin se ren-

SUR L'EXPÉDITION D'ÉGYPTE.

» dra à Damiette; de là il s'embarquera sur un
» vaisseau turc ou grec; il se rendra à Jaffa;
» il portera la lettre ci-jointe à Achmet-Pacha;
» il demandera à se présenter devant lui, et
» il réitérera de vive voix que les Musulmans
» n'ont pas de plus vrais amis en Europe que
» nous; que j'ai entendu avec peine que l'on
» croyait en Syrie que j'avais dessein de pren-
» dre Jérusalem et de détruire la religion
» mahométane; que ce projet est aussi loin
» de notre cœur que de notre esprit; qu'il
» peut vivre en toute sûreté; que je le connais
» de réputation comme un homme de mé-
» rite; qu'il peut être assuré que, s'il veut se
» comporter comme il le doit envers des
» hommes qui ne lui font rien, je serai son
» ami; et que bien loin que notre arrivée en
» Égypte soit contraire à sa puissance, elle
» ne fera que l'augmenter; que je sais que les
» mameloucks, que j'ai détruits, étaient ses
» ennemis, et qu'il ne doit pas nous confon-
» dre avec le reste des Européens, puisque,
» au lieu de rendre les Musulmans esclaves,

» nous les délivrons; et enfin il lui racontera
» ce qui s'est passé en Egypte, et ce qui peut
» être propre à lui ôter l'envie d'armer et de
» se mêler de cette querelle. Si Achmet-Pa-
» cha n'est pas à Jaffa, le chef d'état-major
» Beauvoisin se rendra à Saint-Jean-d'Acre;
» mais il aura soin auparavant de voir les fa-
» milles européennes, et principalement le
» vice-consul français, pour se procurer des
» renseignemens sur ce qui se passe à Con-
» stantinople, et sur ce qui se fait en Syrie. »

L'envoyé du général en chef s'étant embarqué, fit voile pour Jaffa et ensuite pour Saint-Jean-d'Acre, où il arriva dans les premiers jours de septembre; mais il ne put obtenir audience de Djezzar, auquel il écrivit deux fois inutilement; il ne lui fut pas même permis de sortir du bâtiment qui l'avait conduit dans le port. Cet officier écrivit à bord une lettre au Directoire exécutif pour lui rendre compte de l'objet de sa mission, et dans cette lettre, qu'il remit à un capitaine ragusais, dont le bâtiment devait mettre à la voile, il disait au Directoire qu'il était *forcé d'être laconique*. Sa dépêche ayant été interceptée par la croisière anglaise et publiée dans les feuilles de Londres, cette circonstance indisposa le général en chef contre son émissaire, d'autant plus qu'il échoua complétement dans sa mission. Djezzar-Pacha, sans lui rien répondre, lui donna pour remettre à la voile à peine quelques heures de délai. A son retour au Caire il fut disgracié, bientôt après destitué et renvoyé en France. Pris dans sa traversée par un corsaire barbaresque, et livré à l'amiral turc, il ne put éviter d'être renfermé au château des Sept-Tours jusqu'en 1801. C'est ainsi qu'il fut victime du courroux de Bonaparte, qui fit peser sur lui le ressentiment qu'avait excité le refus méprisant de Djezzar-Pacha, d'entrer en correspondance avec lui.

A compter de ce moment, le général en chef roula dans son esprit le projet d'une expédition en Syrie, autant pour faire repentir Djezzar d'avoir dédaigné son alliance, que pour achever de disperser les mameloucks conduits par Ibrahim-Bey. Mais la révolte du Caire, et la nécessité de pourvoir à la défense de l'Egypte ne lui permirent pas de mettre son plan à exécution au mois de novembre, comme il en avait eu le projet. Dans l'intervalle, il crut devoir tenter une nouvelle démarche auprès de Djezzar, et il lui fit porter par deux Arabes la lettre suivante, datée du Caire, le 19 novembre.

« Je ne veux pas vous faire la guerre, si
» vous n'êtes pas mon ennemi; mais il est
» temps que vous vous expliquiez. Si vous
» continuez à donner refuge et à garder sur
» les frontières de l'Égypte Ibrahim-Bey, je
» regarderai cela comme une marque d'hostilité, et j'irai à Acre.

» Si vous voulez vivre en paix avec moi,
» vous éloignerez Ibrahim-Bey à quarante
» lieues des frontières d'Égypte, et vous
» laisserez libre le commerce entre Damiette
» et la Syrie.

» Alors, je vous promets de respecter vos » états, de laisser la liberté entière au com- » merce entre l'Égypte et la Syrie, soit par » terre, soit par mer. »

Djezzar laissa cette lettre sans réponse, ainsi qu'il l'avait déjà fait à l'égard de la première dépêche.

Cependant, comme la tranquillité était à peu près rétablie au Caire et dans les autres provinces de l'Égypte, que l'escadre ennemie en station devant Alexandrie restait dans l'inaction, et que du côté de la haute Égypte, Desaix remportait de grands avantages sur Mourad-Bey, le général en chef entrevit la possibilité d'effectuer son entreprise contre Djezzar. Déjà il avait fait occuper le village de Katiéh, situé à trois journées de Salehiéh, sur le chemin qui conduit en Syrie en longeant la côte de la Méditerranée et en passant par El-Arich. Son intention était d'en faire une sorte de place d'armes, pour les troupes marchant vers la Syrie. L'approvisionnement devait se faire par Damiette, Katiéh n'étant qu'à une journée de l'extrémité du lac Menzaléh.

La prise de possession de Suez par le général Bon avait eu aussi pour objet de s'assurer de cette position importante au moment où l'on pénétrerait en Syrie. Il s'agissait aussi de faire reconnaître les traces de l'ancien canal qui unissait jadis la mer Rouge à la Méditerranée. Le général en chef lui-même voulut entreprendre cette reconnaissance, escorté par ses guides à cheval, et accompagné d'une partie des officiers de son état-major, ainsi que des membres de l'Institut d'Égypte, Berthollet, Monge, Bourienne, Costas, et le chirurgien en chef Larrey. J'étais aussi de ce voyage. Nous partîmes du Caire le 25 décembre, et nous marchâmes trois jours dans le désert. Le chemin était tracé par des ossemens d'hommes et d'animaux de toute espèce, et bien capables d'inspirer au voyageur les idées les plus tristes; car tel était son sort s'il venait à manquer d'eau ou de vivres. Le 26 nous bivaquâmes à dix lieues dans le même désert, éprouvant l'extrême différence de la température de la nuit d'avec celle du jour. Le froid était si vif la nuit, que pour nous reposer nous ne trouvâmes d'autres moyens que de faire de grands tas de ces ossemens et d'y mettre le feu. Nous arrivâmes le 27 à Suez, après avoir traversé une plaine immense et aride, où nous ne découvrîmes qu'un seul arbre à notre deuxième station; c'était un if d'un aspect lugubre. Suez ne répond plus à son ancienne célébrité. Le général en chef, après l'avoir reconnu, visita le port et la côte qui l'avoisinent; il désigna lui-même les lieux des nouvelles fortifications. Voulant ensuite passer en Asie, et visiter ce que les Arabes appellent les sources de Moïse, et reconnaître la rive orientale de la mer Rouge, il nous fit traverser cette mer devant Suez par un gué qui n'est praticable qu'à marée basse, ce qui nous fit éviter un contour de huit lieues dans des déserts fatigans. Des Arabes montés sur des dromadaires nous précédaient et nous servaient de guides; beaucoup de nos chevaux traversaient à la nage, d'autres avaient de l'eau jusqu'au poitrail, quoique nous fussions protégés dans notre excursion par un banc de sable. Après plusieurs heures de marche sur des sables mouvans, par ce même lieu que la tradition désigne comme l'endroit où passa Moïse avec les Israélites pour échapper à l'armée de Pharaon, nous arrivâmes enfin aux sources, près des montagnes du Torn, et à peu de distance de la mer. Elles sont au nombre de cinq, et s'échappent en bouillonnant des sommets de petits monticules de sable. J'en trouvai l'eau potable, mais un peu saumâtre; elle sert aux voyageurs et aux habitans de Suez, et nous vîmes encore les vestiges de l'aqueduc qui conduisait cette eau à des citernes creusées sur le bord du rivage, et destinées jadis à servir d'aiguade aux bâtimens qui visitaient cette partie de la mer Rouge. Le général en chef rappela lui-même à ses guides d'escorte le trait d'histoire sacrée relatif à cette célèbre fontaine.

La nuit nous ayant surpris au moment où le général en chef revenait par la route de Suez, nous ne trouvâmes plus le gué praticable, la marée étant encore très-haute. Nos guides arabes crurent pouvoir indiquer un autre chemin et s'égarèrent. Nous nous trouvâmes bientôt dans un marais avec de l'eau jusqu'à la ceinture, et là le général avec ceux qui l'accompagnaient faillit éprouver le sort du roi Pharaon et de son armée marchant à la poursuite des Israélites. Nous fûmes obligés de remonter vers le fond du golfe. Nous revînmes à Suez la même nuit, et après nous y être reposés, nous entrâmes le lendemain dans l'isthme, le général en chef voulant visiter l'ancien canal de communication entre les deux mers. Nous en découvrîmes enfin les vestiges, et nous marchâmes pendant quatre heures sur le lit même du canal; mais l'opinion des savans fut partagée sur l'antiquité et la destination de ces travaux.

En revenant, le général en chef aperçut un camp arabe, et il dit à ses guides à che-

val : « Vos chevaux sont fatigués, que ceux
» qui peuvent me suivre viennent avec moi; »
et, prenant le galop avec seulement cinq
guides, il se rendit maître du camp et du
butin. Il se mit ensuite à plaisanter ceux qui
n'avaient pu le suivre, en leur disant que le
produit de la vente des effets enlevés ne serait
que pour les vainqueurs.

La caravane, que nous avions rejointe, reprit la route du Caire, et le général en chef prit celle de Belbéis pour y visiter la partie du canal qui avait été dérivée du Nil. Nous en remarquâmes les vestiges pendant à peu près cinq lieues au nord de Suez; là ils se perdent dans les sables mouvans et ne reparaissent qu'à quelques lieues de Belbéis, dans l'oasis d'Houraéb. A Belbéis le général revisita les fortifications, puis se remit sur les traces du canal jusqu'à l'ancienne Péluse, d'où nous revînmes au Caire, où le général en chef donna des ordres pour lever le plan du canal. Pendant toute cette route dans l'isthme, nous n'avions rencontré que quelques petites

SUR L'EXPÉDITION D'ÉGYPTE. 237

tribus d'Arabes-Bédouins, qui offraient le tableau de la misère la plus affreuse, et auxquels on enleva des chameaux et des femmes.

Ce fut à Belbéis que le général Bonaparte apprit l'occupation du fort d'El-Arich par un détachement des troupes de Djezzar et des mameloucks d'Ibrahim-Bey. Plus de doute dès lors des dispositions hostiles de la Porte ottomane et du pacha d'Acre. La connaissance qu'avait déjà l'état-major du firman par lequel le grand-seigneur nous déclarait la guerre, lui fit voir que les Turcs avaient joint les actions aux paroles.

Le général en chef fit aussitôt ses dispositions pour pénétrer en Syrie.

Voici comme il rendit compte au Directoire exécutif, par sa dépêche confidentielle du 10 février, des motifs et de l'objet de son expédition.

« Les Anglais ont obtenu de la Porte que
» Djezzar-Pacha aurait, outre son pachalic
» d'Acre, celui de Damas. Ibrahim-Pacha,
» Abdallah-Pacha, et d'autres pachas sont à

» Gaza, et menacent l'Egypte d'une inva-
» sion. Je pars dans une heure pour aller les
» trouver. Il faut passer neuf jours d'un dé-
» sert sans eau ni herbe; j'ai ramassé une
» quantité assez considérable de chameaux,
» et j'espère que je ne manquerai de rien.
» Quand vous lirez cette lettre, il serait pos-
» sible que je fusse sur les ruines de la ville
» de Salomon.

» Djezzar-Pacha est un vieillard de soixante-
» dix ans, homme féroce, qui a une haine dé-
» mesurée contre les Français; il a répondu
» avec dédain aux ouvertures amicales que
» je lui ai fait faire plusieurs fois. J'ai dans
» l'opération que j'entreprends trois buts :

» 1° Assurer la conquête de l'Egypte en
» construisant une place forte au-delà du dé-
» sert, et dès lors éloigner tellement les ar-
» mées, de quelque nation que ce soit, de
» l'Egypte, qu'elles ne puissent rien combi-
» ner avec une armée européenne qui vien-
» drait sur les côtes.

» 2° Obliger la Porte à s'expliquer, et par

» là appuyer la négociation que vous avez
» sans doute entamée, et l'envoi que je fais
» à Constantinople du citoyen Beauchamp
» sur la caravelle turque.

» 3° Enfin, ôter à la croisière anglaise les
» subsistances qu'elle tire de Syrie, en em-
» ployant les deux mois d'hiver qui me res-
» tent à me rendre par la guerre et par la di-
» plomatie toute cette côte amie. »

Depuis huit mois le général en chef était sans nouvelles de France; il avait expédié au Directoire plus de soixante bâtimens de toutes les nations et par toutes les voies. Il reçut avant son départ pour la Syrie des informations d'Europe, par MM. Hamelin et Liveron qui étaient partis vers la fin d'octobre de Trieste, et qui, évitant la croisière anglaise, étaient entrés dans le port d'Alexandrie vers la fin de janvier. Ils lui donnèrent les premières nouvelles des préparatifs pour une nouvelle guerre générale. Ce fut pour lui un motif de plus de presser son expédition.

Avant d'en faire le récit, je donnerai une

idée de la Syrie, où nous allions porter nos armes. Cette contrée diffère entièrement de l'Égypte par sa population, par son climat et son sol. L'Égypte est une plaine formée par la vallée du Nil, tandis que la Syrie est la réunion d'un grand nombre de vallées. On n'y voit guère que des collines et des montagnes : la plus élevée est le mont Liban, couverte de pins énormes; c'est le centre de la Syrie et de la chaîne de montagnes qui traverse toute cette contrée, et suit parallèlement toutes les côtes de la Méditerranée, à la distance de huit à dix lieues. Le Jourdain et l'Oronte prennent leur source au mont Liban; le premier va se perdre dans la mer Morte, après soixante lieues de cours; l'Oronte, après un cours d'une égale étendue, entre les montagnes et l'Arabie, va se jeter dans le golfe d'Antioche. Il ne pleut pas en Égypte, et il pleut en Syrie presque autant qu'en Europe. Le pays étant composé de vallées et de petites montagnes, on y trouve beaucoup de pâturages et on y élève beaucoup de troupeaux. Des arbres de toutes espèces l'ombragent; on y voit également beaucoup d'oliviers. Alep et Damas sont ses deux plus grandes villes. La Syrie offrant cent cinquante lieues de côtes à la mer, on y trouve aussi plusieurs villes maritimes. La première est Gaza, jadis célèbre, mais aujourd'hui sans rade et sans port, la mer s'en étant retirée d'une lieue ; puis Jaffa, l'ancienne Joppé. Son port est le plus voisin de Jérusalem; il n'en est qu'à quinze lieues. L'ancienne Césarée n'offre plus guère que des ruines. L'ancienne Tyr, que les Syriens ou plutôt que les Arabes appellent Sour, n'est plus qu'un village. Saïde, Baîrout, Tripoli, ne sont que des petites villes. Le golfe d'Alexandrette, situé à vingt lieues d'Alep, offre un mouillage pour les plus grands vaisseaux; ce qui en fait le point le plus important de toute la côte. La ville de Saint-Jean-d'Acre, qui est entre Césarée et l'ancienne Tyr, a aussi une rade foraine. Cette ville, où l'on compte 12,000 habitans, a une assez grande importance militaire, étant la résidence du pacha; le siége qu'elle a subi l'a rendue célèbre. La population de la Syrie est un mélange de Juifs, de Chrétiens, d'Arabes et de Mahométans des deux sectes.

Environ 13,000 hommes étaient destinés à en faire la conquête ; savoir : les divisions Reynier, Kléber, Bon et Lannes. La cavalerie, qui ne s'élevait qu'à 900 chevaux, était sous les ordres du général Murat ; le reste de l'armée se composait de l'artillerie, du génie, du corps des guides, au nombre de 400, et d'une compagnie de dromadaires exercés par nos soldats.

Toutes ces troupes furent mises en mouvement dans les premiers jours de février. La division Reynier formait l'avant-garde. La division Kléber, qui occupait Damiette et les environs du lac Mensaléh, s'embarqua sur des djermes pour gagner les déserts par le lac. Toutes les divisions marchaient successivement; elles traversèrent d'abord la province de Charqyéh. Les troupes du général

Reynier, après deux journées de marche à travers le désert, arrivèrent le 9 février devant El-Arich, qui était occupé par environ 2000 hommes des troupes de Djezzar et d'Ibrahim-Bey. Dans la première reconnaissance, ce général voulut brusquer l'attaque du village. Un combat très-vif s'engagea; les soldats de Djezzar, qui occupaient des maisons crénelées, firent pleuvoir sur nos soldats outre une grêle de balles, des pierres et des matières enflammées. Nous fîmes une perte considérable; il y eut dans cette première attaque plus de trois cents blessés. Le général Reynier ayant pris position apprit que la cavalerie de Djezzar, soutenue par de l'infanterie, s'approchait d'El-Arich par la route de Gaza; il se tint sur ses gardes. Renforcé par la division Kléber, et s'étant concerté avec ce général, il surprit le camp des mamelroucks, qui fut enlevé après une assez vive résistance. La terreur s'était emparée de l'ennemi, qui n'eut que le temps de fuir en désordre après avoir éprouvé une perte assez considérable.

Parti du Caire, le 10 février, avec le quartier-général, nous arrivâmes le 12 à Salaiéh. Un grand nombre de chameaux nous suivaient. A Salaiéh le général en chef apprit l'échec éprouvé devant El-Arich; il prit de l'humeur contre le général Reynier, disant qu'il n'avait repoussé la cavalerie de Djezzar que soutenu par la prudence et les sages mesures du général Kléber. Il se mit aussitôt en marche pour Cathiéh. Nous vîmes nos soldats sur la route, se traînant avec peine au milieu des sables, ne trouvant pour apaiser leur soif qu'une eau saumâtre, que nos chevaux refusaient de boire. Aigris par les privations, ils devenaient pillards et insubordonnés; nous avions de la peine à leur faire respecter les bagages du quartier-général. Après cinq jours de marche pénible nous arrivâmes à El-Arich le 17 février. Nous y trouvâmes les deux divisions réunies, ainsi que le parc d'artillerie. Le temps était pluvieux et froid, et la terre humide; nous gémissions de voir nos blessés, couchés sur des feuilles de palmiers au milieu du camp, n'étant couverts que par quelques mauvaises tentes, ou quelques branches de palmiers, qui ne les mettaient à l'abri ni de la pluie ni de l'humidité. Comme on était dépourvu de viande, on tua des chameaux, dont le bouillon et la chair servirent à soulager les malades et les blessés. Le lendemain 18, toute l'armée étant réunie campa sur des monticules de sables entre El-Arich et la mer. On forma le siége du fort, qui est d'une construction carrée, et qui domine le village; une batterie de brèche fut établie, mais elle fit peu d'effet, n'étant composée que de pièces de campagne. Comme les vivres manquaient, que nous mangions les chameaux et les ânes, que nos soldats joignaient à cette nourriture des cœurs de palmiers, aliment d'une mauvaise digestion, le général en chef jugea qu'il fallait se hâter d'emporter El-Arich. Étant venu visiter la tranchée, il dit à un officier-général qui était derrière les grenadiers : « Cent cinquante bons b......'qui iraient fu-

» siller ces coquins-là par les créneaux feraient
» un bon effet. » Les grenadiers, ayant entendu ces paroles, y furent sans être commandés. Pour aller plus vite en besogne, le
général en chef fit marcher de front les négociations et l'attaque. Le général Berthier
somma Ibrahim-Aga, qui commandait la
garnison composée d'Arnautes et de Maugrebins. Deux fois la négociation fut suspendue et reprise ; enfin, le 19 février au soir,
Ibrahim signa une capitulation, portant que
la garnison sortirait pour se rendre par le
désert à Bagdad, à condition de ne plus servir dans l'armée de Djezzar avant un an
révolu. Le lendemain nous occupâmes le fort
évacué. Les Maugrebins, ne voulant point
se rendre à Bagdad, prirent service dans
notre armée, au nombre de trois ou quatre
cents. La pluie n'avait pas discontinué pendant le séjour de l'armée devant le fort,
qu'on eut de la peine à désinfecter avant d'y
établir nos troupes. Nous n'y trouvâmes que
pour un jour ou deux de vivres. Le général

en chef ordonna qu'on augmentât les fortifications, et qu'on fît d'El-Arich une place
d'armes. L'armée resta encore campée pendant quatre jours devant ce fort, soit pour
que nos troupes eussent le temps de se
remettre de leurs fatigues, soit qu'il fallût
pourvoir aux convois et au service de l'armée.

Le général en chef ayant donné le commandement de l'avant-garde à Kléber, ce
général se mit en marche le 22 février avec
sa division et une partie de la cavalerie, commandée par le général Murat. Kléber devait
arriver le soir au premier village de la Palestine, sur le chemin qui conduit à Jaffa; mais
son guide l'ayant égaré, il erra dans le désert
pendant quarante-huit heures sans eau, et
accablé de chaleur et de soif; il fit fusiller son
guide. Le général en chef, après avoir mis
deux autres divisions en mouvement, et persuadé que Kléber était arrivé à sa destination,
partit le 23 avec le quartier-général, et se dirigea sur le village, où il croyait trouver Kléber.
Quelle fut notre surprise d'y apercevoir

l'ennemi en force, c'est-à-dire les Turcs et les mameloucks, qui s'y étaient ralliés après le combat d'El-Arich. Le général en chef n'avait que ses guides à cheval et un détachement du corps des dromadaires; il s'arrêta pour donner le temps au quartier-général de rebrousser dans le désert. Quant à lui sa fortune le protégea visiblement; les mameloucks prirent son escorte pour l'avant-garde de l'armée, et rebroussèrent eux-mêmes sur la route de Gaza. Ce fut à Santon, où avait rétrogadé le quartier-général, que Kléber, après avoir erré si long-temps dans le désert, nous rejoignit,. et successivement les autres divisions. Les troupes, épuisées par la soif, la faim et la marche, étaient découragées; mais quand le général en chef parut dans leurs rangs, monté sur son dromadaire, et qu'elles le virent partager leurs privations et leur fatigues, elles furent ranimées et continuèrent leur marche avec plus de fermeté et de constance. Le 24 février, nous aperçûmes les portes de la Syrie. Ce sont deux colonnes de granit, indiquant la séparation de l'Afrique d'avec l'Asie, près lesquelles on trouve un grand puits rempli d'eau douce, où nous nous désaltérâmes. Nous venions de faire soixante lieues dans un désert brûlant et aride; aussi quelle fut notre joie quand nous aperçûmes les belles et riches campagnes de la Palestine et les sommets de ses montagnes boisées. Nous arrivâmes à Kanyounes, premier village de la Syrie, que les mameloucks et les Turcs venaient d'abandonner pour se replier sur Gaza; nous y trouvâmes des vivres et quelques rafraîchissemens. Le lendemain, quand nous nous mîmes en marche, une pluie abondante vint rafraîchir l'air; nos soldats se dépouillaient de leurs vêtemens pour se rafraîchir et se purifier par cette ondée bienfaisante; ils continuèrent gaîment leur marche, quoique la route fût pénible et difficile à cause des rivières et des torrens qu'il fallait traverser.

Vers deux heures, nous aperçûmes sur les hauteurs en avant de Gaza un corps de

Turcs et de mameloucks rangés en bataille. Le général en chef fit aussitôt former chacune des divisions en carré, et notre cavalerie se mit en manœuvre avec six pièces de canons pour commencer l'attaque; mais les Turcs et les mameloucks battirent aussitôt en retraite, abandonnant la ville de Gaza, dont une députation vint offrir les clefs au général en chef; ce qui la préserva du pillage. L'armée traversa la ville pour aller à la poursuite des mameloucks, et ne s'arrêta qu'à une lieue au-delà; elle prit position sur les hauteurs qui la dominent. Nous trouvâmes des magasins de vivres à Gaza, et l'on peut dire que c'est ce qui sauva l'armée; car depuis trois jours nos soldats ne mangeaient que du chameau, nos convois étant en retard, de même que la flottille de Damiette, qui avait été contrariée par le gros temps. Gaza, célèbre dans l'antiquité, n'est plus qu'une bourgade composée de trois villages peuplés d'un peu plus de 3000 âmes. Son château, situé sur une colline, sépare le premier village des deux autres. La ville, qui avait autrefois un port, est maintenant à une demi-lieue de la mer. Ses campagnes sont riantes, assez bien cultivées; on y voit d'immenses forêts d'oliviers. Nous y séjournâmes deux jours, et dans l'intervalle le général en chef fit former à Gaza un divan, d'après le système qu'il avait suivi en Égypte. Le quartier-général était campé dans un jardin vis-à-vis une des portes de la ville. L'ordonnateur en chef avait fait élever ses tentes au milieu des tombeaux. Toutes les vallées étant mouillées par la pluie, nos soldats étaient couverts de boue, et mettaient le feu aux oliviers pour se chauffer et se sécher. Mais comme on avait trouvé dans les magasins du biscuit, du riz et de l'orge en abondance, et même des munitions de guerre, nos soldats furent bientôt ravitaillés.

Le général en chef apprit à Gaza que les Turcs et les mameloucks rassemblaient leurs forces à Jaffa. Il donna aussitôt l'ordre à l'armée de se remettre en marche pour cette dernière ville. Nous parcourûmes d'abord une grande plaine aride, couverte de petites dunes de sables mouvans, que la cavalerie et même les chameaux ne franchissaient qu'avec peine; il fallut doubler et tripler les attelages. Nous bivouaquâmes à Erdoud, et le lendemain nous longeâmes le rivage jusqu'à Ramléh, bourg habité par des Chrétiens, et que les mameloucks venaient d'abandonner précipitamment; il est entouré de plaines couvertes d'oliviers et de quelques marécages.

De même qu'en Égypte, nos colonnes étaient sans cesse harcelées par des hordes d'Arabes-Bédouins qui, la nuit surtout, venaient rôder à une certaine distance autour des bivouacs et des cantonnemens. Nos divisions reçurent l'ordre de ne bivouaquer qu'en carré, en plaçant au milieu d'elles les chevaux, les chameaux et les bagages.

Le 3 mars nous arrivâmes sur les hauteurs de Jaffa; la cavalerie ennemie rentra précipitamment dans la ville, qui n'était protégée que par de mauvais murs sans fossés flanqués de quelques tours garnies de canons. Un ramas de troupes de différentes nations se résolut de braver l'attaque derrière un aussi faible boulevard. La division Kléber, qui en avait commencé l'investissement, fut chargée de couvrir le siége du côté des montagnes habitées par les Naplousins, qui s'armaient pour venir nous inquiéter. Elle fut remplacée par les deux divisions Bon et Lannes, qui investirent, l'une, la partie orientale, et l'autre, la partie occidentale de la ville. Une reconnaissance, conduite par le général Murat, nous apprit qu'outre l'enceinte de ses murailles garnies de tours, Jaffa avait encore pour la défense du port et de la rade deux petits forts. Le général en chef, qui voulait renouveler en Syrie la même scène de terreur dont il avait frappé Alexandrie en Egypte, était décidé à prendre Jaffa par escalade, et il le fit attaquer vers les parties les plus élevées et les plus fortes de ses murailles. Plusieurs batteries furent établies, et battirent en brèche.

Dans la sommation qu'adressa le général Berthier au commandant turc de Jaffa, on lisait ces paroles : « Vous êtes responsable de-
» vant Dieu des hommes que vous comman-
» dez ; craignez la colère du général Bona-
» parte ; tout ce qu'il entreprend réussit.
» Par un mouvement de compassion, il me
» charge de vous instruire que la brèche est
» ouverte, et que la mort est inévitable pour
» tous ceux qui voudraient s'opposer à la vo-
» lonté de Dieu ; car tout ce que Dieu veut
» arrive. »

Après deux jours de travaux on assura dans le camp que le gouverneur turc avait fait couper la tête à celui qui était porteur de la sommation, et fait jeter son corps à la mer. Le 7 mars, la brèche étant praticable, on donna le signal de l'assaut et on fit battre la charge. Malgré tous les efforts de la garnison, la division Lannes, la 69ᵉ en tête, pénétra dans les rues, massacrant tout ce qui se présentait pour l'arrêter. En même temps la division Bon vint déboucher sur le port, et là, surprit l'ennemi, dont elle fit un carnage horrible. Toute l'armée se précipita dans la ville avec une fureur difficile à décrire. Le viol, l'égorgement et la dévastation la remplirent de sang et de deuil ; on passa au fil de l'épée tous les habitans, sans distinction d'âge ni de sexe. Un brave grenadier de la 69e, nommé Vacher, était déjà chargé de butin, lorsqu'il entendit des voix plaintives et des accens français : c'étaient MM. Rey et Joffrey, négocians établis en Syrie et emprisonnés à Jaffa par Djezzar : des militaires violaient leurs femmes, leur arrachaient leurs bijoux et les ornemens de leur sexe. Le brave Vacher abandonne son butin, monte dans la maison, la baïonnette en avant, et au péril de sa vie, fait respecter les deux négocians et leurs femmes éplorées. Il reçut depuis un sabre d'honneur en récompense.

Le général Robin parvint à arrêter le désordre, en sabrant de tous côtés le soldat devenu féroce; mais on peut dire que le soldat s'arrêta plus encore, parce qu'il était épuisé de fatigues que las de tuer. Deux mille Musulmans avaient été passés au fil de l'épée sur les remparts, pendant l'assaut ou dans la ville; le reste de la garnison, s'élevant à un égal nombre, s'était réfugié dans les mosquées. Ceux-ci mirent bas les armes et demandèrent quartier; ils furent amenés devant le général en chef, qui était assis alors sur une petite pièce de campagne, devant la principale brèche; il confia la garde des prisonniers à un fort détachement. Le pillage se prolongeant pendant la nuit, dans toutes les maisons, dans toutes les rues on n'entendait que des cris lamentables.

Le général en chef, ayant assemblé un conseil de guerre, exposa qu'il n'y avait pas de vivres pour l'armée, et qu'on ne pouvait substanter les 2000 hommes de la garnison, qui avaient mis bas les armes, ni les envoyer en Égypte, faute d'escorte; qu'en les laissant à Jaffa, c'était laisser des ennemis sur les derrières de l'armée. Il prit sur lui, malgré plusieurs avis contraires, de donner l'ordre de les fusiller. On conduisit le lendemain tous ces malheureux dans une vallée sur le bord de la mer, et des bataillons firent feu dessus. En voyant la mort inévitable, les victimes se jetaient sur nos soldats, et tordaient leurs baïonnettes.

La prise de Jaffa nous donna deux cent cinquante blessés, tant la défense avait été d'abord acharnée sur les remparts. Ce fut dans ses murs qu'à la suite du sac de la ville, la peste se déclara. On prit d'abord toutes les précautions pour éviter les communications avec les malades, et se préserver de la contagion. Toute l'armée bivouaqua ou fut campée hors de la ville, et recommandation fut faite au soldat de ne point se vêtir des habillemens turcs. On cacha d'ailleurs avec le plus grand soin que la peste s'était déclarée à l'hôpital des blessés, afin de ne point ébranler le moral du soldat.

Le général en chef, sans s'inquiéter des mouvemens hostiles des Naplousins, auxquels il opposait la division Kléber, voulut marcher sans délai sur Saint-Jean-d'Acre. Avant son départ, il écrivit, sous la date du 9 mars, une troisième lettre à Djezzar-Pacha, espérant peu toutefois de cette nouvelle tentative. Il s'exprimait en ces termes :

« Depuis mon entrée en Égypte, je vous
» ai fait connaître plusieurs fois que mon in-
» tention n'était pas de vous faire la guerre;
» que mon seul but était de chasser les ma-
» meloucks : vous n'avez répondu à aucune
» des ouvertures que je vous ai faites.

» Je vous avais fait connaître que je dé-
» sirais que vous éloignassiez Ibrahim-Bey
» des frontières de l'Egypte. Bien loin de là,
» vous avez envoyé des troupes à Gaza, vous
» avez fait de grands magasins, vous avez
» publié partout que vous alliez entrer en
» Egypte. Effectivement, vous avez effec-
» tué votre invasion en portant deux mille
» hommes de vos troupes dans le fort d'El-
» Arich, enfoncé à six lieues dans le ter-
» ritoire de l'Egypte. J'ai dû alors partir
» du Caire, et vous apporter moi-même

» la guerre que vous paraissiez provoquer.

» Les provinces de Gaza, Ramleh et Jaffa
» sont en mon pouvoir. J'ai traité avec géné-
» rosité celles de vos troupes qui s'en sont
» remises à ma discrétion; j'ai été sévère en-
» vers celles qui ont violé les droits de la
» guerre. Je marcherai sous peu de jours sur
» Saint-Jean-d'Acre. Mais quelle raison ai-je
» d'ôter quelques années de vie à un vieillard
» que je ne connais pas? Que font quelques
» lieues de plus à côté des pays que j'ai con-
» quis? et puisque Dieu me donne la vic-
» toire, je veux, à son exemple, être clément
» et miséricordieux, non-seulement envers
» le peuple, mais encore envers les grands.

» Vous n'avez pas de raisons réelles d'être
» mon ennemi, puisque vous l'étiez des ma-
» meloucks. Votre pachalic est séparé par
» les provinces de Gaza, Ramleh, et par
» d'immenses déserts de l'Egypte. Rede-
» venez mon ami; soyez l'ennemi des ma-
» meloucks et des Anglais, je vous ferai au-
» tant de bien que je vous ai fait et que je

» peux vous faire de mal. Envoyez-moi votre
» réponse par un homme muni de vos pleins
» pouvoirs, et qui connaisse vos intentions.
» Il se présentera à mon avant-garde avec
» un drapeau blanc, et je donne ordre à mon
» état-major de vous envoyer un sauf-con-
» duit, que vous trouverez ci-joint.

» Le 24 de ce mois, je serai en marche
» sur Saint-Jean-d'Acre, il faut donc que
» j'aie votre réponse avant ce jour. »

Les deux divisions Bon et Lannes étaient parties, le 14 mars, pour aller rejoindre le corps d'armée de Kléber, dont l'avant-garde venait d'être repoussée aux approches d'une forêt de chênes, où l'ennemi s'était rassemblé en force. Nous trouvâmes la cavalerie d'Abdallah, qui, pour retarder notre marche, avait pris position sur des hauteurs qui s'appuient aux montagnes de Naplouse; nous manœuvrâmes pour lui couper la retraite. La marche de deux carrés suffit pour les mettre en fuite; mais le lendemain la division Lannes s'étant élancée imprudemment dans les défilés des montagnes à la poursuite de l'infanterie des Naplousins et des Damasquins, l'ennemi fit volte-face, et, attaquant à son tour, nous tua le chef de brigade Barthélemy et une soixantaine de soldats de la 69ᵉ. Cet échec nous donna aussi une soixantaine de blessés. Dans la soirée, l'armée et le quartier-général bivouaquèrent à la tour de Zetta, et le 16 vinrent s'établir au pied des ruines d'un château à l'entrée de la plaine de Saint-Jean-d'Acre, d'où nous découvrîmes devant nous la ville et sa rade, à gauche le mont Carmel, à droite la plaine d'Esdrelon et le mont Thabor. Les habitans fuyaient à notre approche, et se réfugiaient dans les montagnes de Scheffamer.

Cependant nos troupes étaient excessivement fatiguées, et dépourvues de vivres; nous avions beaucoup de blessés et de malades, qu'on transportait à l'aide de montures disponibles; quelques malades périrent en route de la peste, d'une manière effrayante.

Le lendemain nous nous avançâmes dans

la plaine, en côtoyant le mont Carmel jusqu'à Caïffa, petite ville placée sur le rivage de la mer, et que Djezzar venait de faire évacuer ; nous y trouvâmes quelques restes de riz et de biscuits, qu'on distribua immédiatement à l'armée et aux malades. De Caïffa nous aperçûmes, croisant sur la côte, les deux vaisseaux de ligne anglais *le Thésée* et *le Tigre*, dont les chaloupes, s'avançant près du rivage, firent feu sur notre avant-garde, qui défilait au pied du mont Carmel, tandis que les Arabes harcelaient nos divisions entre leurs distances.

Le commodore Sydney-Smith était lui-même dans un canot, accompagné de cinq chaloupes; et il fit canonner avec la plus grande vivacité notre colonne qui suivait le bord de la mer.

Nos troupes suivirent alors la chaîne des montagnes qui bordent la plaine, dont elles évitèrent ainsi le sol fangeux. Ce ne fut pas sans peine qu'on parvint le 17 sur les hauteurs de Saint-Jean-d'Acre. Le temps brumeux et les mauvais chemins retardant notre marche, nous n'arrivâmes que fort tard sur le bord du Kerdanneh vers son embouchure, et qui coupant les chemins de la place, en rendait l'approche d'autant plus difficile, que les fantassins, mêlés à la cavalerie turque, occupaient la rive opposée. Il fallut jeter des ponts pour faire passer l'infanterie et l'artillerie, opération qu'on ne put effectuer que le lendemain. A la pointe du jour, le général en chef, suivi de son état-major, se porta rapidement sur une hauteur qui dominait Saint-Jean-d'Acre, dont il examina lui-même les remparts avec la lunette d'approche. Acre, situé dans une presqu'île, nous parut d'une médiocre grandeur, mais d'une construction solide. La mer mouille ses remparts. Dans les trois quarts de sa circonférence du côté de terre, elle est fermée par un double mur, fortifié de distance en distance par des bastions et des tours de différentes grandeurs; les plus fortes flanquent et dominent ses angles. Cette partie du côté de la terre en est séparée par un fossé profond et rempli d'eau ; au milieu, on aperçoit le harem et les jardins du pacha, ainsi qu'une partie d'acqueduc qui conduit l'eau dans la ville. On voyait au premier aspect que la ville pouvait être protégée par les feux des bâtimens de guerre qui venaient s'ancrer sur ses deux flancs.

Nous remarquâmes aussi à une centaine de toises de la place, les ruines et les fossés de l'ancienne ville d'Acre; ruines parsemées de débris d'architecture. Au nord, la ville était bornée par la mer, dont la séparait une crête d'inégale hauteur sur laquelle on fit camper l'armée; cette crête se prolonge en pointe sur le chemin de l'ancienne Tyr, peu éloignée d'Acre, et dont on voit encore les ruines.

Les troupes du pacha occupant tous les jardins qui entouraient la ville, l'ordre de les attaquer et de les rejeter dans la place fut donné aussitôt et n'éprouva aucun obstacle dans l'exécution. La garnison se mit à l'abri derrière les remparts; on crut d'abord que le siége aurait la même issue que celui de Jaffa, et on soupçonnait peu dans le camp que Saint-Jean-d'Acre pût long-temps nous arrêter. Mais d'abord nous n'avions point d'artillerie de siége, et on ne put former de batterie de brèche qu'avec trois pièces de campagne; d'un autre côté, la ville était défendue par le commodore Sidney-Smith, commandant la division anglaise, et par un officier du génie français, du plus grand mérite, appelé Phélippeaux, qui était l'ami du commodore, ayant contribué à le délivrer de la prison du Temple deux ans auparavant. L'ingénieur Phélippeaux s'était occupé avec une grande activité de réparer la place, d'y faire de nouveaux ouvrages et d'y établir derrière la vieille enceinte une nouvelle ligne de fortification. Les vaisseaux *le Thésée* et *le Tigre* avaient fourni l'artillerie et les munitions nécessaires pour compléter les moyens de défense ; enfin, notre flottille, qui portait l'artillerie de siége et les munitions, tomba au pouvoir de la division anglaise en doublant le mont Carmel, ce qui décida du salut de Saint-Jean-d'Acre.

Cependant la confiance du général en chef n'en parut pas diminuée. Il fit ouvrir la tranchée et continuer les travaux avec la plus grande activité, après avoir adressé aux habitans du pachalic d'Acre, une proclamation qui contenait les passages suivans :

« Dieu donne la victoire à qui il veut; il » n'en doit compte à personne : les peuples » doivent se soumettre à sa volonté. En en-» trant avec mon armée dans le gouverne-» ment d'Acre, mon intention est de punir » Djezzar-Pacha, de ce qu'il ose me provo-» quer à la guerre, et de vous délivrer des » vexations qu'il exerce envers le peuple. Dieu, » qui tôt ou tard punit les tyrans, a décidé *que* » *la fin du règne de Djezzar est arrivé.* »

Les premiers jours l'armée eut à souffrir de la disette; mais bientôt les Druses apportèrent des provisions de toute espèce dans le camp, et l'on y établit une manutention pour la confection du pain. Le général en chef ayant fait reconnaître le rempart de la ville par le chef du génie Samson, et cet officier ayant assuré qu'il n'y avait ni contrescarpes, ni fossés (reconnaissance qui, faite de nuit, fut réputée ensuite inexacte), on crut que la ville n'était pas plus forte que Jaffa; que la garnison ne s'élevait pas à plus de trois mille hommes, et que peu de jours suffiraient pour s'en emparer. En conséquence, on poussa les travaux, on battit en brèche sur la grande tour et on bombarda la ville. Le 26, les assiégés, conduits par Djezzar-Pacha, tentèrent une sortie et furent presque aussitôt repoussés en désordre. Le 28, le général en chef, étant dans la tranchée avec son état-major, donna le signal du premier assaut; il fut terrible; mais les grenadiers de la 69e qui entrèrent les premiers dans la tour, malgré le feu meurtrier des assiégés, n'ayant point trouvé de débouchés du côté de la ville, tombèrent sous une grêle de pierres et de balles, et périrent presque tous, ainsi que le capitaine d'état-major Mailly, qui était monté le premier à leur tête. Quand nos braves étaient descendus dans les fossés, les soldats de Djezzar, effrayés, avaient évacué la tour; mais Djezzar les avait ramenés lui-même sur la brèche en faisant feu avec ses pistolets, et en leur criant : « Lâches, que craignez-vous ? » regardez, ils fuient ! » En effet, les soldats qui devaient soutenir nos grenadiers, se trouvant exposés sous le feu des remparts, sous le glacis, effectuèrent leur retraite en voyant leurs camarades renversés du haut des échelles. Les adjudans-généraux Escale et Logier furent tués; les Turcs descendirent dans le fossé pour couper la tête aux malheureux qui y étaient renversés. Je crois que ce fut dans ce premier assaut que le drapeau de la 75e demi-brigade fut abandonné sur la brèche, et que le sergent-major Beausoleil, de la 32e, le reprit et le rendit à la demi-brigade.

Le mauvais succès de cette première tentative fut d'un malheureux présage. A compter de cette époque, il arriva presque tous les jours des renforts de troupes par mer à

Djezzar-Pacha. Le 30 mars, les assiégés se précipitèrent hors de la place, et attaquèrent les travaux de tranchée : leur choc fut si violent, que nos soldats, ne pouvant le soutenir, se replièrent : les ouvrages restèrent d'abord au pouvoir de l'ennemi, mais bientôt on les leur reprit, malgré sa vive résistance. Le lendemain l'ennemi fit une troisième sortie, et nous livrâmes un second assaut à la tour, qui fut aussi sans succès. Il fallut à nos mineurs huit jours pour faire sauter la contrescarpe; on continua la mine sous le fossé afin de faire sauter la tour tout entière, car on n'espérait plus pouvoir s'y introduire par la brèche. L'ennemi s'étant aperçu que nous cheminions, fit une sortie générale sur trois colonnes, avec deux cents hommes de troupes anglaises au centre. Il fut repoussé, et perdit le capitaine anglais Thomas Aldfield : mais il établit des places d'armes pendant les jours suivans, leva des cavaliers, marchant en contre-attaque sur nos ouvrages.

Cependant l'orage commençait à grossir du côté de Nazareth et du Jourdain, où les Turcs et les Arabes se renforçaient par des troupes venues de Damas. Le général Kléber s'était posté avec sa division dans les défilés et les gorges des montagnes qui correspondent à Nazareth. Le 8 avril, Junot, qui commandait son avant-garde, eut à soutenir contre trois mille Turcs et Arabes un combat d'où il sortit victorieux; mais l'ennemi avait passé le Jourdain au pont d'Jacoub, et s'établissait à Tabariéh. Le général Kléber, qui observait ses mouvemens, s'aperçut bientôt que l'ennemi, avec des forces imposantes, gagnait la plaine d'Esdrelon près de Montabor, dans l'intention de tourner les montagnes pour faire lever le siége d'Acre. Voulant prévenir les desseins de l'ennemi, Kléber descendit les montagnes avec ses deux mille hommes, et fut attaquer cette nuée de Turcs et d'Arabes au milieu de la plaine. Il y trouva une cavalerie fort agile, à la tête de laquelle marchaient les mameloucks d'Ibrahim-Bey. Il forma aussitôt sa division en bataillon carré, repoussant à chaque instant les charges de cavalerie qui l'enveloppait de toutes parts. Dans cette situation critique, il avait réclamé les secours du général en chef, en l'instruisant des projets de l'ennemi. A la réception de sa dépêche, le général en chef, suivi de son état-major, prend un détachement, et se porte rapidement au secours des siens. Après deux jours de marche forcée nous arrivâmes, le 16 avril au soir, à la vue des troupes de Kléber, qui depuis le matin se trouvaient aux prises avec l'armée turque. Ses soldats ne tiraient déjà plus qu'à bout portant, et l'on apercevait toute la plaine couverte d'une nuée de cavaliers, habillés de toutes couleurs, faisant sans ordre des charges sur notre phalange; mais n'osant en venir à une attaque générale et décisive, qui eût écrasé cette faible division, dont les munitions étaient presque épuisées, et qui était à la veille de succomber sous le nombre. A cette vue, le général en chef donne le signal de la charge à la petite armée de secours; un coup de canon se fait entendre derrière cette nuée d'ennemis; nos troupes légères et un régiment de cavalerie s'élancent avec impétuosité, et à cet instant vingt mille cavaliers et fantassins, frappés de terreur, fuient en désordre par tous les débouchés; s'entassent, s'entre-choquent et tombent sous le feu bien dirigé de nos soldats. Jamais on ne vit une défaite plus prompte et plus complète. Cette nuée d'ennemis ne trouva de salut que dans les défilés des montagnes opposées à notre marche. La nuit déroba les vaincus à nos soldats; toutefois un détachement de cavalerie du général Murat atteignit une partie des fuyards au passage du Jourdain; la plupart furent taillés en pièces et engloutis. Cette bataille si décisive ne donna guère qu'une centaine de blessés et quelques morts. Le général en chef, après avoir dirigé les troupes vers Saint-Jean-d'Acre, vint visiter le Montabor, au pied duquel s'était donnée la bataille qu'il nomma la bataille du Montabor. S'écartant ensuite de la grande route pour passer à Nazareth, qu'il voulait visiter, il s'engagea, avec une partie de ses guides et de son état-major, dans des chemins escarpés et pénibles.

Nous arrivâmes à Nazareth, situé dans le défilé d'une chaîne de montagnes qui sépare la plaine d'Esdrelon de celle de Saint-Jean-d'Acre. La ville est d'ailleurs assez bien bâtie, entourée de très-beaux sites et arrosée par des ruisseaux d'une eau claire et limpide. Le général en chef y fut reçu comme un nouveau Messie. Nous visitâmes le couvent des Capucins, dont l'église est d'une belle architecture et l'autel en marbre de Paros ; derrière l'autel nous trouvâmes une grotte pratiquée dans le roc ; les moines nous assurèrent que c'était la même grotte où fut cachée pendant vingt mois la Vierge, mère de notre Sauveur. Rien ne nous manqua dans Nazareth ; nous y fîmes un excellent dîner et nous bûmes du bon vin. Nous descendîmes ensuite la montagne pour nous diriger vers Saint-Jean-d'Acre ; nous passâmes par plusieurs villages assez peuplés et entourés de campagnes riantes, et nous rentrâmes dans le camp le 20 avril. Là, le général en chef apprit que le contre-amiral Perrée était arrivé avec trois frégates à Jaffa, et qu'il venait de débarquer à Tintoura six pièces de dix-huit et deux mortiers. Dès lors nous eûmes tous l'espérance fondée que Saint-Jean-d'Acre céderait bientôt aux efforts de nos armes. Le général en chef ordonna de continuer les préparatifs du siége. On amena avec des peines incroyables les six pièces de dix-huit, qui furent dirigées contre les remparts, les courtines et la tour qu'on voulait détruire afin d'agrandir la brèche : mais cette tour, qui était entamée et semblait offrir un débouché dans la ville, n'était au fond qu'un cul-de-sac. On s'en aperçut après le troisième assaut, qui eut lieu le 24, pour s'y loger; nous y perdîmes beaucoup de monde, et le général Veau y fut blessé. Le lendemain on mit le feu à la mine dans l'espoir de faire sauter la tour, mais il n'en sauta qu'une partie de notre côté. Ce ne fut pas par un souterrain que s'évapora la mine ; ce fut l'ingénieur Phélippeaux qui fit contre-miner avec succès.

La deuxième mine fut encore plus mal calculée par ceux qui la dirigeaient. Oui, le général Bonaparte alla lui-même la reconnaître ; il y courut de grands dangers et reçut plusieurs balles dans son casque.

Le 1er mai, un quatrième assaut pour se loger dans la tour ne fut pas plus heureux ; l'ennemi, dans une sortie, fusilla la tour à revers. L'ennemi sentait la nécessité de ne pas se borner à la défensive, et à nous opposer des contre-mines. Déjà tous les créneaux de ses murailles étaient détruits et ses batteries démontées ; mais trois mille hommes de renfort lui permirent de réparer ses pertes. Le 4 mai nous assaillîmes les ouvrages extérieurs, mais nous ne pûmes les détruire entièrement. Le lendemain, l'ennemi fit une sixième sortie, éventa la mine et combla les puits. Le lendemain dans la nuit nous livrâmes le cinquième assaut. Nos grenadiers se logèrent un moment dans la tour; mais il n'y eut pas moyen de s'y maintenir; nous essuyâmes une perte considérable, le colonel Royer fut tué. Le 7 mai, un convoi fut signalé. Nous crûmes d'abord que c'était un secours que nous envoyait le Directoire; mais bientôt on eut la certitude que c'était, au contraire, un renfort qui arrivait aux assiégés. En conséquence le général en chef se hâta d'ordonner les préparatifs d'un sixième assaut, avant le débarquement du renfort. On fit jouer une pièce de vingt-quatre, et on renversa un pan de muraille à la droite de la tour. Le général en chef vint lui-même reconnaître si la brèche était praticable. Persuadé qu'on peut déboucher dans la place, il ordonne au général Lannes de conduire sa division à l'assaut. L'intrépide général marche aussitôt, précédé de ses éclaireurs et de ses grenadiers conduits par le général Rambeau. Ceux-ci se précipitent au pas de charge, se jettent dans les boyaux, escaladent les remparts, et assiégent la tour et la brèche.

Aussitôt des cris de victoire se font entendre; nous nous croyons déjà maîtres de Saint-Jean-d'Acre; mais nos grenadiers se trouvent tout-à-coup arrêtés par une seconde enceinte pratiquée derrière l'ancienne, et qui n'avait pas été prévue. Tandis que nos braves s'efforcent de franchir ce nouvel obstacle, les Turcs, postés dans les débris des bastions et des ouvrages, engagent un feu vif de mousqueterie, et, filant dans le fossé, prenant la brèche à revers, par une sortie formidable, arrêtent l'escalade et l'impulsion des troupes qui marchaient pour soutenir nos grenadiers. Quoiqu'isolés, et n'ayant plus d'espoir d'être soutenus, ceux-ci s'efforcent d'escalader la seconde enceinte; mais le feu dirigé des maisons, des rues, des barricades et du sérail même de Djezzar, les prend en face et à revers; le général Rambeau et plusieurs de ses braves compagnons avaient déjà succombé; le reste ne se voyant pas soutenu, marche sur une mosquée, s'en empare, s'y barricade, et se défend contre les efforts des Turcs, que dirige Djezzar en personne. Nos grenadiers auraient été massacrés jusqu'au dernier, s'ils n'eussent été sauvés par Sidney-Smith. Le commodore, accourant avec un détachement de soldats anglais, fit accepter à nos grenadiers une capitulation qui leur sauva la vie. Le général Lannes, qui s'était efforcé de rétablir l'ordre au milieu de cette horrible confusion, et qui avait eu peine à rallier les soldats, fut blessé d'un coup de feu à la tête; ce qui le força d'abandonner le fossé et de rentrer dans la tranchée avec sa troupe, après une attaque infructueuse qui coûta la vie à un grand nombre de braves. L'ennemi, profitant de notre échec et de notre retraite, s'était entièrement et formidablement rétabli dans ses lignes hors de la place. Ces lignes de contre-attaque, qui avaient été tracées par l'ingénieur Phélippeaux, partaient de la droite de notre front d'attaque du palais de Djezzar. En outre, deux tranchées prenaient en flanc tous nos ouvrages. C'était avec des ballots de coton que l'ennemi formait des épaulemens. Comme il avait une forte garnison et un grand nombre de travailleurs, il poussait avec activité ses travaux; aussi en peu de jours parvint-il à flanquer de droite et de gauche toute la tour; après quoi élevant des cavaliers, il y plaça des pièces de vingt-quatre. Ce fut dans nos tentatives pour enlever, culbuter leurs contre-attaques et leurs batteries, que nous perdîmes le plus de monde. Nous parvînmes à enclouer leurs pièces; mais jamais il ne nous fut possible de nous maintenir dans les ouvrages de l'ennemi, qui étaient dominés par les murailles et par les tours. Ceux de nos grenadiers prisonniers, et que Sidney-Smith avait préservés du massacre, furent employés par Djezzar à porter des sacs à terre à la brèche. L'un d'eux se jetant au bas du rempart, tomba si heureusement, que, prenant aussitôt la fuite, il vint rejoindre le camp français. Les matières embrasées dont il est question dans la relation officielle du siége étaient des vases pleins de résine et de goudron, avec lesquels on illuminait les remparts pendant la nuit; on en jetait aussi sur nos troupes.

Mais le général en chef, avec un acharnement incroyable, s'obstinait à vouloir s'emparer de Saint-Jean-d'Acre, malgré les pertes énormes que nous avions déjà faites. A compter de la mort du général Caffarelli Dufalgua, qui ne put survivre aux suites de l'amputation d'un bras, et qui laissa des regrets universels, les pertes s'étaient multipliées : du 8 au 10 mai on compta environ 2000 blessés; il y en avait un grand nombre parmi les officiers les plus marquans. Le chef de brigade du génie Samson, frappé d'un coup de balle au doigt, échappa heureusement au tétanos. Duroc, premier aide-de-camp du général en chef, faillit périr d'une blessure énorme, faite à la cuisse droite par un éclat de bombe. Une balle effleura l'orbite, et coupa la peau du front à l'aide-de-camp Beauharnais : deux lignes de plus, et il était mort. Ce fut à la face et devant la brèche de la courtine que le général Lannes avait reçu une balle qui fut se cacher derrière l'oreille. Son extraction, faite avec habileté par le chirurgien en chef Larrey, termina sa guérison. Arrighi, aide-de-camp du général Berthier, reçut à la batterie de brèche une balle qui lui coupa la carotide, blessure qui fit craindre long-temps pour sa vie.

Le moral du soldat était frappé non-seulement par le spectacle douloureux de tant de morts et de blessés, mais encore par les symptômes et les ravages de la peste, qu'on ne pouvait plus lui cacher. Elle s'était d'abord manifestée, pendant notre marche en Syrie, à Cathiéh, à El-Arich et à Gaza; mais elle se déclara tout-à-fait à Ramléh. La peste est endémique, non-seulement à Alexandrie, Rosette, Damiette et dans le reste de l'Égypte, mais encore sur la côte de Syrie. Pendant le siége de Jaffa plusieurs soldats, en apparence bien portans, périrent subitement de cette affreuse maladie. Le sac de la ville en développa avec bien plus d'intensité les germes.

Le nombre des morts alla de douze à quinze par jour. La peste ne quitta plus l'armée pendant tout le siége de Saint-Jean-d'Acre, où elle exerça le plus ses ravages, autant dans notre camp que dans la ville, ainsi que parmi les habitans de Gaza et de Jaffa. Les Arabes du désert voisin de la mer n'en furent pas exempts; elle régnait dans les lieux bas, marécageux, et dans ceux qui bordent la mer; les montagnes seules étaient un asile assuré contre ce fléau.

Autant que possible, on nous dérobait soigneusement la vue de ceux qui en étaient atteints. Outre les symptômes connus, il survenait dans les anies, les aisselles et d'autres parties du corps, des tumeurs désignées sous le nom de bubons; d'autres fois il se formait des charbons, ou seulement des taches d'abord rouges, puis noires, connues sous le nom de pétéchies. Quelquefois les signes étaient si subits et si alarmans, que le malade mourait en quelques heures; mais alors il ne paraissait aucun symptôme extérieur.

On citait dans le camp un sergent-major de la 32e demi-brigade, de vingt-quatre ans, et d'une constitution robuste, qui était mort après six heures de maladie. Si le malade était en marche, on le voyait tomber de convulsions comme un épileptique, tous les traits de la face se décomposant, ses lèvres se contournant, sa langue sortant de sa bouche tuméfiée et couverte d'une salive fétide, tandis qu'une morve sanieuse fluait de ses narines, et que ses yeux ouverts et fixes sortaient de leur orbite ; le malheureux, contourné sur lui-même, expirait tout-à-coup après avoir jeté quelques cris lugubres.

On répandit d'abord l'opinion que la maladie n'était pas pestilentielle; de sorte que les soldats n'hésitèrent pas de s'emparer et de se couvrir des effets de ceux de leurs camarades morts de la peste; elle ne tardait pas alors de se développer chez les imprudens, qui subissaient presque toujours le même sort. Ce ne fut que lorsqu'il n'y eut plus moyen de cacher la nature de la maladie, que dans l'armée on commença à s'en préserver par les précautions qu'indiquèrent les médecins et les chirurgiens. Nous remarquâmes ce qui a été tant de fois observé, que l'affection morale aggravait la maladie. Heureusement que le mot peste n'effraya pas beaucoup nos soldats, chez qui la sensibilité morale et physique était émoussée par l'habitude de recevoir sans émotion toutes sortes d'impressions diverses; et sans les revers du siége, il est à croire qu'ils auraient bravé et évité encore davantage les ravages de la contagion.

Un nouvel assaut, tout aussi infructueux que les précédens, acheva de mécontenter et d'irriter l'armée. Ce fut le 10 mai, de très-bonne heure, que le général en chef vint lui-même dans la tranchée donner ses ordres en conséquence. Son intention était de surprendre les assiégés et de se loger en force sur le rempart, qui était en partie détruit. Les éclaireurs des quatre divisions, les grenadiers de la 19e et de la 75e, et les carabiniers, s'élancèrent sur la brèche, conduits par le

SUR L'EXPÉDITION D'ÉGYPTE.

général Verdier. Quelques postes furent surpris et égorgés; mais on finit par rencontrer toute la garnison sous les armes, et les mêmes obstacles qui avaient empêché les effets des assauts précédens. On fut contraint de rentrer dans la tranchée.

Le général en chef fit continuer le feu des batteries de brèche jusqu'à quatre heures du soir, heure à laquelle il ordonna de renouveler l'assaut. L'attaque fut terrible, et la défense tout aussi opiniâtre. Presque toutes nos troupes furent mises en mouvement, même une petite partie de la division Kléber, qui était rentrée au camp la veille. Venaux, colonel, fut la première victime; il périt sur la brèche, et ses grenadiers, malgré les plus brillans efforts, ne purent franchir la seconde enceinte. L'adjudant-général Fouler fut également tué sur la brèche; Croisier, aide-de-camp du général en chef, fut atteint d'une balle, dont la blessure devint mortelle. Le général Bon fut aussi blessé à mort d'un coup de feu qui lui traversa le bas-ventre. Les résultats de cette journée furent d'autant plus affreux, qu'ils finirent par être marqués dans la tranchée même par un acte de désobéissance, d'indiscipline, et presque de révolte. Un bataillon refusant de renouveler l'assaut après tant de carnage, le général en chef présent s'obstina, et voulut le faire marcher en maltraitant les grenadiers, qu'il traita de lâches... Un peloton s'avança sur lui la baïonnette en avant; mais aussitôt le général Lannes, qui portait encore les traces de sa blessure, couvrit de son corps le général en chef, dont il était l'ami, et, s'interposant entre lui et les mutins, sauva les uns et les autres par son attitude loyale et militaire. Sa noble conduite assoupit la fermentation que cet événement, concentré dans un petit espace, n'eût pas manqué d'occasioner dans le camp. L'état-major sentit la nécessité de ne point y donner suite, et de garder le silence.

Il fallut dès lors renoncer à s'emparer de Saint-Jean-d'Acre.

On voulut le lendemain entrer en négociation avec Djezzar, sous prétexte d'enterrer les cadavres qui étaient sans sépulture sur le revers des tranchées : ce qui augmentait l'infection et l'intensité de la peste. Mais Djezzar fit d'abord tirer sur le parlementaire qui se présenta de la part du général en chef, et ne consentit enfin à le recevoir que par les instances de Sidney-Smith. Cet officier en tira des informations utiles, qu'il communiqua aussitôt au pacha, qui retint le parlementaire prisonnier.

Le 15 et le 16, l'ennemi, dont l'audace s'était accrue de l'impuissance même de nos efforts, fit deux vigoureuses sorties; il en profita pour jeter dans la tranchée, et répandre parmi nos troupes, pour les séduire et les entraîner à la défection, une proclamation du grand-visir, imprimée en français, et certifiée par la signature du commodore. Elle commençait par ces mots : « Trois ou quatre » brigands sont venus s'emparer de l'Égypte : » Bonaparte, Kléber, et Sucy..... Soldats!

» revenez de votre erreur, la Porte est
» l'amie du véritable et bon Français. Si vous
» consentez à abandonner vos chefs, vous
» serez embarqués et conduits en France ;
» dans le cas contraire, une mort affreuse et
» des fers vous attendent. » Mais cet écrit ne
fit aucune impression dans le camp : officiers et soldats étaient d'une fidélité inébranlable.

Le lendemain le général en chef, qui, bien malgré lui, crut devoir prendre enfin la résolution de lever le siége après soixante jours de tranchée ouverte, assembla un conseil de guerre, et consulta ses généraux. Voici quel fut l'avis du général Kléber : « Généraux,
» dit-il, je compare la ville d'Acre à une
» pièce de drap. Lorsque je vais chez le marchand pour l'acheter, je demande à la
» palper; je la vois, je la touche, et si je la
» trouve trop chère, je la laisse. » On sent bien que ce fut l'avis de tout le conseil, que le général en chef n'avait assemblé que pour la forme. Le lendemain, il fit mettre à l'ordre

une proclamation à ses soldats, à l'effet de coloer et de pallier cette détermination, en rappelant tout le mal qu'il avait fait à Djezzar, et exagérant nos avantages remportés en Syrie. On fit à l'instant même toutes les dispositions militaires, soit pour l'évacuation des blessés, soit pour couvrir notre marche, et éviter d'être harcelés. Ce fut en vain que, pour donner le change à l'ennemi, l'artillerie de campagne ne cessa de tirer sur les remparts de la ville; l'ennemi, informé de notre résolution, se mit aux aguets pour répéter ses sorties, et s'assurer de notre retraite.

Enfin, dans la soirée du 20 mai, on se remit en marche pour repasser le désert et rentrer en Égypte. La grosse artillerie, pour laquelle on n'avait aucun moyen de transport, fut jetée à la mer. Le général en chef fit présent de quelques pièces de canon et de quelques armes à feu aux Druses qui avaient porté des vivres à l'armée, et il leur promit de revenir un jour. La division du général Lannes forma l'avant-garde, et la division du général Reynier eut ordre de quitter la tranchée la dernière. Toute la nuit l'artillerie des remparts fit un feu terrible, et à la pointe du jour l'ennemi nous accompagna, pour ainsi dire, par sa dixième sortie générale, qu'il fallut repousser encore. La division Reynier, quittant enfin la tranchée, se replia dans le plus grand silence, portant à bras l'artillerie de campagne; elle dépassa ainsi la division Kléber, destinée à former l'arrière-garde. Une centaine de chevaux furent laissés afin de protéger les ouvriers chargés de détruire le pont que nous avions jeté sur le Kerdané.

Nous avions d'abord à parcourir l'espace de trois lieues sur le bord de la mer pour gagner Tentoura, ce qui nous eût exposés au feu des chaloupes canonnières anglaises, si nous avions effectué notre première marche pendant le jour. Le manque de transports aurait réduit les blessés à l'alternative cruelle d'être abandonnés, soit dans les ambulances, soit dans les déserts, où ils seraient morts d'inanition, ou égorgés par les Arabes, si le général en chef n'eût ordonné que tous les chevaux de l'armée, sans même en excepter les siens, fussent mis en réquisition pour le service des ambulances. On fit aussitôt filer sur Tentoura tous les malades et les blessés qui encombraient les hôpitaux du mont Carmel et de Kerdané, au nombre de deux mille. Cet immense convoi de blessés et de moribonds déchirait l'âme.

Pour essayer de relever le moral du soldat, le général en chef marcha long-temps à pied, ainsi que toute l'armée. Déjà les Arabes étaient à nos trousses, qui harcelaient la queue de nos colonnes en retraite.

Malgré la mise en réquisition des chevaux et des ânes, les moyens de transports étaient encore insuffisans, et les troupes, quoique affaiblies par les fatigues et les privations, furent contraintes de porter tour à tour les blessés. Mais arrivés à Tentoura, notre première halte, de petits bâtimens purent les transporter d'abord à Jaffa, puis à Damiette. Douze cents furent ainsi embarqués, et huit cents nous suivirent pour traverser le désert. Jusqu'à Césarée, nous continuâmes à côtoyer le rivage sur des sables qui, souvent baignés par la mer, ont plus de stabilité que les sables secs, et présentent un appui suffisant pour marcher sans trop de fatigue. L'ardeur du soleil était d'ailleurs tempérée par le vent de mer. A Césarée, ville bâtie par les Croisés, et derrière laquelle on voit encore les ruines de la Césarée bâtie par César, nous vîmes, à peu de distance de la mer, au pied des murailles, et dans l'endroit même où le général en chef vint se baigner avec une partie de l'état-major, une source d'eau limpide, que nous trouvâmes excellente, et dont on remplit les outres des chameaux du quartier-général.

Le lendemain, l'armée s'étant remise en marche, nous suivîmes de nouveau le rivage, puis, prenant notre direction à l'est, nous traversâmes un pays montueux, couvert d'arbres et de buissons, où nous vîmes aussi quelques grands arbres. Le vent de mer ne s'y faisant pas sentir, nous éprouvâmes une chaleur suffocante. Pendant cette marche de flanc sur Jaffa, les Naplousins, descendus de leurs montagnes, vinrent nous inquiéter et attaquer nos convois. Le général en chef les fit poursuivre par la cavalerie du général Murat, avec ordre de fusiller tous ceux qui seraient pris les armes à la main. On les chargea avec succès. En même temps plusieurs colonnes d'infanterie s'étant répandues dans les villages, en enlevèrent les bestiaux, chassèrent ou massacrèrent les habitans, et mirent le feu aux habitations; de sorte que le pays situé entre Acre et Jaffa ne présenta bientôt plus que l'image de la dévastation.

Avant le coucher du soleil, nous arrivâmes près d'une rivière qui baigne le pied d'un mamelon lequel offrait une bonne position militaire, en ce qu'elle commande tout le territoire environnant. Le général en chef assit son camp sur cette hauteur.

A deux heures du matin, il fallut décamper au point du jour; nous nous trouvâmes de nouveau sur le rivage de la mer, que nous suivîmes jusqu'à Jaffa, où nous arrivâmes le 25 mai.

On avait jeté à l'avance un pont sur la Gogia, dont l'embouchure dans la Méditerranée est au nord de la ville. Nous trouvâmes Jaffa délabrée, abandonnée de la plus grande partie de ses habitans, et encombrée de nos malades et de nos blessés qui avaient longé la côte; ils remplissaient le port, les hôpitaux, et les rues voisines. Jamais je ne vis un spectacle plus déchirant, ni plus de zèle de la part des chirurgiens de l'armée. Elle campa dans les jardins, et la cavalerie prit position à une petite lieue de la ville pour observer les Naplousins et les Arabes réunis, qui n'avaient cessé de nous harceler. Ils eurent même l'audace de venir se mesurer avec notre cavalerie ; mais le général Murat les maltraita tellement, qu'il les fit bientôt rentrer dans leurs montagnes.

L'armée séjourna, le 26 et le 27 mai, à Jaffa. Ces deux jours furent employés à distribuer à nos soldats les munitions contenues dans les magasins, à faire sauter les fortifications de la ville, et à continuer la dévastation des villages de la Palestine.

Pendant ce court séjour à Jaffa, le général en chef qui, à la levée du siége de Saint-Jean-d'Acre, avait proposé de faire administrer aux pestiférés et aux malades sans espoir, de l'opium à forte dose, pour mettre fin à leur triste existence, revint sur cette horrible proposition, malgré l'opposition invincible du médecin en chef Desgenettes. Le général en chef prétendait préserver ainsi l'armée de la contagion ; il insista, et, ne pouvant rien obtenir du médecin en chef, il eut alors recours à l'un des pharmaciens de l'armée. Au moment où l'ordonnateur faisait évacuer les malades et les blessés, les uns sur Damiette par mer, les autres par terre sur El-Arich, le bruit se répandit au quartier-général qu'on venait d'empoisonner *par humanité* quatre ou cinq cents pestiférés, ou malades désespérés, qu'on ne pouvait transporter, et qui auraient été massacrés par les Turcs. Ce bruit fit alors peu d'impression, tant on était persuadé qu'on n'avait eu recours à un moyen si atroce que pour garantir l'armée en la préservant de la peste.

L'armée se remit en route le 28 mai, la cavalerie marchant le long du rivage, les deux divisions Bon et Lannes au centre, la division Reynier sur la gauche, et celle du général Kléber faisant l'arrière-garde. A notre premier passage, nous avions trouvé dans ce même pays des mares d'eau et des boues profondes, à travers lesquelles nous avions peine à nous frayer une route; mais à notre retour, nous trouvâmes le sol sec et gercé : à la surabondance d'eau avaient succédé l'aridité et la sécheresse. Tous les villages que nous trouvâmes avant d'arriver à Gaza, étant habités par des Arabes ennemis, on donna l'ordre de ne point les épargner : ils furent dévorés par les flammes.

Le lendemain, nous arrivâmes à Gaza, où l'on fit sauter le fort. C'était la dernière ville de la Palestine, pays que nous laissions dévasté, et en feu. On bivouaqua le 31 mai à Kan-Jounnes, et à la pointe du jour on entra dans le désert.

Il nous fallait faire dix heures de marche pour arriver à El-Arich, dans un pays entièrement sablonneux, où l'on ne trouve que quelques arbustes, et où les sables mobiles, cédant sous le pied, doublent et triplent la fatigue du piéton. Ce désert si fatigant, il fallait le franchir dans une journée, afin de ne pas passer la nuit suivante sans eau ; ce qui était plus à redouter que les plus grandes fatigues. Aussi la traversée fut-elle très-pénible, les chaleurs étant déjà très-fortes, l'eau rare et saumâtre. Enfin nous arrivâmes à El-Arich. On y laissa un assez grand nombre de malades, et on se disposa, d'après les ordres du général en chef, à augmenter les fortifications du fort, justement considéré comme le point le plus important des frontières de l'Égypte.

El-Arich a presque toujours fait partie de

l'Égypte; il est essentiel à sa sûreté, et il est indispensable pour agir offensivement contre la Syrie, où un ennemi entreprenant peut toujours organiser des moyens d'attaque. Ce fort d'ailleurs donne de grands avantages à celui qui en est le maître. Non-seulement il assure la jouissance de citernes abondantes en eau douce, très-potable, mais encore il facilite l'établissement des magasins pour les troupes qui auraient à passer d'Égypte en Syrie, ou de Syrie en Égypte. On y laissa des ingénieurs avec des compagnies d'ouvriers, afin d'en perfectionner les ouvrages, et d'augmenter sa force.

C'est lorsqu'on a passé El-Arich vers l'Égypte, qu'on entre dans le désert pur, c'est-à-dire dans les immenses plaines où la vue se perd sur un sable aride, qui, par l'éclat qu'il réfléchit, blesse les yeux, et dont la chaleur brûlante se fait sentir à travers les semelles de souliers les plus épaisses.

Nous avions quarante lieues à parcourir pour arriver à Salahiéh, première terre cultivée de l'Égypte, et vingt-deux lieues à faire pour trouver Cathiéh, qui est placé sur la route à dix-huit lieues de Salahiéh. Environnée de palmiers, Cathiéh forme comme une île dans un désert : nous y avions un fort et des aiguades, qui nous ménageaient une station et des approvisionnemens ; mais il nous fallait deux jours pour nous y transporter. Enfoncée dans ces plaines de sables, accablée de privations et de fatigues, l'armée murmurait hautement contre le général en chef, qui dit aux grenadiers de la 69ᵉ : « Vous n'êtes pas des » hommes ; votre premier habillement sera » en femmes ; » ordonnant qu'on fît marcher toute la demi-brigade la crosse en l'air. Mais, des murmures, quelques soldats allèrent jusqu'à la menace, tant ils étaient harassés et mécontens. Le général en chef crut devoir se dérober aux signes très-prononcés du mécontentement des soldats ; il prétexta une excursion pour aller reconnaître l'une des branches du Nil, et les ruines de l'ancienne Péluse. Il quitta l'armée à Cathiéh, et se fit accompagner du général Berthier, de l'adjudant-général Le Turcq, de l'académicien Monge, et des généraux Menou et Andréossy, qui étaient venus à sa rencontre. Montés sur des dromadaires, ils allèrent visiter la partie orientale du lac Menzaléh, passèrent la nuit près de la bouche du Nil appelée *Tanitique* par les Grecs, et *On-Faredje* par les Arabes. Ils revinrent à Katiéh, après le départ de l'armée, en dirigeant leur route par l'emplacement qu'occupait jadis la ville de Péluse. Arrivés aux boues qui ont donné le nom à cette ville, il leur fallut mettre pied à terre et marcher pendant trois heures sur un terrain fangeux et gluant. L'ardeur du soleil était si excessive, et rendait les illusions du mirage si semblable à la réalité, que le général en chef et sa suite furent sur le point de s'égarer. Le phénomène du mirage, dont l'académicien Monge donna l'explication, s'était offert plusieurs fois à nos yeux dans le désert. On ne se fait pas d'idée comme le sentiment de la soif est irrité par ce jeu de lumière qui, au milieu d'un espace aride, fait apparaître l'image d'une rivière ou d'un lac.

J'étais resté à l'armée, où j'avais la mission de surveiller les convois de malades et de blessés qui traversaient le désert, avec toutes les précautions imaginables, par les soins de l'ordonnateur et du chirurgien en chef. Chaque demi-brigade était chargée des malades qui lui appartenaient. Les divisions Reynier, Lannes et Bon se mirent en route pour Salahiéh, et les troupes du général Kléber se disposèrent à se diriger sur Damiette par cette langue étroite de sable qui sépare le lac Menzaléh de la mer. Nous étions partis du camp de Cathiéh à deux heures après-midi pour aller passer la nuit près d'une petite oasis composée d'une centaine de palmiers, où l'on trouve de l'eau saumâtre. Cette station de palmiers, on ne la rencontre qu'après avoir marché cinq heures au-delà de Cathiéh. Pour y arriver, nous avions à traverser les sables les plus mobiles et les plus profonds qui existent entre la Syrie et l'Égypte; ils forment des monticules, dont les vents dérangent continuellement la position et la forme. Cette traversée fut encore très-pénible. Le lendemain, nous suivîmes un chemin sur un terrain plus ferme, excepté dans la dernière heure de marche, pendant laquelle on passe de nouveau sur le sable mouvant. Nous trouvâmes au-delà une source d'eau douce, au milieu d'un emplacement assez bien boisé. Mais à peine eûmes-nous dépassé cette espèce d'oasis, que nous fûmes surpris par les vents chauds du désert, appelés *kamsim*, et dont on éprouve des effets si funestes. Je les ressentis et je faillis être suffoqué; un grand nombre de chevaux et quelques chameaux périrent; toute l'armée en fut incommodée. Heureusement qu'on avait laissé dans les hôpitaux d'El-Arich et de Cathiéh, les blessés et les malades dont l'état exigeait le plus de ménagement et de repos. Tous les convalescens de la peste, qui nous suivaient, périrent par l'effet du kamsim, qui se maintint pendant le reste de la journée, soufflant par rafales, qui brûlaient le visage comme les bouffées qui s'échappent de la bouche d'un four. Nous arrêter ou abandonner les malades, c'eût été les exposer à périr de faim ou de soif, ou à être égorgés par les Bédouins.

Enfin, vers les quatre heures du soir, nous aperçûmes les palmiers de Salahiéh, où finit le désert; nous nous hâtâmes d'y arriver. Les fellahs, qui sont dans l'usage de porter aux voyageurs altérés de l'eau du Nil pour la leur vendre, vinrent en grand nombre à notre rencontre avec des jarres et des outres qui étaient pleines d'une eau que nous savourâmes, et que nous payâmes au même prix que si c'eût été du vin.

Enfin nous arrivâmes à Salahiéh, où l'armée se crut au terme de son pénible voyage. La vue d'une campagne fertile, ombragée de palmiers, l'eau du Nil que nous étions sûrs désormais de trouver sur toute la route, l'air pur et de meilleurs alimens, tels que du pain, du laitage, des œufs, des poules, des pigeons, des melons et des pastèques en abondance et à bas prix, rendirent les forces à l'armée et la santé aux malades. On s'étonnera sans doute qu'avec un peu d'eau douce qu'on portait pour chaque homme blessé et quelques galettes de biscuit, et avec le seul usage de l'eau saumâtre pour les pansemens, les soldats qui étaient affectés de blessures graves, ou privés de quelques membres, aient pu traverser les déserts dans un espace de soixante lieues, sans que leur mal s'aggravât; au contraire, la plupart se trouvèrent guéris en arrivant en Égypte. Cette espèce de phénomène fut attribué par les médecins et les chirurgiens de l'armée à l'exercice, au changement de climat, aux chaleurs sèches et saines du désert, et enfin à la joie que chacun éprouva de se retrouver en Égypte, qui, en comparaison de la Syrie, était regardée comme un paradis terrestre. On laissa le reste des malades dans les hôpitaux de Salahiéh et de Belbeys, jusqu'à parfaite guérison; et l'armée, poursuivant sa marche, traversa la province de Charqiéh, qui était alors couverte de moissons et d'un aspect enchanteur. Le reste de cette route jusqu'à Matariéh près du Caire, où nous arrivâmes le 10 juin, ne fut plus qu'une promenade agréable et variée.

L'armée s'étant arrêtée à Matariéh, on prit toutes les précautions que suggérait la prudence et qui sont en usage dans les lazarets, afin d'éviter que la contagion pestilentielle ne pénétrât dans la capitale de l'Égypte. On fit diverses inspections et visites ; tous les soldats eurent ordre de laver leurs habits et leur linge, de se laver eux-mêmes, et enfin de brûler tous les effets qui n'étaient pas susceptibles d'être purifiés.

Le 12, le général en chef vint joindre l'armée au faubourg de Zoubbéh, pour faire une entrée solennelle au Caire, afin de mieux tromper les habitans sur les résultats de l'expédition de Syrie, par l'appareil militaire et une marche triomphale. L'impulsion était déjà donnée aux principaux chefs et habitans du Caire. Les corps de marchands et d'artisans, les corps militaires composés des naturels du pays, vinrent à la rencontre de l'armée avec des drapeaux de diverses couleurs, précédés par des chœurs de musique et par des timballiers montés sur des chameaux avec d'énormes timballes. D'un autre côté les troupes françaises composant la garnison du Caire, toutes les personnes appartenant à l'ordre civil et qui y avaient résidé pendant l'absence de l'armée, se portèrent de même au-devant du général en chef, jusqu'à Zoubbéh. Accoutumés, depuis notre départ de Syrie, de voir tous les teints brunis par l'ardeur du soleil du désert, les visages des personnes sorties du Caire pour venir à notre rencontre nous parurent d'un blanc pâle et nous inspirèrent d'abord de l'inquiétude sur leur santé.

L'armée entra au Caire par la porte de la Victoire, chaque soldat portant une palme à son casque, à l'exception de ceux de la 69e. On fit circuler à plusieurs reprises nos colonnes autour et dans les rues du Caire, pour donner à croire aux habitans qui se portaient en foule au-devant de nous, que nos troupes étaient encore plus nombreuses qu'à leur départ pour la Syrie, et qu'en effet nous avions détruit l'armée du grand-visir. La foule devant laquelle nous défilâmes offrait le plus étrange spectacle : c'était un curieux mélange de Turcs, de Grecs, d'Européens, de cophtes, de fellahs, de Maugrebins et de Nubiens, même des mameloucks à pied et à cheval. Dans les rues, les habitans du Caire étaient la plupart assis sur leurs talons, tenait immobiles leurs têtes chargées de rubans de toutes les couleurs, et presque tous ayant le menton garni d'une longue barbe; d'autres, montés sur les terrasses et les minarets, semblaient pétrifiés de surprise. L'aspect martial de nos troupes, qu'ils avaient crues anéanties, les frappa. Le général en chef fit exposer dans les principales mosquées tous les drapeaux enlevés dans les différentes actions ; en même temps que les prisonniers étaient promenés avec affectation dans les différens quartiers de la ville, comme pour justifier l'annonce des victoires signalées que l'armée avait remportées en Palestine, et sous les murs de Saint-Jean-d'Acre.

Le soir il y eut toutes sortes de jeux, tels que danses de cordes, combats du bâton, tours d'adresse, qui furent exécutés pendant trois jours par des Égyptiens, sur la place d'Ezbekyéh. Enfin, le général en chef fit rédiger une espèce de *bulletin*, contenant l'exposé romanesque des avantages remportés en Syrie, et contre le pacha d'Acre; il chargea le divan du Caire de répandre dans toutes les provinces d'Égypte cette pièce imprimée en arabe. Il y promettait aux Égyptiens de bâtir au Caire une mosquée qui n'aurait pas d'égale au monde, et d'embrasser la religion musulmane.

CHAPITRE XIII.

Institut d'Égypte. — Son objet. — Ses séances. — Ses travaux. — Vives altercations entre Bonaparte et le médecin en chef Desgenettes, membre de l'Institut. — Suite des opérations des membres de la Commission des Sciences et des Arts. — Contrariétés qu'ils éprouvent. — Ils emportent leurs matériaux, et se rembarquent.

Quand la conquête de l'Égypte parut consommée, le général en chef Bonaparte s'empressa d'organiser les savans, les gens de lettres et les artistes qui l'avaient suivi dans son expédition; en conséquence il créa un Institut d'Égypte à l'instar de celui de Paris. Par un arrêté du 21 août (1798), il divisa le nouvel Institut en quatre sections, savoir : mathématiques, physique, économie-politique, littérature et beaux-arts. Trente-quatre membres y furent admis, et répartis dans chacune des quatre sections de la manière suivante :

Mathématiques : Andréossy, Bonaparte, Costaz, Fourrier, Girard, Lepère, Leroy, Malus, Monge, Nouet, Quesnot, Say.

Physique : Berthollet, Champy, Conté, Delille, Descotils, Desgenettes, Dolomieu, Dubois, Geoffroy, Savigny.

Économie-politique : Caffarelly, Gloutier, Poussielgue, Sulkowsky, Sucy, Tallien.

Littérature et beaux-arts : Vivant-Denon, Dutertre, Norry, Parceval, D. Raphaël, Redouté, Rigel, Venture.

Ces trente-quatre membres de l'Institut furent chargés principalement 1° du progrès des sciences et des arts et de la propagation des lumières en Égypte; 2° de la recherche, de l'étude et de la publication des faits naturels, industriels et historiques de cette contrée.

Dans la première assemblée, qui eut lieu le 24 août, M. Monge fut nommé président, le général Bonaparte vice-président, et M. Fourrier, secrétaire-perpétuel. Dans cette même séance, le général Andréossy lut un mémoire sur la fabrication des poudres; M. Monge expliqua le singulier phénomène du mirage. On y nomma deux commissions, l'une chargée de composer un vocabulaire français-arabe; l'autre de rédiger un tableau comparatif des mesures de France et des mesures égyptiennes.

Le local qu'on avait assigné à l'Institut était vaste et commode. Le général en chef ordonna la formation d'une grande bibliothèque, d'une ménagerie, d'un cabinet de physique, d'un observatoire, d'un jardin botanique, d'un laboratoire de chimie et de salles d'antiquités; mais l'achèvement de tous ces établissemens utiles n'aurait pu avoir lieu qu'à la suite d'une colonisation complète.

Les mois étant divisés alors par décade, l'Institut tenait régulièrement ses séances le premier et le sixième jour de chaque décade. Ses travaux et les mémoires de ses membres étaient recueillis et publiés dans une feuille périodique intitulée la *Décade Égyptienne.*

Plus laborieux que la plupart des compagnies savantes, l'Institut d'Égypte enrichit bientôt le domaine des sciences et des arts d'une foule de découvertes et d'observations du plus grand intérêt.

Une commission composée de MM. Nouet, Méchain fils, astronomes; Dolomieu, Geoffroy, Delille-Savigny, Cordier, Coquebert, naturalistes, et Gratien-le-Peyre, ingénieur des ponts et chaussées, fut chargée de visiter la partie orientale de l'ancien Delta, de déterminer par des observations astronomiques plusieurs points importans de la géographie d'Égypte, entre autres de Damiette et des ruines de Péluse.

En même temps le général en chef confia au général Andréossy le soin de reconnaître le lac Menzaléh et les parties les plus intéressantes de la province de Rosette.

D'un autre côté, M. Vivant-Denon et quelques savans et artistes aussi zélés et aussi courageux que lui, après avoir parcouru la province de Rosette et une partie du Delta, visitèrent le Saïd ou haute Égypte, qui renferme tant de superbes ruines et d'objets dignes de l'investigation des hommes les plus éclairés. Ce fut sous la protection des armes du général Desaix que MM. Denon et Dolomieu parvinrent à explorer la haute Égypte, pendant les actives et périlleuses expéditions de ce général. Chaque jour le porte-feuille de M. Denon se chargeait des dessins des plus précieux monumens de l'antiquité. Il décrivit d'abord les ruines de Denderach, ses quatre temples, et ce célèbre zodiaque, transporté depuis en Europe, et qui a été l'objet de tant de dissertations, les unes savantes, les autres erronées. M. Denon rapporta un manuscrit sur papyrus, chargé de hiéroglyphes et trouvé sous les bandelettes d'une momie.

Vers le Delta, MM. Malus et Fèvre reconnurent l'ancienne branche du Nil appelée Tanitique. MM. Bertholet et Fourrier visitèrent la vallée des lacs de Natron, et ils recueillirent des détails curieux sur leur singularité physique. Le général Andréossy leva la carte du lac Menzaléh. Le médecin en chef Desgenettes et ses courageux et fidèles collaborateurs étudiaient la topographie physique et médicale de l'Égypte. Toutes les parties de cette contrée célèbre que les victoires de nos soldats rendaient accessibles, étaient examinées avec autant d'ardeur que de soin. Le désert lui-même n'était pas sans richesses. On commençait à rassembler les matériaux et à poser les fondemens du grand monument littéraire qui a été élevé depuis par des savans français, à la gloire du peuple Égyptien.

Les savans s'étaient d'abord partagés dans leur opinion sur l'Égypte; les uns la virent d'abord avec les sombres couleurs dont s'était servi Volney pour la décrire; les autres la virent avec le prisme agréable dont s'était servi le voyageur Savary, pour embellir ses tableaux sur l'Égypte. Celui-ci trouva un imitateur dans le pittoresque Denon; Volney eut le sien dans le général Reynier, comme lui détracteur de l'Égypte; mais la première opinion vit insensiblement grossir ses prosélytes.

Une circonstance particulière rehaussa encore davantage l'Institut aux yeux du général en chef. Il avait donné pour habitation aux membres de la commission des arts, la maison de Kassim-Bey, qui est isolée. Le jour de la révolte du Caire, cette maison fut assaillie par les révoltés. Mais, grâces au courage et à l'activité des membres de cette commission, aidés seulement par leurs domestiques, elle fut mise à l'abri d'un coup de main. Les savans et artistes assiégés se défendirent avec courage jusqu'au moment où le général en chef leur envoya des troupes pour les dégager. Il honora cette belle défense en donnant le nom d'Institut à l'un des forts qui furent élevés pour tenir la ville du Caire en bride.

Le général en chef assistait assez régulièrement aux séances ; il proposait lui-même les questions dont il désirait que l'Institut s'occupât ; elles roulaient d'ordinaire sur des objets de géographie, d'antiquité et d'économie-politique. Les belles-lettres y étaient comptées pour peu de chose. M. Parceval était le seul qui eût, en quelque sorte, le privilége d'en entretenir l'assemblée ; de temps en temps il lisait des fragmens d'une traduction du Tasse. L'économie-politique occupait plus particulièrement le général en chef. Il voulait qu'on apprît aux Égyptiens à construire des moulins, à fabriquer du pain, à purifier les eaux du Nil, à se procurer des combustibles, des liqueurs fermentées, de la poudre à canon, et beaucoup d'autres objets qui leur manquaient ; il tenait surtout à ce qu'on leur apprît à se préserver du fléau de la peste.

Une administration générale sanitaire, dirigée par M. Blanc, organisa des lazarets dans les villes d'Alexandrie, Rosette et Damiette, et dans l'île de Roudah, afin de

SUR L'EXPÉDITION D'ÉGYPTE. 317

garantir de la contagion le Caire et ses provinces.

Le général en chef donna ordre au médecin en chef Desgenettes de visiter les hôpitaux du Caire, pour connaître le régime qu'on y suivait.

Il pressa auprès de l'Institut la composition des tables comparatives des mesures égyptiennes et des mesures françaises, du vocabulaire français-arabe, et d'un triple calendrier égyptien, cophte et européen.

Les travaux et les séances de l'Institut l'occupaient d'une manière particulière; mais il en troublait souvent la paix par son esprit de despotisme : il ne voulait souffrir aucune contradiction, et lorsqu'il énonçait lui-même une opinion, il permettait bien rarement qu'on la combattît. Un jour, le médecin en chef Desgenettes s'étant engagé avec lui dans une discussion sur un point de chimie, le général en chef, irrité de trouver le docteur en opposition avec ses idées, leva la séance en disant : « Je vois bien que vous vous tenez

» tous par la main; la chimie est la cuisine de
» la médecine, et celle-ci la science des assas-
» sins. » Desgenettes, le regardant fixement,
répliqua par ces mots : « Et comment défi-
» nirez-vous, général, la science des conqué-
» rans? » L'esprit républicain dominait dans
cette assemblée comme dans l'armée.

L'examen de la question du canal de jonction de la mer Rouge à la Méditerranée tint d'abord le premier rang parmi les travaux dont l'Institut d'Égypte eut à s'occuper. On a vu que Bonaparte lui-même était allé visiter ce point si important de géographie, et qu'il s'était fait accompagner de MM. Monge, Bertholet, Costaz et Lepère. Sortis de Suez le 31 décembre, ces savans et le général avaient couru au nord pour découvrir les vestiges de l'ancien canal, et après l'avoir reconnu enfin, ils l'avaient suivi sur environ cinq lieues, jusqu'à l'entrée des bassins des lacs amers, où il se terminait. A son retour au Caire, le général en chef fit fournir aux ingénieurs tous les moyens nécessaires pour un long séjour dans le désert, afin de pouvoir y faire avec facilité les opérations de levée de plan et de nivellement.

Pendant l'expédition de Syrie, l'Institut poursuivit des recherches intéressantes. Ce fut dans la première séance après le retour du général en chef, qu'eut lieu, entre le général et le médecin en chef Desgenettes, cette seconde et si vive altercation dont on a tant parlé.

Il faut remonter à l'une des circonstances de l'expédition que j'ai déjà indiquées pour mieux faire connaître le grave débat dont je vais rendre compte ; c'est un préliminaire d'autant plus indispensable, qu'il se rattache à l'une des actions les plus condamnées et les plus condamnables de la vie politique et militaire de Bonaparte. Il s'agit de l'empoisonnement des pestiférés de Saint-Jean-d'Acre et de Jaffa.

J'ai déjà dit que lorsque le général en chef se décida, malgré lui, à lever le siége de cette première place, il conçut l'horrible dessein de se défaire, par une préparation d'opium brusquement administrée, des malades français pestiférés ou blessés sans espoir de guérison, et dont le transport à la suite de l'armée paraissait ou impossible ou pernicieux. A cet effet, il en fit l'ouverture au médecin en chef Desgenettes, alléguant les dangers de la contagion, la prétendue nécessité de l'empoisonnement; et ajoutant que, dans une semblable situation, il regarderait comme son bienfaiteur celui qui, pour lui épargner les angoisses d'une mort certaine, viendrait hâter le terme de sa déplorable existence. Le médecin en chef combattit avec courage les argumens du général, et il finit par lui dire que s'il désapprouvait comme simple individu une pareille mesure, à plus forte raison, comme homme public, comme médecin en chef de l'armée, il ne voulait ni ne pouvait entrer pour rien dans une résolution qui lui paraissait non-seulement odieuse, mais contraire aux lois divines et aux devoirs de l'humanité. Refroidi par cette réponse énergique, le général en chef n'insista plus, et dit seulement au courageux Desgenettes et avec un ton d'ironie : « J'avais, » docteur, une tout autre idée de vos prin- » cipes philosophiques ; mais je vois que je » me suis trompé. » Au moment où le docteur se levait pour prendre congé, Berthier, qui était présent, ayant été interpellé par Bonaparte, manifesta la même opinion que Desgenettes, de sorte que le général n'osa point alors mettre son projet à exécution; au contraire, tous les malades et blessés, sans distinction, furent d'abord transportés à la suite de l'armée en retraite, et le général en chef donna, ainsi que je l'ai déjà rapporté, ses propres chevaux pour faciliter ce transport.

Mais, arrivés à Jaffa, d'autres difficultés se présentèrent pour l'évacuation des pestiférés, soit sur Damiette par mer, soit sur El-Arich par terre. On redoutait à la fois pour l'armée, la peste, la disette et les privations. Le général en chef revint avec sa tenacité ordinaire à son affreux projet de Saint-Jean-d'Acre.

Il convoqua pour le mode d'exécution un comité secret, et l'on sent bien qu'il se garda d'y appeler le médecin en chef Desgenettes. Là, il renouvela sa proposition d'administrer du poison aux pestiférés et aux malades sans ressource, se fondant sur le sort affreux réservés aux victimes si elles tombaient vivantes entre les mains des féroces soldats de Djezzar, qui allaient occuper Jaffa dès que l'armée l'aurait évacuée. Les membres du comité secret furent, dit-on, unanimement de l'avis du général en chef, qui chargea le pharmacien Rouyer de la préparation connue sous le nom de *laudanum de Sydenham;* mais l'opium manquait; un médecin turc en fournit, et les potions furent administrées. Ici l'on diffère sur le nombre des victimes; les uns le font aller au-delà de cinq cents; d'autres, qui, témoins de toute l'horreur qu'avait inspirée cette action infâme, se sont efforcés de l'atténuer, prétendent que la préparation ne fut administrée qu'à une trentaine de pestiférés; que plusieurs même eurent une crise salutaire qui les sauva, et que seulement quinze ou dix-huit succombèrent. Il est certain que, parmi ceux qui furent sauvés si miraculeusement, quelques-uns se réfugièrent, après le départ de l'armée, à bord des bâtimens anglais qui croisaient sur la côte, et que là ils racontèrent ce qui s'était passé à Jaffa, et les dangers qu'ils avaient courus. Voilà pourquoi les Anglais furent les premiers à faire connaître à l'Europe les affreux détails, et du massacre des prisonniers turcs à Jaffa, et de l'empoisonnement de nos malades dans la même ville, à notre retour de Saint-Jean-d'Acre. Il est évident que dans l'origine on a grossi et amplifié quelques détails, mais le fond des choses n'est que trop vrai, et dès à présent l'histoire peut les réduire à leur juste valeur.

Comme il avait été impossible de tenir secrète la dernière de ces deux actions, que l'horreur qu'elle avait inspirée s'était manifestée dans l'armée, et que d'un autre côté on savait avec quel noble courage le médecin en chef y avait refusé sa participation, ce dernier put remarquer, au retour de Syrie, par l'accueil froid que lui fit le général Bonaparte combien il lui gardait de ressentiment. Déjà les hommes du comité secret, appréciant les dispositions du général en chef, et redoutant les divulgations qui pourraient l'irriter, mettaient en question les talens de Desgenettes, et discutaient la conduite, comme médecin en chef, de celui qui avait eu le courage de s'inoculer la maladie pestilentielle qui ravageait l'armée. On s'était même déjà concerté pour faire rédiger par les membres dévoués de l'Institut un travail sur la peste, qui rejetterait sur ce fléau mal connu, et trop tard étudié, le non succès du siége de Saint-Jean-d'Acre, et les malheurs de l'expédition.

A peu de distance, l'Institut fut convoqué, et le général en chef proposa lui-même la nomination d'une commission qui se chargerait du travail qu'on avait en vue, et dont on exposa le programme. Monge, président de l'Institut, crut qu'il y aurait trop d'affectation à ne pas comprendre le médecin en chef dans la liste des commissaires. Celui-ci, s'apercevant du piége, vit qu'on voulait le forcer de sanctionner par sa signature un récit controuvé et apocryphe. Dans sa réponse, il s'expliqua de manière à révéler une partie de sa pensée à ce sujet. Il s'établit alors une espèce de discussion, dans laquelle Bonaparte eut recours aux lieux communs tant rebattus contre la médecine et contre les médecins, qu'il traita de charlatans et de croque-morts. La tête du médecin en chef s'échauffant au milieu d'un nombreux auditoire où il avait beaucoup d'amis, il repoussa des sarcasmes déplacés, en faisant voir que le charlatanisme en politique et dans l'art de la guerre était bien autrement pernicieux et fatal à l'humanité que le charlatanisme dans l'art de guérir, qu'on ne pouvait d'ailleurs appliquer à des hommes dévoués qui avaient fait leurs preuves. Après avoir ajouté que le mépris des principes de morale conduisait aux actions criminelles, il fit entrevoir qu'il s'était noblement refusé de se faire le meurtrier de ceux qu'il était chargé de sauver, faisant allusion à l'empoisonnement des malades de Jaffa, et en même temps au massacre des prisonniers turcs. Le général en chef, pâle de colère, voulut imposer silence à l'énergique orateur; mais ce fut en vain; Desgenettes continua sur le même ton, malgré les instances du président qui l'invitait fraternellement à se taire, et malgré les sommations du général qui le lui enjoignait d'une manière impérieuse. Ce fut alors que les amis de Desgenettes firent entendre dans l'assemblée les mots de *despotisme oriental, de gardes armés jusque dans l'enceinte d'une société savante et paisible*. En effet, plusieurs guides du général en chef l'avaient accompagné jusque dans la salle des séances. Cette scène très-vive durait encore, que Desgenettes se recueillant, dit avec plus de calme ces belles paroles qui ont été rapportées en ces termes :

« Je sais Messieurs, je sais, général, puis-

» que vous êtes ici autre chose que membre
» de l'Institut, et que vous voulez être le
» chef partout, je sais que j'ai été porté à
» dire avec chaleur des choses qui retentiront
» loin d'ici; mais je ne rétracte pas un seul
» mot; je ne crains aucun ressentiment; et
» je puis vous dire comme Philippe le mé-
» decin dit à un autre homme comme vous,
» Alexandre; car mon existence, à laquelle on
» a pu voir que je ne tenais pas beaucoup, ne
» peut être désormais compromise: *Sacro et*
» *venerabili ore spiritus trahitur;* et je me
» réfugie dans la reconnaissance de l'armée. »

Cette séance n'eut point d'autres suites, parce que Desgenettes jouissait en effet à l'armée de la popularité la plus honorable, et qu'il avait d'ailleurs beaucoup d'amis dans les états-majors, et dans l'Institut même. Quelques jours après, passant devant le front de plusieurs demi-brigades, qui venaient de faire l'exercice aux portes du Caire, dans une plaine, il fut accueilli par les officiers et les soldats avec les plus flatteuses acclamations.

Les détracteurs du général en chef, car il avait beaucoup d'ennemis, ajoutèrent que les attentats que Desgenettes avait eu le courage de lui reprocher en plein Institut n'étaient pas les seuls dont il se fût rendu coupable; qu'avant même l'expédition de Syrie, il avait fait étrangler à Rosette un certain nombre de Français et de cophtes attaqués de la peste, pour se débarrasser de ces dangereux malades. Je n'ai jamais été à portée de décider si cette accusation terrible était fondée ou non.

Quoi qu'il en soit, les créatures du général en chef s'empressèrent de faire réorganiser l'Institut, qui avait perdu plusieurs de ses membres. La mort avait moissonné le général Caffarelli, Horace-Say, chef du génie, et M. Venture, membre de la section des lettres. D'un autre côté, le commissaire ordonnateur Sucy et le célèbre chirurgien Dubois, dégoûtés du climat de l'Égypte, étaient repartis pour la France. Moins heureux que Dubois, l'ordonnateur Sucy ayant touché en

Sicile, y fut lâchement assassiné. On remplit la plupart de ces vides : M. Bourienne, secrétaire du général en chef, fut choisi pour remplacer M. Sucy; on remplaça M. Horace-Say par M. Lancret; M. Larrey, chirurgien en chef de l'armée, fut choisi pour succéder à M. Dubois; et enfin M. Ripault fut appelé à succéder à M. Venture.

Le voyage de M. Denon dans la haute Égypte ayant fortement excité la curiosité, plusieurs membres de la commission des sciences et arts manifestèrent le plus grand empressement d'aller aussi visiter la terre qui fut le berceau des arts, et explorer ses antiques monumens. Ils projetaient de procéder à leur étude circonstanciée sur les lieux mêmes, et là, de chercher à en assigner l'origine et le but dans un examen rigoureux. La demande formelle en fut faite au général Bonaparte à l'époque où il méditait d'abandonner l'armée, afin de repasser furtivement en France.

Avant son départ, il ne voulut pas laisser

à un autre le privilége d'ouvrir aux sciences et aux arts une carrière si féconde. Il présida lui-même à la formation de la commission chargée d'aller explorer la haute Égypte, où se trouvait déjà comme ingénieur-géographe, à Esneh, M. Jomard, dessinateur patient et infatigable. La commission fut divisée en deux sections, dont la première eut pour chef M. Fourrier, secrétaire perpétuel de l'Institut, et la seconde le géomètre Costaz. Les généraux Desaix et Belliard reçurent tous deux l'ordre de protéger de tous leurs moyens les études et les recherches des membres de cette commission exploratrice. Enfin, pour dernière marque de faveur et de confiance, le général en chef donna aux savans qui se rendaient dans le Saïd, en leur faisant ses adieux, une série de questions, qu'il les pria de faire aux naturels du pays, sur l'agriculture, les produits industriels, l'histoire ou plutôt les traditions, etc.; questions à la solution desquelles il parut attacher un grand intérêt.

Ces savans partirent du Caire le 20 août 1799, et arrivèrent à Philœ, limites de l'Égypte et de l'Éthiopie, le 11 décembre suivant. Là ils projetèrent de donner encore plus d'intérêt à leur voyage, en se portant jusque dans l'Abyssinie, pour explorer le pays des Barabras, qu'on assurait être rempli de vestiges et de monumens aussi curieux que ceux de la Thébaïde; mais tandis que Mourad-Bey lui-même leur faisait donner l'assurance de concourir à leur entreprise et de la protéger, le général Menou, qui venait de remplacer le général Kléber dans le commandement de l'Égypte, découragea tellement les savans voyageurs, qu'ils finirent par renoncer à leur nouveau projet de voyage. Deux membres de la commission seulement, MM. Coutche et Rozières, se mêlèrent à une caravane d'Arabes de Tor, et visitèrent le mont Sinaï; tandis que M. Martin, après avoir été à Benasouf et dans le Fagam, traitait lui-même avec une autre tribu d'Arabes, qui l'escorta jusqu'au lac Mœisr, dont il fit tout le tour.

Loin de trouver protection dans le nouveau général en chef, les membres de la commission, après la perte de la bataille du 21 mars, appelée par les Anglais bataille d'Alexandrie, et par les Français, bataille de Canope, furent repoussés du quartier-général, et forcés d'aller se renfermer dans la citadelle du Caire; quelques-uns même, arrêtés à Alexandrie, où ils étaient pour des recherches, furent renvoyés à Ramaniéh, d'où ils se transportèrent de suite au Caire, dont la citadelle devint pour eux une sorte de maison d'arrêt.

La peste ayant fait peu de temps après de grands ravages au Caire, les membres de la commission, pour se soustraire à de si graves dangers, furent autorisés par le général Beliard à se rendre à Alexandrie, qui était exempte de la contagion. Là, ils obtiennent la permission de partir pour la France ; mais les Anglais les obligent de rentrer dans le port d'Alexandrie. Le général en chef, Menou, ne veut plus les y recevoir et les menace de les faire couler à fond. Ils retournent à l'escadre anglaise, qui, à son tour, les menace de les jeter à la côte, s'ils ne rentrent pas dans le port; et ils ne doivent leur salut qu'à sir Sydney-Smith. Le général Menou consent enfin à les recevoir dans Alexandrie.

Quand le sort de l'Égypte fut décidé, et que Menou se vit forcé d'accepter les articles de la capitulation offerte par les Anglais, ce général souscrivit à la disposition suivante : que la commission des sciences et arts n'emporterait aucun des monumens publics, ni manuscrits arabes, ni cartes, ni dessins, ni mémoires, ni collections, et qu'elle laisserait le tout à la disposition des généraux et commandans ennemis.

Indignés, les membres de la commission protestèrent contre une telle violence et un tel abus du droit des gens; ils établirent en fait que leurs manuscrits, leurs dessins et leurs collections étaient leur propriété individuelle, dont personne n'avait le droit de disposer.

Les représentations auprès du général Menou ayant été sans effet, les membres de la commission députèrent vers le général anglais MM. Delille, Savigny et Geoffroy, qui, renouvelant leur protestation et leurs plaintes contre une violence contraire à toutes les lois des nations civilisées, déclarèrent que, si l'on persistait à vouloir s'emparer de ce qui était leur propriété particulière, ils jeteraient plutôt à la mer le fruit de quatre années de travaux, qui dès lors serait perdu, non seulement pour la France, mais pour l'Europe.

Cette fermeté ébranla le général anglais Hutchinson, qui, se désistant de ses prétentions sur ce point, laissa la commission et les savans français maîtres de ce qui leur appartenait en propre. Ainsi furent sauvés tant de précieux matériaux.

Ainsi c'est à la détermination de nos ennemis que nous sommes redevables du seul fruit que nous ayons retiré de l'expédition d'Égypte, expédition qui nous coûta une brillante armée presque entière, une flotte prise ou brûlée, et Malte restée au pouvoir de ces mêmes Anglais qui étaient parvenus à nous expulser de cette conquête.

Nos savans rapportèrent de ce berceau des sciences et des arts, de cette terre classique enfin, des conquêtes plus durables : partageant les peines, les privations de nos soldats, ils réussirent à rassembler tous les matériaux qu'ils avaient recueillis, et ils en ont formé depuis un monument magnifique : plus étonnant qu'aient jamais produit le burin et la typographie réunis, étale aux yeux de la France et de l'Europe tous les trésors de l'architecture antique et les plus précieux débris de l'ancienne Égypte.

L'art de l'Imprimerie fut sans contredit ce qui excita le plus l'étonnement et l'admiration des habitans de l'Égypte depuis notre arrivée dans leur pays. Ce fut une des choses qui en les frappant le plus, fit d'autant plus d'impression sur eux, qu'elle leur était totalement nouvelle. Les principaux membres du divan, entre autres les cheiks El-Modhy, El-Fayoumy, El-Saony, etc., vinrent plusieurs fois à l'imprimerie nationale, dirigée par le sieur Marcel, et y virent exécuter avec un plaisir mêlé de surprise (telles ont été leurs expressions), les divers procédés qui y étaient employés pour l'impression, soit du français, soit des différentes langues orientales. Le cheik Mohamed-El-Fâsy, qui avait vu l'imprimerie de Constantinople, et plusieurs Syriens qui connaissaient celle qui est établie dans le couvent maronite de Kiesrouen, partie des montagnes qui composent l'anti-Liban, furent également étonnés de la célérité et de la précision avec laquelle les ouvriers français exécutent leurs opérations et leurs mouvemens; d'après leur témoignage, on ne procède qu'avec beaucoup de maladresse et de lenteur dans les deux imprimeries dont nous venons de parler, et qui sont les deux seuls établissemens typographiques de l'Orient.

Le cheik El-Bekry n'avait point encore vu l'imprimerie nationale ; il vint visiter cet établissement en ma présence, étant moi-même chargé de l'accompagner. Après avoir contenté sa curiosité en examinant les divers ateliers, il provoqua quelques détails et quelques explications sur l'art même de l'imprimerie.

Entre autres questions, il demanda si la France renfermait beaucoup d'imprimeries ; s'il en existait un grand nombre dans les autres parties de l'Europe ; en quels pays elles étaient le plus multipliées, etc. Lorsqu'on eut satisfait à toutes ses demandes, il s'informa encore s'il y avait des établissemens typographiques en Russie, et parut fort étonné de la réponse qui lui fut faite, que cet état n'avait commencé à se policer réellement, et à se civiliser, que lorsque l'imprimerie y eut été introduite. Il demanda alors quelle influence l'imprimerie pouvait avoir sur la civilisation d'un peuple, et parut comprendre et goûter les raisons qu'on lui en donna, surtout celles qui étaient tirées 1º de la facilité de multiplier et de répandre à un très-grand nombre les exemplaires des bons ouvrages, qui, manuscrits, ne peuvent être connus que d'un petit nombre de personnes; 2º de l'impossibilité que tous les exemplaires puissent se perdre ou être supprimés totalement par aucune espèce d'événement, ce qui pouvait arriver aux meilleurs manuscrits. Il dit alors qu'il existait une grande quantité de bons livres arabes, dont la publication serait infiniment utile à l'Égypte, où ils étaient ignorés du plus grand nombre, et qu'il désirait sincèrement qu'ils pussent être répandus par la voie de l'imprimerie. Il se retira en disant que toutes les sciences venaient de Dieu, et que lorsque Dieu le voulait il n'y avait aucune chose que les hommes ne pussent entreprendre, et dans laquelle ils ne pussent réussir.

CHAPITRE XIV.

Mouvemens en Égypte tandis que l'armée était en Syrie. — Dispositions de Bonaparte pour son départ.— Son retour en France.

Pendant l'expédition de Syrie, les Turcs et les Anglais suscitèrent des troubles dans la basse Égypte. Les Anglais firent proposer, dit-on, au général Dugua, qui commandait au Caire, de se rendre sur le point de la côte qu'il indiquerait, où il serait embarqué et transporté en Europe aux conditions qu'il lui conviendrait de prescrire. Mais de pareilles tentatives ne pouvaient avoir pour objet que de tâter les dispositions de nos généraux. La voie de l'insurrection parut la meilleure à nos ennemis: la province de Charqiéh fut soulevée par l'émir Hadjy, lieutenant de l'ancien pacha du Caire. Le général Lanusse ne parvint que difficilement à y rétablir la tranquillité, sans pouvoir rendre aux communications la sûreté désirable.

Mais bientôt un homme fanatisé des déserts de l'Afrique, se faisant passer pour l'ange El-Mohdhy, annoncé aux hommes dans le Coran, vint soulever la province de Bahyréh. Il prétendait se rendre immortel en passant de l'ail sur ses lèvres, et affirmait qu'en jetant en l'air des poignées de sable, il arrêterait les balles et les boulets des Français, contre lesquels le prophète venait de l'envoyer du ciel pour les exterminer.

En moins d'un mois cet imposteur rassembla plus de dix mille croyans. Formant aussitôt un corps d'armée, plutôt de fanatiques que de soldats, il vint attaquer à Damanhour un poste de deux cents Français, qu'il fit égorger de la manière la plus cruelle, après avoir fait mettre le feu au village. Enhardi par ce succès, l'ange El-Mohdhy fabriqua un firman par lequel il invitait le peuple de l'Égypte entière à se réunir à lui, ce qui augmenta son armée, ou plutôt son rassemblement, de plus de dix mille hommes encore. La colonne du chef de brigade Lefèvre, partie de Ramaniéh pour combattre l'ange, ne put tenir, et battit en retraite.

Il était temps que le général Lanusse vînt arrêter les progrès de l'imposteur. Ce général, qui avait rassemblé deux mille hommes et une bonne artillerie, se mit en mouvement. Instruit de son approche, l'ange ordonna à son armée de marcher à la rencontre des Français. Le général Lanusse fut attaqué, le 10 mai, entre Ramaniéh et Damanhour. Les Mohdhystes épouvantèrent d'abord nos soldats ; mais l'artillerie et de bonnes pièces de 8 et de 12 soutinrent l'attaque de ces barbares, qui, la plupart, n'avaient pour armes que des lances, des poignards et des bâtons. Ils furent bientôt écrasés par une grêle de mitraille, accompagnée des feux de files les plus vifs, exécutés par le 18e et le 22e légers. Le général Lanusse couvrit de morts trois lieues de pays, et mit tout à feu et à sang dans la ville de Damanhour, qui servait de place d'armes aux Mohdhystes.

L'ange, sans se laisser abattre par ce revers, remonta dans le Bachrem supérieur, où il trouva encore des partisans. Il était blessé, mais cachait soigneusement sa blessure. Poursuivi par l'infatigable Lanusse, il périt dans un nouveau combat. Ses partisans étaient tellement fanatisés, que, rejetant l'idée de sa mort, ils soutinrent qu'il était remonté au ciel.

Les troubles ne se seraient pas apaisés si l'armée française, repassant le désert, n'eût fait sa rentrée au Caire; et encore peu de jours après, le général d'artillerie Dommartin, chargé d'armer les forts sur la côte où l'on redoutait un débarquement, fut attaqué en descendant vers Rosette sur la felouque *le Nil,* escortée et armée de canons. Il eut plusieurs hommes tués, faillit perdre son bâtiment, assailli à l'abordage, et qui ne fut sauvé que par la chute du jour, les Arabes ne se battant jamais de nuit ; mais il reçut lui-même plusieurs blessures, et en mourut peu de temps après son arrivée à Rosette.

Voici un extrait de la lettre confidentielle qu'écrivit Bonaparte au Directoire, le 28 juin, quand tous ces troubles lui parurent apaisés.

« Notre situation est très - rassurante.
» Alexandrie, Rosette, Damiette, El-Arich,
» Cathiéh, Salahiéh, se fortifient à force. Mais
» si vous voulez que nous nous soutenions,
» il nous faut, d'ici à pluviôse (février 1800),
» 6000 hommes de renfort. Si vous nous
» en faites passer en outre quinze mille, nous
» pourrons aller partout, même à Cons-
» tantinople.

» S'il vous est impossible de nous faire pas-
» ser tous ces secours, il faudrait faire la paix;
» car il faut calculer que d'ici au mois de mes-
» sidor (juin prochain), nous perdrons en-
» core 6000 hommes, ou nous serons, à la
» saison prochaine, réduits à quinze mille
» hommes effectifs, desquels, ôtant deux

» mille hommes aux hôpitaux, cinq cents
» vétérans, cinq cents ouvriers qui ne se bat-
» tent pas, restera douze mille hommes tout
» compris. »

Cette lettre, qui n'a pas encore été citée, est fort remarquable. Dans une autre dépêche confidentielle, on lisait la phrase suivante : « Le plus beau jour pour nous
» sera celui où nous apprendrons la forma-
» tion de la première république en Allema-
» gne. » On a vu comme il changea de maxime en peu de temps, car s'il y eut un destructeur de républiques, ce fut bien lui, dès les premières années de son gouvernement.

Cependant le général Desaix était en pleine jouissance de la haute Égypte et de Cosseir, quoique l'intrépide et constant Mourad-Bey lui tînt toujours tête dans le désert. Les impositions se payaient, et la division Desaix était au courant de la solde.

Mais dans la basse Égypte, Bonaparte était toujours en guerre avec les Arabes : « J'ai
» rompu, écrivit-il à ce sujet, tous les traités

» possibles parce qu'aujourd'hui qu'ils nous
» connaissent, je veux avoir des otages. »

Telle était la situation de l'Égypte quand l'escadre turque apparut devant Alexandrie, et débarqua une armée turque, qui prit le fort d'Aboukir. Les dispositions du général en chef furent rapides; on ne le vit pas tâtonner. De Gizéh il expédia des ordres dans toute l'Égypte, et fit quarante lieues en quatre jours avec son quartier-général, couchant le 19 juillet à Ramaniéh. Prenant ensuite Birket pour le centre de ses opérations, il y fut joint par toutes les troupes le 24. Dans l'intervalle, les Turcs prirent le fort d'Aboukir, à l'extrémité de la presqu'île, fort qui est environné d'un village qui porte le même nom, et ensuite de rochers qui se prolongent dans la mer. On croyait que les Turcs allaient marcher sur Alexandrie. Point du tout, ils se confinèrent dans la presqu'île, où ils élevèrent retranchemens sur retranchemens, sans doute pour attendre leurs renforts, car ils n'avaient encore là qu'une avant-garde d'une douzaine de mille hommes. Il y en avait plus qu'il n'en fallait pour tenir ferme, sans un incident qui les perdit.

Voici ce qui arriva. Le 25 juillet, jour de notre attaque effectuée sur la droite par le général Lannes avec sa division, et sur la gauche par les généraux Lanusse, Destaing et Fugières, les soldats du 18e ayant voulu prendre une redoute d'assaut, furent repoussés. Les Turcs sortent aussitôt de la redoute pour les poursuivre; deux demi-brigades sont même repoussées jusqu'au quartier-général; mais les Turcs, au lieu de profiter de leur élan, s'arrêtent sur le champ de bataille pour couper les têtes de nos morts et de nos blessés, usage barbare qui procure au porteur de chaque tête un prix convenu.

L'officier de cavalerie (c'était l'adjudant-général Roize) qui commandait l'avant-garde de Murat, voyant ce qui se passait, propose aussitôt à Murat de saisir le moment de s'élancer dans la redoute, tandis que les Turcs, poursuivant notre infanterie, coupent la tête à nos morts et à nos blessés. Murat s'emparant avec ardeur et promptitude de cette inspiration, pénètre dans les retranchemens, soutenu lui-même par l'aile droite; et les Turcs, qui se croyaient déjà vainqueurs, se trouvent tournés et coupés d'une grande partie de leur ligne. On sait le reste. Mustapha-Pacha, qui commandait, fut fait prisonnier avec deux cents janissaires; presque tous les autres combattans furens tués ou précipités dans la mer, à l'exception de cinq cents hommes renfermés dans le fort, et qui neuf jours après se virent contraints de capituler, ayant avec eux le fils du pacha. On peut dire que ce fut presque le pendant de l'affaire de la presqu'île de Quiberon, arrivée pendant la guerre de la Vendée (1795), avec la différence qu'à Quiberon la victoire fut amenée par une surprise, et qu'ici on en fut redevable à la force ouverte, et à l'habileté unie à la valeur. Cette journée nous coûta cependant beaucoup de sang; et si pour le moment elle nous laissait libres possesseurs de l'Égypte, ce n'était que par un brillant épisode, qui ne décidait rien sur le sort futur de l'armée.

Il est à remarquer que ce fut le combat d'Aboukir et ses conséquences qui amenèrent ou facilitèrent le départ furtif du général Bonaparte, départ qui eut lieu avant le mois révolu, et qui lui-même eut des conséquences si prodigieuses. Le moment était pour lui si opportun, qu'il pouvait arriver à Paris, comme il le disait lui-même, sur les ailes de la victoire, ce qui ne manquerait pas de pallier ce que sa démarche pourrait avoir d'irrégulier et de fautif. Mais il fallait à tout prix écarter la croisière anglaise; la victoire d'Aboukir en facilita les moyens au général. Depuis son retour de Syrie, son projet de repasser en France était arrêté dans son esprit; mais un mode quelconque d'exécution était ce qu'il y avait de plus difficile à trouver. Sous prétexte de traiter de l'échange des prisonniers, le général en chef dépêcha au commodore Sydney-Smith, alors devant Alexandrie, l'officier de marine Descorches-Sainte-

Croix, et ensuite, Merlin, fils de l'ancien directeur, qui était l'un de ses aides-de-camp.

Par leur entremise et l'adresse de leurs insinuations auprès de Sydney-Smith, il sut au juste quelle était vers cette époque la situation de l'Europe et de la France. Il n'en fut que plus impatient de partir, et après l'affaire d'Aboukir, qui, si elle avait eu une autre issue, aurait renversé tous ses projets, il profita de sa victoire pour ouvrir de nouvelles relations avec la croisière anglaise, étant encore lui-même à Alexandrie. Là, il eut des entretiens mystérieux avec le secrétaire de Sydney-Smith. Ce qu'il y a de certain, c'est que peu de jours après que le général en chef eut fait sa rentrée triomphale au Caire, où il fit parade des prisonniers faits à Aboukir, non-seulement l'escadre turque s'éloigna d'Alexandrie, ce qui était assez naturel, mais même la croisière anglaise. Le motif qui en décida l'éloignement n'a jamais été historiquement éclairci. Le gouvernement anglais, Bonaparte, Sydney-Smith, ou son secrétaire, sont les seuls qui auraient pu lever tous les doutes sur ce point d'histoire si obscur, et qui le sera probablement long-temps encore. On a donc été forcé de s'abandonner aux conjectures; et parmi toutes celles qu'a fait naître cette coïncidence du départ de la croisière anglaise avec celui de Bonaparte, voici, je crois, les plus spécieuses et les plus plausibles. Le grand but des Anglais était d'obtenir de gré ou de force l'évacuation de l'Égypte par notre armée. Aux yeux de Sydney-Smith et de son gouvernement, laisser Bonaparte abandonner l'armée d'Égypte pour la livrer à elle-même, c'était d'abord compromettre Bonaparte auprès de son gouvernement, et placer l'armée dans la nécessité d'abandonner promptement l'Égypte, la défaite d'Aboukir n'empêchant pas l'armée du grand-visir de commencer bientôt ses opérations. Ce fut sur ces données et sur ces calculs qui, à part ce qui regardait Bonaparte, se réalisèrent plus tard, et qui se seraient réalisées plus tôt si les Anglais n'avaient pas eu la folle prétention de faire prisonnière toute notre armée, que roulèrent probablement les négociations secrètes entre Bonaparte et Sydney-Smith. Il est de fait que par le départ opportun de l'escadre anglaise, Sydney rouvrit à Bonaparte le chemin de France; mais il est très-vraisemblable aussi qu'il n'y aura eu qu'un accord tacite, une convention verbale. La supposition par laquelle on a prétendu que Bonaparte avait obtenu des passe-ports de Sydney-Smith me paraît absurde; ce commodore, à moins d'un ordre spécial de son gouvernement, en aurait-il agi ainsi? D'ailleurs les précautions même que prit Bonaparte pour esquiver les autres croisières anglaises, surtout celles qui observaient les côtes de Provence, indiquent assez qu'il n'avait d'autre sûreté que celle de trouver le passage ouvert devant le port d'Alexandrie.

Quoi qu'il en soit, à peine de retour au Caire, le général en chef envoie l'officier des guides Desnoyers à Boulacq, chez le commissaire de la marine, qui reçoit l'ordre de mettre à sa disposition une demi-galère armée. Desnoyers s'embarqua aussitôt pour Ramaniéh. Là, il montra au commandant son ordre pour avoir une escorte qui le conduisît en toute diligence à Alexandrie. L'objet de sa mission, qu'il remplit sans obstacle, était de remettre au contre-amiral Gantheaume l'ordre d'armer de suite, ou plutôt de tenir prêtes les deux frégates *la Muiron* et *la Carrère*, avant même qu'il eût reçu de Gantheaume la dépêche par laquelle ce dernier lui annonçait que les deux flottes anglo-turques avaient abandonné la côte. Le fait est positif. La mission de Desnoyers est du 13 août, et la lettre de Gantheaume, du 21. Voilà, je pense, le rapprochement le plus lumineux qui ait encore été fait sur les circonstances de ce départ aussi mystérieux qu'extraordinaire.

Ce fut le 19 que Bonaparte partit du Caire, et le jour même, Poussielgue, administrateur de l'Égypte, reçut de lui une

SUR L'EXPÉDITION D'ÉGYPTE. 353

lettre datée de la veille, et ainsi conçue :

« Je pars demain..... Je recommande au » général Dugua (commandant du Caire), de » frapper ferme au premier événement; qu'il » fasse couper six têtes par jour; mais riez » toujours !... »

Il écrit au divan du Caire : « Je pars de- » main pour me rendre à Menouf, d'où je » ferai *différentes tournées dans le Delta,* » afin de voir tout par moi-même. »

Et quatre jours après, le 23, il lui écrit une seconde lettre où il lui dit qu'il va se mettre lui-même à la tête de *son escadre,* pour écraser à la fois tous ses ennemis, laissant, pendant son absence, le commandement au général Kléber.

Le soir même il mit à la voile, après avoir chargé Menou de faire remettre à Kléber les dépêches par lesquelles il lui résignait le commandement. Kléber reçut le paquet à Rosette, où Bonaparte lui avait donné rendez-vous, et au moment même où il était fort étonné de ne pas le voir. A cette longue dépêche qui est connue, Bonaparte fit succéder un billet, qu'il écrivit à Kléber au moment de mettre à la voile, et dans lequel il le priait de faire partir, dans le courant d'octobre, Junot son aide-de-camp, qu'il laissait au Caire, ainsi que ses domestiques, et tous les effets qu'il y laissait.

Il ajoutait : « Quant aux fortifications, » Alexandrie et El-Arich, voilà les clefs de » l'Égypte. »

Bonaparte ne fut rappelé d'Égypte par aucun des directeurs; mais bien par Lucien et par Joseph ses frères, de même que par le parti qu'ils s'étaient ménagé dans le conseil et au dehors, avec les moyens et les ressources qu'ils tenaient du conquérant de l'Italie.

Quant à lui, ne voulant pas arriver les mains vides, il employa les sommes qui étaient dans les caisses de l'armée d'Égypte, non à solder l'armée, mais à former un trésor destiné à être emporté en France. Les généraux et officiers supérieurs qui devaient l'accompagner contractèrent tous, à l'exception d'Andréossy, des dettes sur des billets qui, assure-t-on, ne furent jamais payés.

Voici du reste, sur la traversée de Bonaparte, des détails que je puis garantir, car je les tiens d'un officier de marine qui était à bord de *la Carrère*, qui faisait partie de l'escadrille. C'était *le Muiron* qui portait Bonaparte, ainsi que son aide-de-camp Lavalette, son secrétaire Bourienne, le contre-amiral Gantheaume, les généraux Berthier et Andréossy, et les savans Monge et Bertholet. *La Carrère* était montée par le chef de division Dumanoir, et par les généraux Lannes, Murat et Marmont. Deux avisos, *l'Indépendant* et *la Foudre*, faisaient aussi partie du convoi, de même que le chebeck *la Revanche*, gréé en voile latine, et excellent voilier, qui devait recevoir Bonaparte à son bord en cas de rencontre et de *sauve qui peut*.

Les deux frégates virèrent de bord à la hauteur de Candie, et vinrent reconnaître les côtes d'Afrique les plus voisines, pour esquiver les vaisseaux ennemis. Là, où les vents frisent et arrondissent la côte, les deux frégates attendirent un coup de vent assez prononcé pour passer dans la nuit le canal de Malte sans être aperçus des croisières. Les vents alisés, qui règnent en été dans la Méditerranée, comme dans les autres mers, sont variables selon la situation des côtes. Les frégates ne tardèrent pas à trouver des vents du sud-ouest qui les forcèrent à prendre un bord vers l'Italie. Le vent changeant tout-à-coup avec l'équinoxe, les frégates essuyèrent un coup de vent du nord-est qui leur fit doubler la Sardaigne et l'île Saint-Pierre. De petits vents du sud les conduisirent en peu de jours à l'île de Corse, où après une relâche de quelques jours, utile à Bonaparte qui y eut connaissance de l'état des choses à Paris, elles appareillèrent avec un vent décidé et favorable, faisant route sur la côte de France.

A l'attérage, on aperçut l'escadre anglaise revenant du bord au large. Gantheaume voyant le danger, ordonna de virer de bord pour retourner en Corse sous la protection des batteries; mais Bonaparte monte furieux sur le pont, et ordonne qu'on arbore pavillon, bien décidé à suivre sa bonne étoile. On a présumé aussi que le nombre des croiseurs dans ces parages, aura fait prendre les frégates et avisos français pour des croiseurs sur les côtes du midi, et que les Anglais auront été trompés par les apparences.

Quoi qu'il en soit, Bonaparte profitant d'un coup de vent orageux que la fortune lui présenta, traversa de nuit l'escadre anglaise; et au jour, se trouvant sur la côte de Fréjus, il y débarqua de préférence, pour échapper aux réglemens sanitaires.

CHAPITRE XV.

Avénement de Kléber au généralat. — Situation de l'armée. — Changemens qu'il opère. — Ses négociations avec le grand-visir. — Rupture des négociations. — Bataille d'Héliopolis. — Révolte et reprise du Caire. — Assassinat de Kléber.

En apprenant le départ de Bonaparte, l'armée ne put d'abord contenir son indignation ; mais d'autres sentimens succédèrent bientôt ; on regretta peu ce général qui, trop contrarié par les événemens, n'avait pu se populariser autant en Égypte qu'en Italie ; il y avait même, dans plusieurs occasions, mis trop à découvert son caractère essentiellement despotique. On le vit généralement avec plaisir remplacé par Kléber, qui jouissait de l'estime et de l'affection de l'armée entière. Kléber était sévère pour la discipline, mais bon pour le soldat ; il était actif, travailleur, et par ses talens naturels s'était élevé à la hauteur du capitaine et de l'homme d'état. Il était républicain, mais ennemi de la corruption et des factions; il n'estimait pas Bonaparte, et n'avait en lui aucune confiance.

Comme dans les dernières conversations qu'il avait eues avec lui, et par d'autres données, il avait entrevu les projets de Bonaparte d'asservir la France, il expédia de suite au directeur Barras, le chevalier de Barras, son cousin, pour l'en prévenir; mais le vaisseau qui le portait fut pris à la hauteur de l'île de Corse, et les avis de Kléber arrivèrent trop tard. Il estimait peu d'ailleurs Barras. Après le 18 brumaire, je lui ai entendu dire : « La France est enfin débarrassée ! »

Kléber aimait passionnément les femmes; mais il ne s'en laissait pas dominer. C'était de lui que madame Tallien disait dans un cercle où des dames lui observaient qu'elle parlait toujours de Kléber : « Figurez-vous » le dieu Mars ! » Il protégeait beaucoup en Égypte le général V****, à cause de sa femme avec laquelle il vivait secrètement; mais il évitait avec soin le scandale.

Kléber fit son entrée au Caire le 30 août, et fut reconnu général en chef le lendemain, à la grande satisfaction de l'armée, et même des Turcs, qui en faisaient grand cas, et qui, appréciant beaucoup les avantages physiques, lui trouvaient une mine bien plus guerrière et bien plus imposante qu'à Bonaparte.

Kléber nomma le général Damas son chef d'état-major, et M. Baude, son secrétaire particulier.

Voulant d'abord diminuer les frais d'administration, il réduisit à huit le nombre des provinces qui formaient la division territoriale de l'Égypte, savoir : Thèbes, Miniéh, Gizéh, dont le chef-lieu était le Caire, le Charqiéh, Damiette et Mensourah, Garbié, Ménoufié et Alexandrie, qui comprenait aussi Rosette.

Passionné pour le bien-être de l'armée, il s'occupa aussi de l'amélioration des hôpitaux et des cantonnemens; il vit avec douleur que le plus grand désordre régnait dans toutes les branches du service. Ferme dans la résolution de détruire les abus, il prit des renseignemens sur la fabrication du pain, et sur certaines malversations. Il apprend qu'un M. Martin, agent français à Rosette, a frappé une contribution illicite de 75,000 francs; il le confond au milieu du divan de Rosette, et le fait fusiller après que la somme totale a été restituée aux habitans.

Il y avait dans l'armée un arriéré de douze millions, et on ne savait comment le combler. La lettre que Kléber écrivit à ce sujet au Directoire exécutif, sous la date du 26 septembre, et où il faisait connaître toute la difficulté de sa position, tomba au pouvoir des Anglais; ils la rendirent publique, soit pour aigrir davantage Bonaparte et Kléber, qu'ils regardaient comme deux rivaux; soit pour montrer à l'Europe, et surtout à la France, que notre armée ne pouvait plus tenir en Égypte. Ils en furent si persuadés eux-mêmes par la connaissance de cette fameuse lettre, qu'elle fut la cause peu de temps après de la rupture du traité d'El-Arich, entre Kléber et le grand-visir Joucef. Par ce traité, signé le 24 janvier, l'évacuation de l'Égypte était consentie et stipulée; mais nous conservions tout l'honneur de nos armes. Déjà Kléber avait remis au grand-visir les places de Salahiéh, Cathiéh, Belbéis et Damiette, quand il reçut de lord Keith, commandant en chef la flotte anglaise, une lettre qui sommait l'armée de mettre bas les armes, et de se rendre à discrétion. Kléber indigné, distribue dans les rangs cette lettre, et pour toute harangue ne dit que ces paroles : « Soldats ! on ne répond à de telles insolences » que par la victoire ; préparez-vous à com- » battre. »

Toutefois le général, voulant tenter un dernier effort, écrivit au grand-visir, dont le quartier-général était à quatre lieues du Caire, une lettre, dont voici à peu près les termes :

« Au quartier-général du Caire, le 28 ventôse an 8.

» Les propositions que j'ai reçues de la part
» de Votre Altesse n'offrent pas assez de garan-
» tie pour l'armée qui m'est confiée ; ainsi il
» a été résolu ce matin, au conseil de guerre,
» que ces propositions seraient rejetées, et
» que la ville du Caire resterait au pouvoir
» des Français.

» Les deux armées doivent, dès cet in-
» stant, se regarder en état de guerre. Il faut
» que Son Altesse soit demain à Belbéis; les
» jours suivans, à Salahiéh, où je lui enverrai
» des vivres. »

Signé KLÉBER.

Sur le refus du grand-visir Joucef, de repasser les frontières de l'Égypte vers le désert, le général Kléber, dans la nuit du 19 au 20 mars, fit toutes ses dispositions pour lui livrer bataille. L'armée turque était au moins de soixante mille hommes, Turcs, Arabes, mameloucks; et l'armée de Kléber était au plus de dix mille Français, mais pleins de courage et d'ardeur. Nous rencontrâmes l'avant-garde ottomane à une lieue du Caire, sur les ruines d'Héliopolis, aux villages d'El-Hanka et de Matariéh; elle fut aussitôt renversée et mise en fuite par nos troupes. Les deux jours suivans virent la déroute complète de l'armée du visir, dont les riches dépouilles, les nombreux chameaux, presque toute l'artillerie, tombèrent en notre pouvoir, sans que nous ayons perdu plus de deux cents hommes. Les débris de l'armée ottomane s'enfoncèrent dans le désert; les Turcs et les mameloucks périrent de faim, de soif, de misère, ou furent massacrés par les Arabes. Mais dès le premier jour de la bataille (le 20 mars), des nuées d'Ottomans avaient pénétré jusqu'au Caire, et en avaient soulevé la population.

Les premiers renforts de Turcs entrèrent dans la ville par Laccoupé. Aussitôt les habitans se révoltent et marchent sur la maison du général en chef, où le général Verdier était resté avec deux bataillons. Là, Verdier se défend pendant trois jours. Le général Kléber,

SUR L'EXPÉDITION D'ÉGYPTE. 365

après avoir battu le grand-visir, se hâte d'envoyer des forces au secours de la garnison du Caire. Le général Frian arrive le premier, attaque un corps de mameloucks sur la place El-Békiéh, mais il est obligé de faire sa retraite; il apprend la difficulté qu'il y avait à pénétrer dans l'intérieur de la ville. Le faubourg de Boulac était aussi révolté. La citadelle du Caire faisait feu depuis plusieurs jours; ses munitions commençaient à manquer.

Le général en chef arrive lui-même le 27 mars, avec deux autres divisions. Ses forces lui permettent de cerner la ville, ce qui est exécuté le 28, à quatre heures du matin.

Le 1er avril, une attaque bien conduite est ordonnée contre le Caire; deux colonnes doivent le traverser obliquement, se réunir, et porter des secours à la citadelle. Une mine pratiquée à la maison dite Reynier, d'un bey, où logeaient les chefs des révoltés, réussit. Kléber jugeant le moment favorable, commande l'attaque à neuf heures du soir. Pendant toute la nuit on se bat. Dans la confusion et dans l'obscurité, nos troupes se battent entre elles dans les rues.

Vers le 18, le général Kléber fait sommer la ville de se rendre, et déclare qu'à son refus, elle sera livrée aux flammes.

Les Osmanlis consentent à traiter; un traité est même conclu Les troupes musulmanes se disposent à évacuer; mais les habitans, craignant une vengeance terrible de notre part, reprochent aux janissaires leur lâcheté, leur défection. Des femmes et des enfans arrêtent au milieu des rues les soldats; il les conjurent de rester à leur poste, et de ne pas les abandonner. Des illuminations, des prières publiques sont ordonnées. On met toutes sortes de moyens en usage pour la défense de la ville; le feu des assiégés recommence avec une plus grande vigueur. Le cuivre des mosquées est fondu pour faire des boulets. Un forgeron fait en une nuit un mortier pour nous lancer des bombes.

La ville du Caire s'est défendue ainsi, aux

SUR L'EXPÉDITION D'ÉGYPTE. 367

dépens du sang de ses habitans, pendant environ un mois. Enfin la famine commanda la fin de cette guerre horrible où les femmes jetaient par les fenêtres du plomb fondu et du soufre sur nos soldats.

Des députés de la ville et des Osmanlis se rendirent chez le général en chef, et lui demandèrent à capituler honorablement, sans quoi la ville subirait son sort.

Kléber les fit monter sur sa terrasse, et leur montrant la ville de Boulac que les flammes dévoraient, il leur dit : « Voyez » cette belle horreur; ainsi sera demain la » ville du Caire, si vous ne vous soumettez à » mes armes. Je jure, au nom du Prophète, » que la religion sera respectée, ainsi que les » habitans du Caire qui ont fait leur devoir » en s'armant pour la religion; nul habitant » ne sera inquiété.

» La ville paiera seulement douze mil-» lions en contributions pour les dépenses » qu'elle m'a occasionées. Les troupes du » grand - seigneur se retireront au quar-

» tier - général du grand - visir, à Gaza. »

C'est ainsi que cette ville célèbre retourna sous la puissance de la France, le 25 avril. On élève à 40,000 le nombre des habitans morts pendant le siége. Nous y avons perdu 1200 hommes; le général de division Béliard y a été blessé. Le général Almeras l'a été également. Le colonel Donzelot, officier du génie du plus grand mérite, a été tué à la prise de Boulac; c'est le général Almeras qui a livré cette dernière ville aux flammes et au pillage.

Les principaux habitans du Caire suivirent la retraite des Osmanlis vers la Syrie.

La ville fut forcée de payer sa contribution de guerre. Kléber disait : *Des coups de bâton sous la plante des pieds, ou de l'argent.*

Le général en chef, après avoir défait l'armée du grand-visir et repris le Caire, s'occupa de rechercher tous les moyens qui pourraient nous reconsolider en Égypte. Il était dû neuf mois de solde à l'armée. On a vu que le général avait ordonné, pour punition de la révolte, une contribution de guerre de douze millions pour la ville du Caire seulement ; il ordonna en outre qu'on frapperait d'une contribution extraordinaire de douze cent mille francs les villes de Damiette et Tanta, pour avoir brûlé en effigie les généraux Bonaparte et Kléber, pendant notre absence.

Vers le 10 mai, le général Kléber marcha sur Ramaniéh avec une partie de l'armée. Le capitan-pacha était sur la côte d'Égypte, et menaçait d'un débarquement.

Le 18, le général en chef laissa le commandement des troupes au général Verdier, et remonta le Nil jusqu'à Gizéh (ville à une lieue du Caire, sur la rive gauche). Nous y avions notre établissement d'artillerie. Kléber y établit son quartier-général, sa maison du Caire ayant beaucoup souffert pendant le siége.

Le 14 juin, le général étant monté à cheval avec son escorte, alla demander à déjeuner à son chef d'état-major, qui occupait au Caire une maison attenante au quartier-général; ses aides-de-camp étaient avec lui ; et avec sa jovialité accoutumée, il plaisanta l'aide-de-camp Delewaud, ci-devant page du roi de Prusse. A son arrivée, il avait fait demander M. Portain, architecte, membre de l'Institut; et l'ayant pris à part, il le conduisit dans le jardin de sa maison. Sa garde resta à la porte. Le général s'entretint des réparations à faire, et de la somme nécessaire pour cet objet; après, il se promena sur la galerie qui donne sur la place El-Békiéh. Un petit homme, mal vêtu, maigre, décharné, s'avance vers lui, en faisant les salamalecs d'usage; son air de misère intéresse le général; il pense que cet homme avait souffert pendant le dernier siége; il le laisse approcher. (M. Portain était à quelques pas, regardant une façade de la maison.) Soliman-el-Agialpi s'incline pour lui baiser la main; en se relevant, il lui porte un coup de poignard, qui lui traverse l'oreillette du cœur. Le général tombe, et crie à la garde; l'assassin attaque M. Portain, qui reçoit plusieurs blessures, et tombe sans connaissance; il revient achever le général en chef, et cherche ensuite à se cacher dans le jardin. On l'arrête le poignard à la main; il est conduit chez le général de division Menou; on procède à son interrogatoire. Le commissaire-ordonnateur Sartelon est nommé président de la commission destinée à juger l'assassin et ses complices.

La générale bat, les troupes se tiennent en défense, les mèches sont allumées à la citadelle.

Le général de division Menou, se trouvant le plus ancien en grade, prit le commandement de l'armée; il fit tirer le canon de demi-heure en demi-heure, depuis l'instant que le général en chef avait cessé de vivre.

Le lendemain, il adressa à l'armée la proclamation suivante.

ABDALAH-JACQUES MENOU, *général de division, commandant provisoirement l'armée d'Orient.*

Soldats! un horrible attentat vient de vous enlever un général que vous respectiez et chérissiez. Je vous dénonce, je dénonce au monde entier le chef de cette armée de barbares que vous avez détruits dans la plaine de Mathariéh et de Tripoli. C'est lui qui, de concert avec son aga des janissaires, a mis le poignard à la main de Soliman-el-Agialpi, qui, par le plus noir des attentats, vient de nous enlever celui dont la mémoire doit être chère à tout bon Français. Soldats! Kléber, en dix jours de temps, a dissipé cette nuée de barbares qui venait fondre sur l'Égypte; Kléber, par les réglemens les plus sages, avait diminué un grand nombre de dilapidations, inévitables dans les grandes administrations; Kléber avait payé l'arriéré, et mis la solde au courant. Il s'occupait d'un plan de restauration générale. Soldats! le plus bel hommage que vous puissiez rendre à la mémoire du brave Kléber, est de vous résigner vous-même à cette discipline qui fait la force des armées : c'est de vous rappeler sans cesse que vous êtes républicains, et que partout vous devez donner l'exemple de la discipline, de la moralité, comme vous donnez celui de l'intrépidité et de l'audace dans les combats. Obéissance aux chefs de tous les grades; nous sommes républicains, ayons-en les vertus! Soldats! l'ancienneté de grade m'a porté provisoirement au commandement de l'armée; je n'ai à vous offrir que mon zèle et mon attachement inviolable à la république. J'invoquerai le génie de Bonaparte, et les mânes du brave Kléber; et marchant à votre tête, nous travaillerons tous de concert pour les intérêts de la république.

Abdalah-Jacques MENOU.

L'assassin déclara que son père, marchand de beurre, était en prison à Alep; que le grand-visir avait demandé quelqu'un pour aller assassiner le commandant des Chrétiens en Égypte, et qu'il serait accordé les grâces du Prophète au fidèle qui se présenterait pour commettre cette belle action. Soliman se présenta : l'aga des janissaires lui remit le poignard avec lequel il a consommé le crime, et trente pièces d'argent pour faire son voyage ; il lui avait donné de plus un dromadaire. Soliman déclara en outre que le grand-visir avait ordonné de faire sortir son père de prison s'il réussissait dans son entreprise. Parti de Gaza, il avait suivi sa victime pendant trente-deux jours. Il déclara aussi qu'il avait fait part de son projet à deux cheiks de la grande mosquée du Caire.

Le 17 juin, l'armée prit les armes, et alla se ranger en bataille sur la place El-Békiéh ; tous les corps civils et militaires se rendirent près du général en chef Menou. Une décharge générale d'artillerie annonça le départ du convoi pour la Ferme d'Ibrahim-Bey ; le corps du général Kléber était dans un cercueil de plomb, couvert d'un drap de velours parsemé de larmes d'argent. Le cercueil était sur un char traîné par six chevaux richement enharnachés. La maison du général Kléber suivait le cercueil ; l'assassin et ses complices étaient à la suite, avec leur ju-

gement affiché sur leur dos. Le cortége se rendit au lieu destiné à recevoir les dépouilles mortelles de Kléber. Le citoyen Fournier, membre de l'Institut d'Égypte, prononça un discours analogue à la circonstance, et fit l'analyse de la vie militaire du général :
« Je vous prends à témoin, dit-il, ô vous,
» brave cavalerie, qui accourûtes sur les mon-
» tagnes de Koraïm pour le défendre; eh
» bien! cette vie que vous lui avez si bien
» conservée, il vient de la perdre par une
» trop grande confiance qui le porta à quitter
» ses armes, et à s'éloigner de ses gardes.
» Quel est celui de vous qui n'aurait aspiré
» à la gloire de se jeter entre lui et son as-
» sassin ! »

On vit des soldats s'avancer religieusement; d'autres jeter des couronnes de laurier sur la tombe. Jamais général n'eut l'amour universel de ses soldats comme lui. On peut dire que s'il eût quelques ennemis pendant sa vie, à sa mort tous le regrettèrent. Kléber avait l'air majestueux; il était terrible dans les combats, et clément après la victoire. L'armée ne l'a point oublié. Son souvenir fut bien réveillé au débarquement des Anglais, au mois de mars suivant; chaque soldat disait : « Si Kléber était à notre tête, » messieurs les Anglais viendraient boire un » coup... »

Mais sans lui, l'armée ne pouvait plus rien faire de grand. Son corps a été ramené en France; au déterrement, l'armée française, l'armée anglaise, et l'armée du suprême-visir et du capitan-pacha, exécutèrent une décharge générale d'artillerie; des barques canonnières anglaises escortèrent la djerme qui porta les restes de Kléber à bord du vaisseau *le Duc d'Yorck,* qui vint débarquer à Marseille.

CHAPITRE XVI.

Situation de l'armée d'Orient, au moment où le général Menou en prit le commandement en chef.

1800.

A cette époque, l'Égypte était divisée en huit arrondissemens.

Le 1er se composait des provinces de Syouth et de Miniéh; il était commandé par le général de brigade Donzelot.

Le 2e, des provinces de Beny-Ssouef et du Fayoum; commandé par le général de division Damas.

Le 3e, des provinces du Caire, d'Attfyéh-hly et de Giséh; commandé par le général de division Béliard.

Le 4e, des provinces de Charqiéh et du

Zélyoubéh; commandé par le général de division Reynier.

Le 5ᵉ, des provinces de Bahhyréh, Rosette et Alexandrie; commandé par le général de division Friant.

Le 6ᵉ, des provinces de Damiette et Mansourah ; commandé par le général de division Rampon.

Le 7ᵉ, de la province de Garbiéh; commandé par le général de brigade Fugières.

Le 8ᵉ, de la province de Menoufiéh; commandé par le général de division Verdier.

Mourad-Bey, en vertu de son traité avec le général Kléber, était alors prince-gouverneur du Saïd, pour la république française.

ARMÉE D'ÉGYPTE.

ÉTAT-MILITAIRE.

GÉNÉRAL EN CHEF.

Citoyen Abdalah-Jacques Menou.

SUR L'EXPÉDITION D'ÉGYPTE.

GÉNÉRAL DE BRIGADE, CHEF DE L'ÉTAT-MAJ.-GÉN.
Citoyen Lagrange.

ADJUD.-GÉNÉRAL, SOUS-CHEF DE L'ÉTAT-MAJ.-GÉN.
Citoyen Renée.

GÉNÉRAUX DE DIVISION.

Citoyens Reynier.	Lanusse.
Damas.	Verdier.
Friant.	Belliard.
Rampon.	Leclerc.

GÉNÉRAUX DE BRIGADE.

Citoyens Galbaud.	Delegorgue.
Vial.	Baudot.
Zayoncheck.	Valentin.
Fugières.	Duranteau.
Destaing.	Maugras.
Robin.	Sylly.
Donzolot.	Bron.
Alméras.	Boussart.
Roize.	

ADJUDANS - GÉNÉRAUX.

Citoyens Gilli-Vieux.	Morand.
Jullien.	Gasquet.
Devaux.	Mack-Shechy.
Boyer.	Duchaume.
Sornet.	Lafon-Blaniac.
Martinet.	Tarayre.

AIDES-DE-CAMP DU GÉNÉRAL EN CHEF.

Citoyens Nethewood, chef de brigade.
Novel, chef de bataillon.
Henry, capitaine.
Dauray, *idem.*
Alphéran, *id.*
Paultre, *id.*
Devouges, lieutenant.

ARTILLERIE.

GÉNÉRAL DE DIVISION, COMMANDANT.

Citoyen Songis.

GÉNÉRAL DE BRIGADE, DIRECTEUR DES PARCS D'ARTILLERIE.

Citoyen Faultrier.

CHEFS DE BRIGADE.

Citoyens Tirlet, chef de l'état-major de l'artillerie.
Faure, commandant l'artillerie de la division du général Reynier.
Danthouard, directeur d'artillerie, à Alexandrie.

GÉNIE.

Citoyen Samson, général de brigade, commandant.

CHEFS DE BRIGADE.

Citoyens Lazowski.	Cazals.
Bertrand.	D'Hautpoul.

INFANTERIE LÉGÈRE.

2ᵉ, 4ᵉ, 21ᵉ, et 22ᵉ demi-brigades.

INFANTERIE DE BATAILLE.

9ᵉ, 13ᵉ, 18ᵉ, 25ᵉ, 32ᵉ, 61ᵉ, 69ᵉ, 75ᵉ, 85ᵉ, et 88ᵉ demi-brig

CAVALERIE.

HUSSARDS.

7ᵉ régiment.

CHASSEURS.

22ᵉ régiment.

DRAGONS.

3ᵉ, 14ᵉ, 15ᵉ, 18ᵉ, et 20ᵉ régiment.

COMPAGNIES DES GUIDES.
COMPAGNIE DE DROMADAIRES.

TROUPES AUXILIAIRES.

Légion grecque.

Légion cophte.

CAVALERIE.

Mameloucks.

Syriens, 1ʳᵉ et 2ᵉ compagnies.

TROUPES.

1ʳᵉ compagnie d'artillerie.

4ᵉ compagnie d'ouvriers d'artillerie.

ADMINISTRATION.

Daure, *ordonnateur en chef*.

Estève, *payeur-général*.

Telle était l'armée d'Orient, forte de dix-huit mille hommes.

Au Caire, garnison : les 22e, partie de la 4e demi-brig. légère, 88e, 9e, 13e demi-brig.

A Damiette, la 2e légère et 32e de bataille, le 20e régiment de dragons.

A Alexandrie, les 69e, 61e demi-brigade, 10e régiment de dragons, 22e régiment de chasseurs à cheval; dans la haute Égypte, la 21e légère, partie de la 88e de bataille; plusieurs détachemens de cavalerie, ou régimens en garnison à Boulac.

A Rosette, la 18e demi-brigade de bataille, dont un détachement à Ramaniéh.

A Semenou et Menouf, la 25e de bataille; à Boulenk, les 15e, 3e, 14e régimens de dragons; à Foua, colonne de réserve laissée par Kléber; la 75e demi-brigade, 7e régiment de hussards.

A Salahiéh, la 85e demi-brigade.

COMMANDANS DES PLACES ET FORTS, OU DIVISIONS.

PLACES.

Caire. BELLIARD, général de division.
Siout. DONZELOT, général de brigade.
Alexandrie. LANUSSE, général de division.
Damiette. RAMPON, général de division.
Ramaniéh. RAMBAUD, adjudant-général.
Rosette. DESTAING, général de brigade.
1re division. REYNIER, général de division.
2e ———— LANUSSE. *id.*
3e ———— RAMPON. *id.*
4e ———— FRIANT. *id.*

Colonne mobile aux ordres du général de division VERDIER.

La citadelle du Caire, commandée par le général de brigade DUPAS.

De la flottille du Nil, commandée par le capitaine de frégate Rouvier, *chef d'état-major de la marine du Nil, à Boulac.*

L'inondation de l'Égypte, la situation particulière de ce pays si célèbre dans l'histoire par des monumens admirables, qui relèvent de la grandeur des rois qui l'ont gouverné, demande pour son commerce une marine marchande, protégée par une flottille de guerre contre les Arabes. Il sera facile de concevoir que les terres étant inondées pendant une partie de l'année, alors les bêtes de somme, tels que chameaux, chevaux, ânes, ne peuvent plus circuler, ni faire aucun service. On se sert donc depuis le 24 juin jusqu'en février, année suivante, de barques construites en Égypte, sous le nom de djerme; il y en a de grosses et de moyennes, et de petites même, avec des chambres pour la commodité des voyageurs. Le vent du nord qui règne constamment pendant six mois de l'année, sert à remonter le Nil. Le courant assez rapide du fleuve sert à le descendre. Les voiles des djermes sont latines, de coton, et disproportionnées en grandeur; il arrive quelquefois que, par un tourbillon, les bâtimens chavirent.

Le général Bonaparte avait fait entrer dans

le Nil plusieurs petits bâtimens, qui ont agi de concert contre ceux des mameloucks. Depuis, on en avait armé plusieurs autres, et l'on avait construit des barques canonnières pour les lacs Menzaléh et Burlos. Ces bâtimens escortaient nos convois, et portaient nos dépêches; enfin ils faisaient le service de l'armée pendant le temps de paix, c'est-à-dire lorsque, n'ayant point de troupes du dehors à combattre, elle n'avait à contenir que les ennemis de l'intérieur de l'Égypte.

FORCES SUR LE NIL.

Deux galères, 4 avisos, 4 canonnières, 20 djermes, une felouque, 4 canges. Commandant, Rouvier, capitaine de frégate.

LAC MENZALEH.

Une canonnière, 2 canges. A. Millo, enseigne de vaisseau, commandant.

LAC BURLOS.

Une canonnière, 1 aviso. Maret, enseigne de vaisseau, commandant.

Telles étaient nos forces sur le Nil, quand le général Menou prit le commandement de l'armée.

A cette époque, il y avait de l'argent en caisse; les contributions se payaient; le peuple était soumis; l'armée du grand-visir venait d'être battue; l'esprit militaire était fortifié par l'espoir que le gouvernement français aurait le temps d'envoyer des secours avant qu'une nouvelle armée fût organisée pour venir derechef nous attaquer.

Le général Menou ordonna que la solde serait alignée. En s'élevant sans cesse, dans ses ordres du jour, contre les administrations, contre les garde-magasins, qu'il qualifiait de voleurs; contre les administrateurs sanitaires, qui calculaient, disait-il, sur le temps qu'avait à vivre un malade atteint de la peste, il crut prouver qu'il aimait le soldat, et qu'il s'occupait sans cesse de lui. Il simplifia aussi l'administration, réforma des commissaires des guerres, et d'autres employés. Ceux-ci furent forcés à s'incorporer dans les différens corps de l'armée. Menou ordonna que le riz, le bois, la viande, accordés en rations, seraient payés en argent, chaque mois, d'avance; le pain seulement continua à être fourni en nature (cet ordre lui permit de diminuer les garde-magasins). Le citoyen Estève fut nommé directeur-général des revenus publics de l'Égypte; l'ordonnateur Daure, inspecteur-général de l'armée. Le commissaire Sartelon, ordonnateur en chef de l'armée, fut nommé ordonnateur de la marine, et préfet maritime de l'Égypte. Par différentes autres nominations, et par la manière dont il se conduisit, le général montra des talens administratifs, et on sut même apprécier le bon ordre qu'il introduisit dans l'armée. Il avait disposé les fonds de manière à ce que la solde de la troupe fût payée couramment; tout l'an 8 a été payé sans aucun arriéré.

Pendant le mois de juin, le général Menou fit des visites dans tous les forts, magasins, établissemens, etc. Il prit également connaissance de tous les papiers déposés à l'état-major-général de l'armée. Les sommes provenant du général Kléber furent employées aux besoins de l'armée; c'est ce qui brouilla le général Damas, chef d'état-major de Kléber, avec le général en chef Menou. Damas était l'ami intime de Kléber; Menou tenait plusieurs propos tendant à désapprouver la conduite de son devancier, lors de son traité avec la Porte. Il s'établit deux partis, les colonistes qui étaient les partisans de Menou, et les anti-colonistes, ou les amis de Kléber, parmi lesquels figuraient les généraux Damas, Lanusse, Reynier, etc.

CHAPITRE XVII

ET DERNIER.

Débarquement des Anglais. — Premiers engagemens avec nos troupes. — Conduite du général Menou. — Bataille d'Alexandrie. — Marche des armées alliées et combinées sur le Caire. — Évacuation du Caire et de l'Egypte par l'armée française.

Arrivé aux événemens de cette époque, je trouve que mes notes, auxquelles je donnai, en général, la forme d'une récapitulation mensuelle des faits, sont plus en ordre et mieux liées ensemble. Je crois donc pouvoir me dispenser de faire un nouveau travail, et je vais les reproduire telles que je les ai rédigées dans le temps. Cette dernière partie d'ailleurs est le dénoûment de l'expédition. Elle embrasse quinze à dix-huit mois. Je conserverai aussi, comme dans mon manuscrit primitif, l'indication des dates du calendrier républicain, alors en usage, sauf à le faire concorder de temps en temps avec le vieux style.

<small>Événemens pendant le mois de messidor an 8 (juin et juillet 1800).</small>

Le général Menou a changé la garnison d'Alexandrie avec celle du Caire. Le général Friant a pris le commandement de cette place; le général Lanusse est remonté au Caire. Un vaisseau turc, de l'escadre du capitan-pacha, qui croisait sur les côtes de l'Égypte, avec quelques autres bâtimens anglais, s'est perdu sur l'île d'Aboukir, par une fausse manœuvre. Le fort d'Aboukir a fait feu dessus pour faire rendre le vaisseau; un canot français, qui allait à bord, a pris un canot anglais à l'abordage; ce canot était commandé par le citoyen Colonne, aspirant de la marine. Une corvette anglaise est venue mettre le feu au vaisseau, le même jour.

Le général Menou a organisé l'armée pendant tout le mois de messidor; il a fait plusieurs réformes, et, par sa conduite, s'est attiré la haine de tous les généraux partisans du général Kléber. Des conciliabules ont eu lieu chez le général Damas, et chez l'ordonnateur inspecteur-général Daure. Le général Menou se voyant isolé, s'est efforcé d'attirer les soldats dans son parti, en leur faisant distribuer de l'argent comme solde, au lieu de l'employer à payer les dépenses extraordinaires, traitemens de table, et gratifications aux généraux.

Il a fait travailler aux fortifications du Caire, au fort de Lesbé, près Damiette, à Burlos et au lac Menzaléh. Le général a adressé plusieurs proclamations au peuple, tendant à l'amener à l'obéissance la plus parfaite. Le peuple aime assez le genéral Menou, parce qu'il s'est fait turc, et qu'il observe avec assez d'exactitude la religion mahométane. On peut croire que si, après la défaite de l'armée d'Orient, en ventôse, germinal et floréal, le peuple ne s'est point révolté, le général Menou en a été redevable à l'influence qu'il avait sur le peuple, aux sages conseils qu'il lui a donnés, à la manière distinguée avec laquelle il a traité les Turcs, fait célébrer les fêtes du Prophète, et respecter la religion, les femmes et les propriétés.

Sous Menou, le soldat a été très-discipliné; il y avait cependant des femmes publiques dans nos quartiers. On dira sans doute que cette espèce de tolérance a dû exciter des rixes; non. Et pourquoi? Les corps de l'armée d'Orient étaient liés entre eux par une sorte de confraternité cimentée par la valeur; une insulte faite à un homme d'un corps, d'une compagnie, était vengée par tous les camarades de celui à qui elle venait d'être faite. On peut dire que jamais harmonie n'a mieux régné que dans cette armée. On ne compte que huit duels pendant les années 8 et 9 (1800 et 1801). Chaque soldat connaissait sa position; tout le monde était frère; un homme avait-il perdu ses effets dans une affaire, le corps le dédommageait; la somme était faite par ceux qui en avaient les moyens.

Événemens pendant le mois de thermidor an 8 (juillet et août 1800).

Au commencement de thermidor, le général Menou a donné des ordres pour les réglemens à exécuter en quarantaine. Il a visité les hôpitaux, a témoigné sa satisfaction au directeur des poudres et salpêtres, ainsi qu'aux commandans d'artillerie et du génie. L'escadre du capitan-pacha a continué à croiser. Deux corvettes, commandées par Isaac-Bey, ont conduit et débarqué à Damiette le général Bodot, ci-devant aide-de-camp du général Kléber, fait prisonnier. Le citoyen Bodot s'est loué des bons traitemens qu'il avait reçus du capitan-pacha. Il s'est plaint de la manière barbare dont l'a fait traiter le grand-visir Joucef-Pacha. Ce général a été échangé contre plusieurs effendis turcs. Des bâtimens arrivés de France ont appris nos succès en Europe, et la défaite des Russes. Toutes ces nouvelles ont beaucoup contribué à ramener l'esprit du soldat. Le général Menou a reçu des nouvelles du gouvernement, qu'il a communiquées par une proclamation.

La paix a été conclue avec plusieurs chefs arabes. Mourad-Bey gouverne toujours une partie de la haute Égypte. On a travaillé à approvisionner la place de Ramaniéh; quantité de riz a été envoyée dans cette place. On a appris que les Anglais avaient des troupes à l'île de Rhodes, dans l'Archipel, et qu'on y construisait des chaloupes canonnières.

Le général Menou a organisé les contributions; il a accordé des fonds aux corps pour leur entretien. De grandes parades ont été ordonnées ; enfin l'armée d'Orient n'a jamais autant brillé par sa tenue et par la propreté de ses armes; elle n'est jamais resté tant de temps sans se battre.

Des grains ont été envoyés de la haute Égypte; la citadelle du Caire a été fortifiée ; des décharges d'artillerie ont été ordonnées pour les bonnes nouvelles arrivées de France.

PROCLAMATION (pièce connue). «Soldats ! je » mande au premier consul, que je suis votre

» caution, et que je réponds de vous à la vie
» et à la mort..... »

Fructidor (août et septembre).

Les généraux de l'armée se sont assemblés et se sont présentés chez le général en chef, savoir : le général Reynier, le général Verdier, le général Lanusse, l'inspecteur Daure. Le général Verdier a porté la parole (avec un écrit en 32 articles qui n'a point été lu), et a dit : « Général, les généraux de division
» vous observent que votre conduite est celle
» d'un fou; que vous ordonnez ce que
» vous n'avez pas le droit de faire avant d'être
» confirmé par le gouvernement. Si vous
» continuez, un conseil s'assemblera pour
» conférer le commandement de l'armée à un
» général qui aurait dû l'avoir. » Réponse de Menou : « Généraux, si vous venez pour m'in-
» sulter, vous vous insultez vous-mêmes; si
» c'est pour vous battre, voici mes armes. »
Il leur montra le brevet qu'il venait de recevoir du gouvernement par les derniers bâtimens arrivés de France. Les généraux sor-

tirent. Le général Verdier fut renvoyé en France.

L'escadre du capitan-pacha croisa au large; des canonnières vinrent attaquer les nôtres aux bogajes de Dibé. Ces affaires n'ont été que des canonnades. Entre Alexandrie et Rosette, des bricks anglais interceptaient notre cabotage de djermes. En fructidor, la garnison de Salahiéh s'est préparée à être échangée.

Vers le 25 fructidor, le général en chef ordonna que la fête du 1er vendémiaire an 9 (21 septembre 1800) serait célébrée avec toute la solennité que pourraient le permettre les circonstances.

Le dernier jour de l'an, le général Damas ne pouvant plus sympathiser avec le général Menou, sous aucun rapport, a donné sa démission de chef de l'état-major de l'armée. Le général Menou a nommé à sa place le général de brigade Lagrange; il a fait sentir, dans son ordre du jour, qu'il avait été satisfait de la gestion du général Damas pendant ses fonctions de chef d'état-major.

Fête du 1er vendémiaire an 9.

A la fête on a décerné des prix; le général Menou a fait une proclamation (*pièce connue*).

Dans le mois de vendémiaire, il est arrivé des nouvelles de France. Toute l'armée était en bonne tenue; la colonie prospérait.

Brumaire an 9 (novembre 1800).

En brumaire, on a appris que les Anglais avaient été forcés à Minorque et à Malte. L'armée était dans les villes les plus considérables de l'Égypte. Elle a été payée.

Le général Menou a continué à être mal avec les généraux; il a donné le commandement de la haute Égypte au général Damas; il a fait plusieurs autres nominations.

Frimaire et nivôse (décembre 1800, et janvier 1801.)

Pendant les trois mois de frimaire, nivôse, pluviôse, le général en chef a simplifié le code d'administration. Des bâtimens sont venus de France. De ce nombre, sont les frégates *la Justice, l'Égyptienne,* qui nous ont apporté des conscrits, des munitions de guerre et des médicamens. Les nouvelles de France annoncèrent la paix avec l'empereur d'Autriche et la république. Partout victoires.

L'escadre du capitan-pacha était dans l'Archipel. Une petite croisière anglaise était toujours devant Alexandrie. Proclamation (*pièce connue*).

Pluviôse (février 1801).

L'armée était à la fin de pluviôse dans la même position que j'ai indiquée, savoir : division Friant, à Alexandrie; Lanusse, Reynier, au Caire; Rampon, à Damiette; et à Rosette la colonne aux ordres du général Zayonscheck. Dans ces trois mois, l'armée a été tranquille en cantonnement.

Ventôse an 9 (mars 1801). — *Grands événemens.*

Le 11 ventôse, une flotte de cent trente-cinq voiles s'est trouvée au point du jour devant Alexandrie. La générale battit tout de suite. Au lever du soleil, l'escadre arbora pavillon anglais. Elle resta en panne jusqu'à onze heures. Le général Friant fit armer tous les marins, les fit placer dans les batteries et redoutes, dans les forts, phares et cretins d'observation. Il forma de sa troupe de ligne une colonne mobile, dont il prit le commandement, composée de la 75e de bataille, de la 61e de bataille, du 18e régiment de dragons, et d'une compagnie d'artillerie volante ; cette colonne se tint prête à marcher au besoin ; elle était de deux mille hommes. A onze heures et demie, l'escadre fit voile pour la baie d'Aboukir. Un coup de vent se leva, et la força de retourner au large se mettre à la cape. Les troupes de Rosette, composées de détachemens de différens corps, avec un peu de cavalerie, se tinrent en défense. Le fort d'Aboukir était armé et défendu par un bataillon de la 61e demi-brigade. Le fort Julien, au bogase de Rosette, également bien armé. Le citoyen Rinache, chef du bataillon du génie, qui avait fait faire les réparations du fort d'Aboukir, en avait le commandement. Sa conduite héroïque sera citée ci-après.

Le 11 ventôse, le général Friant dépêcha un Arabe porteur des dépêches pour le général Menou; il arriva au Caire le 13, à deux heures après-midi. Le général Friant mandait à Menou qu'une flotte anglaise avait paru, qu'elle avait été obligée de tenir le large vu la grosse mer; qu'il culbuterait dans la mer les Anglais s'ils s'avisaient de débarquer. Il demandait un régiment de cavalerie de plus; avec cela et sa colonne, il répondait, disait-il, de la côte. L'adjudant Martinet, ci-devant capitaine de frégate, commandait l'avant-garde de la colonne mobile du général Friant; le général Zayonscheck commandait la colonne de Rosette, forte de onze cents hommes. A la nouvelle de l'arrivée de la flotte anglaise, le général Menou ordonna de suite ce qui suit :

<small>Ordre donné le 13 ventôse après-midi.</small>

La division Reynier, composée de la 9e et 85e*, partira pour Belbéis, pour s'y tenir en

---

* Le reste de la division formait la garnison du Caire et de Salahiéh.

observation. Voir si le grand-visir marche sur l'Égypte, des espions ayant rapporté que le visir était en marche.

Le 14 au matin cette division partit. Le 22ᵉ régiment de chasseurs à cheval partit de son côté pour Alexandrie; une demi-brigade le suivit. Ces troupes allèrent porter du renfort au général Friant.

Avant le départ, les généraux se rendirent tous chez le général en chef, en visite de corps. Leur but était de se réconcilier avec lui au moment où toute querelle particulière devait cesser, afin de s'entendre pour travailler tous de concert à battre l'ennemi.

Le général Menou les a reçus froidement. Le général Reynier porta la parole, et dit : « Je suis général de division, il est de mon » devoir de vous communiquer mes lumières; » ce n'est plus avec des Turcs que nous avons » à combattre, c'est avec une puissance eu-» ropéenne, qui a une armée très-supérieure. » Général, j'obéis à votre ordre; mais je vous » observe que ma présence serait plus néces-

» saire à Aboukir. Le grand point doit être
» d'empêcher l'ennemi de débarquer. Je vous
» en donne ma parole ; je vous réponds que
» nous n'avons rien à craindre du côté du
» désert. Le grand-visir n'est pas prêt à mar-
» cher ; il manque d'outres, de chameaux et
» de vivres pour passer le désert ; nous aurons
» le temps de battre l'ennemi, et de venir
» après le recevoir. Je suis mieux instruit
» que vous ; j'ai des espions reconnus fidèles
» depuis long-temps. » Le général Menou
n'a point accueilli ces observations. Les généraux se sont retirés.

Le 14 ventôse, à neuf heures du matin, un
aide-de-camp du général Friant arrive d'A-
lexandrie ; il annonce que l'escadre avait re-
paru et mouillé à Aboukir, au même nombre
de voiles. Le général était parti avec sa colonne, et avait été camper au Camp des Romains, près le fort d'Aboukir, pour s'opposer
au débarquement.

Le général Zayonscheck, de son côté, était
parti de Rosette, et s'était porté sur la côte

jusqu'à l'embouchure du lac Madiéh, où était embossée la canonnière de la république *la Victoire*. Une partie de notre flottille du Nil défendait les embouchures de ce fleuve. Le général Rampon fut instruit à Damiette de ces événemens, et envoya quelques compagnies de grenadiers du côté d'Alexandrie. Le général Friant annonçait dans sa lettre, qu'un canot anglais étant venu à terre pour reconnaître le point de débarquement, ce canot avait été pris par la djerme armée de la république *la Vigilante,* qui allait de Rosette à Alexandrie. Des officiers de marque anglais ont été faits prisonniers : l'un d'eux a été tué.

Le général Friant apprend aussi que la frégate française *la Régénérée,* partie de Rochefort avec la frégate *l'Africaine,* est arrivée au Port-Neuf à Alexandrie, le 12 au matin ; elle nous a apporté des hommes et des armes. Le brick *le Lodi* est arrivé le même jour ; il était parti de Toulon il y avait dix jours. Ce bâtiment ainsi que la frégate *la Régénérée* ont forcé le passage, malgré la croisière anglaise, l'armée et l'escadre mouillés à Aboukir. Le brick *le Lodi* a apporté le traité de paix définitif avec les empereurs d'Allemagne et de Russie, et la nouvelle de la coalition du Nord.

Le général Friant continue à persuader le général en chef qu'avec ses forces il empêchera le débarquement. Ce général voulait en avoir la gloire. Il est reconnu que c'est une imprudence, et qu'il est la cause des premières fautes du général Menou. On reproche à Menou de s'être trop confié à ce général ; on lui reproche de s'être endormi au Caire ; de s'être occupé à faire célébrer des fêtes en l'honneur de la paix, tandis que l'ennemi pouvait débarquer ; on lui reproche de n'avoir pas assez envoyé de troupes de renfort au général Friant. On présume que le général Menou craignait le grand-visir, et qu'il est resté au Caire pour être à portée de défendre cette capitale contre un mouvement concerté entre l'armée ottomane et les Anglais.

Le général Friant mande que les bâtimens ennemis sont mouillés très au large.

Le général Menou fait partir deux mille hommes, le 14. Il donne ensuite ordre de faire halte. Le même jour, il fait tirer des salves d'artillerie en l'honneur de la paix.

Pièce officielle. — MENOU, général en chef, à l'armée.

« Soldats ! Une armée anglaise ! une armée
» d'Osmanlis !... Si des troupes débarquent,
» vous les culbuterez dans la mer..... »

Pièce officielle. — Au peuple.

« C'est Dieu qui dirige les armées ; il donne
» la victoire à qui il lui plaît........... »

Le même jour, cette nouvelle est expédiée au général Rampon. Des détachemens de sa division, qui étaient au Caire, retournent à Damiette. Le général Menou dirige cette division vers la haute Égypte. Des ordres sont donnés pour faire venir des grains.

Le 15 et le 16, on travaille à de grands préparatifs. Le général Menou attendait les nouvelles d'Alexandrie pour se décider à partir. Il attendait également celles de Salahiéh, pour savoir de quel côté sa présence, avec le corps d'armée, serait le plus nécessaire.

Le 19, le général en chef Menou apprend du général Friant, que le 17 ventôse, à la pointe du jour, la mer étant calme, un convoi d'embarcations, protégé par de fortes chaloupes canonnières, était venu sur trois colonnes à terre, et avaient abordé après s'être mis sur une ligne de front. L'adjudant-général Martinet avec son avant-garde a voulu empêcher le débarquement de la colonne de droite. Ses troupes étant peu considérables, il n'a pu attaquer toutes les colonnes à la fois. Le général Friant s'est aussitôt mis en marche avec sa colonne, mais l'ennemi avait déjà débarqué au nombre de six mille hommes sans canon. Le général Martinet a été blessé mortellement sur le bord de la mer. Ses troupes se sont débandées, et ont été se rallier au général Friant. Ce général se proposait de faire une vive résistance sur sa position du Camp des Romains; il avait l'avantage d'avoir du canon, l'ennemi n'en avait que sur des chaloupes. Les Anglais, sans hésiter, montent à l'assaut à la baïonnette. Le général Friant fait une vive résistance, mais il est forcé de battre en retraite à Alexandrie, et perd deux pièces de canon. L'ennemi a pris position sur la langue de terre qui se trouve entre le lac Madiéh et la mer; quelques régimens vont bloquer le fort d'Aboukir, qui fait entendre ses canons de 24. Le soir, un second débarquement de 6,000 hommes s'est opéré; et le lendemain 18, un troisième, avec tout l'état-major-général de l'armée anglaise. Le général Abercromby, qui connaissait la valeur de l'armée d'Orient, jusqu'alors victorieuse de toutes les troupes qui s'étaient présentées, fit prendre de suite les mesures nécessaires pour se retrancher sur trois lignes. Des barques canonnières furent embossées à l'avenue sur la gauche des côtes de la mer. Les Anglais ne poursuivirent point nos troupes. Le général Friant fit sa retraite;

il arriva le même soir à Alexandrie. Nous avons perdu quatre cents hommes entre tués et blessés. L'ennemi a fait une plus grande perte que nous.

Détails de l'affaire.

L'adjudant-général Martinet a donné de grandes preuves de bravoure; il a chargé avec son cheval jusque dans la mer, pour sabrer les Anglais à bord de leurs chaloupes. Les compagnies de grenadiers ont fait beaucoup de mal à l'ennemi par une longue fusillade, bien soutenue. Les canonniers français des deux pièces de canon prises ont été hachés à leur poste, ne voulant point rendre ces pièces. Les Anglais avaient ordre en débarquant de ne pas tirer un coup de fusil, et de monter à l'assaut à l'arme blanche. Ils ont donné en cette occasion, comme dans toute la campagne d'Égypte, des preuves d'une valeur froide et soutenue.

Le 18, l'ennemi débarqua des canons; vingt-quatre pièces de 36 furent mises en position pour battre le fort d'Aboukir, qui faisait un feu terrible sur les lignes anglaises. Trente chaloupes canonnières-bombardes furent s'embosser à portée de l'artillerie. On connaît le siége, on peut dire que cette canonnade ressemblait à un combat naval.

Le 20 ventôse, le fort a été ruiné, toute la garnison a été tuée ou blessée, le commandant Vinache a été tué; on n'a point amené le pavillon, il est tombé avec les remparts. L'armée anglaise s'est fortifiée et retranchée avec de bonnes redoutes, depuis la mer jusqu'au lac Madiéh; dans sa position elle ne pouvait être attaquée que de front. Elle avait à droite la mer, à gauche le lac; derrière l'embouchure du lac, plusieurs canonnières-bombardes étaient embossées.

La colonne aux ordres du général Zayonscheck, voyant le débarquement effectué, vu sa faiblesse, s'est retirée. Les lignes de signaux, par le moyen desquels le général Friant donna ses ordres au général Zayonscheck, prescrivirent au général commandant à Rosette de faire passer les troupes de Rosette, Ramaniéh, Menouf et Semenouf, sur Alexandrie. Ces troupes consistaient dans la 25ᵉ de bataille, et dans des détachemens de différens corps.

L'armée anglaise débarqua du fort calibre, qu'elle mit en position en troisième ligne. Les troupes auxiliaires furent placées de manière à ce qu'elles pussent agir à propos et selon les circonstances.

Pendant ces opérations les Arabes, qui, selon leur usage, se tournent du côté le plus fort, nous ont abandonnés; l'or des Anglais les a décidés en faveur de ces nouveaux alliés; ils ont fourni quantité de chevaux à l'armée anglaise, et en ont été bien payés.

A ces nouvelles, le général en chef Menou a fait partir la division Lanusse avec les autres troupes pour Alexandrie; des ordres ont été donnés au général Rampon de s'y rendre, en traversant le Delta, et de laisser seulement à Damiette une partie de la 2ᵉ légère, la marine, et le tout aux ordres du général de brigade Morand. Le général Menou est parti lui-même avec la cavalerie, le 21 ventôse au matin; il n'a laissé pour la garnison du Caire, vieux Caire, Giséh et Boulacq, qu'une demi-brigade. Ainsi, presque toute l'armée était partie; il ne restait que neuf cents hommes dans la haute Égypte, vu qu'on avait fait descendre une partie de la 21e légère, et les 9e, 13e et 85e demi-brigades de bataille, de la division Reynier, toujours à Belbéis; la 12e formait la garnison de Salahiéh et de la citadelle.

Le 22 ventôse, arriva au Caire la division Reynier, venant de Belbéis; ce général était revenu sans ordre; il savait positivement que le grand-visir n'était point prêt à marcher; il était parti le même jour avec la 85e et 13e de bataille, et son artillerie, pour Alexandrie. Le général Menou s'est formalisé de ce que Reynier avait fait ce mouvement sans ses ordres.

Le général Rampon, de son côté, était en marche pour se rendre au point de ralliement.

Le général de division Belliard resta commandant au Caire; le général Donzelot, de la haute Égypte; le chef de brigade Langlois, de la place de Salahiéh; le général Morand, de Damiette; le général Alméras, de Giséh; le chef de brigade Dupas, de la citadelle.

Le général Menou a rallié ses troupes pendant les journées des 21, 22, 23, 24, 25, 26, 27, 28 et 29 ventôse. Il apprit en route que le général Lanusse étant arrivé à la hauteur du camp anglais, se dirigeant sur Alexandrie, venait d'être attaqué avec sa division par l'armée anglaise, sortie de ses retranchemens pour aller pousser une reconnaissance. Le général Lanusse, après avoir rangé sa division en bataille, fit faire plusieurs feux. Son artillerie l'a bien secondé dans le commencement; mais celle de l'ennemi ayant été renforcée, ainsi que les troupes, le général Lanusse a été forcé d'ordonner la retraite. Ses troupes ont pris la débandade, et sont entrées à Alexandrie en désordre.

SUR L'EXPÉDITION D'ÉGYPTE. 413

Les Anglais n'ont point poursuivi nos colonnes; s'ils l'eussent fait, on croit qu'ils auraient pris ce jour-là Alexandrie.

Détails de l'affaire.

Les Anglais marchaient sur deux colonnes; leur artillerie était tirée à bras. L'affaire a été engagée par les tirailleurs; le 22e régiment de chasseurs à cheval a chargé avec perte. Le général Lanusse a laissé battre ses troupes en détail; mais il a déployé de grands talens pour dérober ses forces à l'ennemi.

Nous avons perdu cent quatre-vingts hommes de tués, cent cinquante blessés. Les ennemis ont fait une perte inférieure. Cependant le général Lanusse a fait camper sa division en rase campagne devant Alexandrie; il a couru de grands risques dans la journée du 22; il a souvent exposé sa vie pour encourager ses troupes et faire exécuter la retraite en bon ordre, en faisant face de temps en temps à quelques bataillons.

Après cette affaire les Anglais sont rentrés

dans leurs retranchemens, et ont commencé à les fortifier par toute sorte de moyens ; des dards, des trous de loups ont été faits dans leur camp pour exterminer notre cavalerie, dans le cas où elle viendrait à y pénétrer.

Cependant les troupes de l'armée d'Orient étaient réunies, le 29 ventôse, devant Alexandrie. Le général en chef ordonna et passa la revue de l'armée ce jour-là. Voici le total des troupes, et les numéros des corps et divisions destinés à attaquer l'armée anglaise :

Division Reynier, 85e et 13e.
—— Friant, 61e et 75e.
—— Rampon, 32e et 2e.
—— Lanusse, 69e, 18e et 4e.
—— aux ordres du général Destaing, 21e et 88e.

Corps de dromadaires, aux ordres du chef de bataillon Cavallier.

Corps de cavalerie, aux ordres du général Roize.

Menou, général en chef.

Lagrange, chef de l'état-major.

Réné, adjudant-général, sous-chef d'état-major.

Total approximatif : 9,000 hommes.

A l'arrivée du général Reynier à Alexandrie, le général Menou reprocha à ce général d'avoir abandonné son poste à Belbéis, sans avoir reçu ses ordres. Le général Reynier dit qu'il avait pris sur lui cette démarche.

Le 29 ventôse, le général Menou donna ses ordres pour les préparatifs de défense de la place d'Alexandrie, dans le cas où l'armée serait obligée de se retirer sous les remparts.

Le général en chef avait préparé son plan de bataille, je vais en donner une esquisse.

L'armée anglaise était appuyée à droite sur la mer, et à gauche sur le lac Madiéh. Le général Menou conçut le projet de faire faire une fausse attaque par les dromadaires sur la redoute de gauche, et en même temps d'attaquer vivement le centre de l'armée anglaise. Il ne voulait point chercher à pénétrer par la droite, vu les forces navales qui y étaient placées ; il se contenta de placer la division Reynier en observation.

Le 30 ventôse (21 mars), à une heure après minuit, l'armée se mit en marche; la division Reynier sur la gauche, les dromadaires sur la droite, les divisions. Lanusse, Destaing et Friant vers le centre; la division Rampon en réserve. Avant le jour, les dromadaires étaient déjà arrivés sur leur point d'attaque. Les autres divisions approchaient, de même que les dromadaires. Les Anglais, prenant ce corps pour de leurs troupes, les laissent avancer. Ils sont déjà dans la redoute au moment même où on les reconnaît; la fusillade s'engage. On vit dans cet instant un spectacle unique. Les Anglais se tenaient sur leurs gardes depuis plusieurs jours; ils savaient que l'armée française faisait des mouvemens hostiles. On vit, dis-je, dans le moment où les dromadaires s'emparaient de la redoute, une fusillade générale en feux de file, se prolongeant d'un bout de la ligne à l'autre; on aurait dit, à quelque distance une ligne de lumière placée pour une fête. Ce feu s'ouvrit sans vrai motif; car nos troupes n'étaient point encore à la portée du fusil. Si le général Menou eût envoyé des forces aux dromadaires, il n'y a pas de doute qu'ils n'eussent pénétré dans le retranchement; mais il ne fut point instruit de la réussite de cette attaque : il tenait d'ailleurs à son plan, qui se développait. Le général Reynier s'était porté à la droite de l'ennemi. Il tint sa colonne en file : elle commença à être canonnée vivement par les chaloupes canonnières. Les autres divisions commencent l'attaque des retranchemens à la pointe du jour. En vain le général Destaing veut forcer un angle palissadé, il y est blessé grièvement. Le général Menou ordonne, à sept heures du matin, une plus vive attaque. Les divisions Rampon, Lanusse et Destaing, dirigées par l'adjudant-général Ramon, eurent ordre de franchir le retranchement : on hésita au point que ces divisions restèrent près de deux heures sous le feu le plus vif de l'ennemi. Enfin, les troupes, encouragées par leurs généraux, font un dernier effort, mais sans succès ; elles sont obligées de rétrograder hors la portée de la mitraille : alors les dromadaires abandonnent la redoute dont ils s'étaient rendus maîtres. De toutes parts nos troupes étaient repoussées, même la division Reynier, qui, sans avoir tiré un coup de fusil, avait perdu trois cents hommes par le feu des chaloupes canonnières. Alors le général Menou, n'ayant plus aucune ressource, aurait dû se replier sur Alexandrie, ne pouvant après deux premières attaques pénétrer dans les retranchemens. Les Anglais de leur côté étaient encouragés par leurs chefs, qui leur assuraient la conquête de l'Egypte, et leur prompt retour en Angleterre. Leur artillerie était bien servie et continua le feu le plus vif. Enfin, le général Menou ordonne par écrit au général de brigade Roize, commandant notre corps de cavalerie de 1400 hommes, de charger sabre à la main dans les retranchemens. Le général de cavalerie, après quelques observations, exécute l'ordre; les 14e, 3e, 15e, 18e, 20e, 22e et 7e régimens de cavalerie chargent, leur général à leur tête.

Menou avait enjoint à l'infanterie de suivre la cavalerie; mais, pour approcher des retranchemens, nous perdîmes beaucoup de monde. Le général Lanusse eut une cuisse emportée par un boulet de canon; le général Bodot fut tué; le général Burrard le fut également, ainsi que l'adjudant-général Sornet.

Notre cavalerie, par son premier choc, a pénétré dans la première ligne; les troupes anglaises de cette ligne ont tourné crosse en l'air et se sont couchés dans le fossé. Déjà même notre cavalerie sabrait les Anglais dans leurs tentes, lorsque le général en chef Abercromby voyant le danger imminent, se porte au centre avec un corps d'infanterie de réserve, précédé par plusieurs compagnies de grenadiers. Notre cavalerie veut se mettre en bataille, elle n'en a pas le temps. Les Anglais de la première ligne, à la vue de ce renfort, reprennent leurs armes, et mettent entre deux feux notre cavalerie qui est bientôt forcée de faire sa retraite; notre infanterie n'avait pu la soutenir, étant retenue par le feu et la mitraille de l'artillerie de position et de campagne. Notre cavalerie perdit 650 hommes dans cette dernière attaque, où périrent le général Roize, qui la commandait, et le général Abercromby, général en chef de l'armée anglaise. Ce fut alors seulement que le général Menou, se voyant repoussé de toutes parts avec de grandes pertes, désespéra de battre les Anglais. En vain le général Rampon ranime les troupes, il veut avancer, mais il fait des pertes considérables, il revient avec son habit criblé de balles. Le général en chef ordonne enfin la retraite à une heure après-midi; elle est mal exécutée, nos troupes sont foudroyées par le canon des Anglais, jusqu'à ce qu'elles soient hors de portée. Après l'affaire, des hommes furent envoyés de part et d'autre pour enterrer les morts.

Le général en chef Menou a eu deux chevaux blessés sous lui.

Nous avons perdu dans cette journée trois mille hommes, dont quinze cents tués ; le reste blessé ou prisonnier ; presque tous les chefs des corps ont été blessés ou tués ; outre les généraux Lanusse, Roize, Boussard, Sornet, Bodot, plusieurs chefs de brigade, et officiers de la plus grande espérance.

Les Anglais ont fait aussi de grandes pertes. On assure que le général en chef Abercromby dit en mourant : « Je meurs avec » plaisir, après avoir repoussé les premières » troupes du monde. »

Après sa retraite, notre armée prit la défensive. Le général ordonna ce qui suit : « Les généraux Friant et Rampon sont nommés lieutenans-généraux ; le général Destaing, général de division ; l'adjudant-général Réné, général de brigade ; le chef de brigade Dannugum, général de brigade. L'armée sera formée en deux divisions, une aux ordres du lieutenant-général Rampon, et l'autre aux ordres du lieutenant-général Friant. » Menou ordonna en outre la suspension et l'emprisonnement des généraux Reynier et Damas, pour avoir mal exécuté les instructions qui leur avaient été données à la bataille. Quelques jours après, il les fit partir pour la France avec l'adjudant-général Boyer et le commissaire-ordonnateur Daure.

Les Anglais établirent un pont de barques pour communiquer du côté de Rosette; et ils fortifièrent leur camp. Une escadre de cent voiles arriva de Constantinople sous les ordres du capitan-pacha, qui débarqua avec son armée. A l'arrivée de ce nouveau renfort, les Anglais formèrent une armée pour marcher sur le Caire. Le général en chef Hutchinson, qui venait de remplacer Abercromby, et le capitan-pacha, se dirigèrent sur Rosette avec une armée combinée de 30,000 hommes, tant Turcs qu'Anglais. Le 19 germinal, l'ennemi s'est rendu maître de Rosette; et le 21, le fort Julien et la flottille située au Bogaze, se sont rendus. Nos troupes, composées de trois cents hommes de garnison à Rosette, se sont repliées à Ramaniéh. A cette nouvelle, le général Menou donna le commandement d'une division, qui fut formée à Alexandrie, au général Valentin, qui partit pour couvrir Ramaniéh, en passant par Damanhour, avec deux bataillons de la 69e, la 85e demi-brigade, et quelques détachemens de cavalerie, qui arrivèrent à Ramaniéh le 25 germinal. Le général Morand, qui commandait à Damiette, reçut ordre d'évacuer la place, et de se porter avec ses forces à Ramaniéh. L'ennemi se fortifiant à Rosette, Menou envoya d'Alexandrie le général de division Lagrange, pour prendre le commandement de cette portion de l'armée, avec les 13e, 14e, et toute la cavalerie.

Enfin, le général Lagrange, avec son nouveau renfort, alla prendre position à Élaf, pour donner bataille aux Anglais. Le 17, l'ennemi avance sur trois colonnes, une sur le Delta. Leurs forces trop supérieures déterminent le général Lagrange à faire sa retraite sur Ramaniéh. La flottille force le passage à Foua; le commandant Rouvier y est blessé.

Le 18, nos troupes se rallient à Ramaniéh. Le général Lagrange y fait armer la redoute.

Le 19 floréal, à la pointe du jour, la flottille anglaise et l'armée ont attaqué en même temps nos troupes. Le général Lagrange a déployé sa colonne, et a envoyé des tirailleurs qui, soutenus à propos par notre cavalerie et artillerie légère, ont contenu l'ennemi toute la journée. A l'entrée de la nuit, l'ennemi a fait un mouvement pour cerner notre division; le général Lagrange a cru ce moment propice pour évacuer et faire sa retraite sur le Caire. Le 23, il est arrivé avec sa petite armée au Caire.

Le grand-visir, qui s'était rendu maître de Damiette, Salahiéh, Mikamar, Mansoura, menaçait cette capitale. Le général de division Belliard, avec les troupes qu'il avait réunies de la haute Égypte, des garnisons de Salahiéh, Belbéis et Suez, s'y était retranché, et avait fait fortifier la citadelle et Gizéh. Les corps de troupes aux ordres du général Lagrange lui apportèrent un puissant renfort; les travaux pour la défense de la place furent activés.

De son côté, le général Menou était resserré à Alexandrie; et enfin, le 25 floréal, nous n'occupions plus en Égypte que deux points, le Caire et Alexandrie.

Le 24, le général Belliard résolut d'aller reconnaître les forces du grand-visir; dans la nuit, il partit pour Belbéis, et laissa seulement la garnison de la citadelle de Giséh, et la 22ᵉ demi-brigade dans le retranchement, aux ordres du général de brigade Alméras. Le 24, à six heures du matin, le général Belliard trouva l'ennemi à Chalacan; il le repoussa au bruit du canon. Le grand-visir avança de son côté; alors, au-delà d'un rideau, dont la pente est insensible, notre corps avancé est enveloppé par plus de vingt mille hommes de cavalerie qui harcelaient nos troupes; les canons et les obus faisaient un grand ravage, parce qu'ils étaient dirigés par les Anglais. Le soir, le général Belliard fit sa retraite sur le Caire, craignant un mouvement de la part des habitans de cette ville ; nous perdîmes dans cette affaire deux cent cinquante hommes. Pendant ce temps, l'armée anglaise, aux ordres d'Hutchinson, s'acheminait de Ramaniéh au Caire; elle avançait avec de puissans moyens, et, secondée par une flottille de quatre-vingts canonnières qui remontaient le Nil. Le général Belliard prit aussi de grands moyens de défense : il adressa plusieurs proclamations aux Égyptiens, et leur dit que le signal de la révolte serait le signal de la destruction totale de la ville du Caire, la *sainte et bien gardée.*

Des dromadaires ont donné des nouvelles d'Alexandrie, en traversant le désert en passant par le Fayum; le général Menou feignait d'ignorer la position du général Belliard : elle était critique. (*V.* le rapport de ce général.)

Le 20 prairial, les armées aux ordres du grand-visir, du capitan-pacha, et d'Hutchinson, se réunirent à la pointe du Delta; une salve générale d'artillerie des trois armées annonça cette réunion des 80,000 hommes. Les Mameloucks qui venaient de perdre Mourad-Bey de la peste, rompirent la trêve, et le traité qui avait été conclu par Kléber; ils se rendirent au camp des Anglais. Le général Belliard avait résolu d'opposer la plus vigoureuse résistance. Le Nil fut même barré, et de fortes batteries de trente-six tiraient sur la ligne de la flottille formidable de l'ennemi.

Le 28, l'ennemi s'est avancé vers le Caire et Giséh. Sa marche était imposante ; elle était annoncée par des signaux au bruit du canon, et les habitans étaient pleins d'effroi dans leurs mosquées. La vue de tant d'armes était terrible ; il ne fallait rien moins que l'héroïque constance de la valeur française pour voir avancer, sans se déconcerter, de telles forces, portant la terreur et la mort partout. Le général Belliard se présenta

aux troupes, et leur dit : « Soldats! rap-
» pelez-vous que dans la haute Égypte
» nous nous vîmes au moment d'être tous
» perdus; c'est à vous, brave 21ᵉ, à qui je
» parle; soldats! vous devez mourir tous
» dans vos retranchemens; mais songez que
» la postérité nous rendra justice; vous le
» devez à l'honneur et aux mânes de vos
» camarades qui ont déjà tourné leurs der-
» niers regards et leur dernière pensée vers
» la patrie! » A ce mot, chaque soldat a juré
de mourir dans son retranchement.

Le 29, des tirailleurs ennemis, de cavalerie
et d'infanterie, ont fait l'attaque des postes
et vedettes; l'armée du grand-visir avait pris
position depuis la rive gauche du Nil, en
cernant le Caire, jusqu'au mont Katan, et
l'armée anglaise, depuis les pyramides jusqu'à la rive droite du Nil.

Le 1ᵉʳ messidor, une attaque de reconnaissance a été faite en même temps de la
part des deux armées. Le canon les a repoussées aux approches de Giséh. Dans la

nuit du 1er au 2, des batteries de brèche ont été dressées. Le 3, l'ennemi a demandé si on voulait entrer en négociation. Le général a demandé à consulter son conseil de guerre.

Le soir du 3, le général Belliard l'a assemblé; le général Barrière a été chargé de faire connaître la position de la place; les commandans d'artillerie et du génie ont présenté l'état des fortifications et munitions de guerre; après, on a mis aux voix. Sur vingt-cinq officiers réunis en conseil, vingt-un ont voté pour traiter. Les généraux Lagrange, Valentin, Denauter, et le chef de brigade Dupas, commandant la citadelle, ont donné un avis contraire.

Le 9, le traité d'évacuation de la ville du Caire, a été conclu. Les hostilités ont cessé. Le 25, l'armée est partie pour se rendre au point de l'embarquement, où elle est arrivée, et a été totalement embarquée le 22 thermidor. Ainsi la division aux ordres du général Belliard est rentrée avec armes et bagages en France, et avec du canon, en signe d'honneur. Je rejoignis ce corps d'armée; ainsi je n'entrerai pas dans le détail des faits qui se sont passés depuis à Alexandrie. Le corps anglais, qui y était resté en position, s'était retranché, non-seulement par une ligne d'ouvrages, mais encore en rompant les digues, et en faisant ainsi des saignées au lac, afin de produire des inondations qui interceptèrent toutes les communications entre Alexandrie et Ramaniéh, et permirent à la flottille anglaise de concourir à l'attaque d'Alexandrie.

Ceci mérite une explication : les terres qui environnent Alexandrie, sont plus basses que le niveau de la mer, dont les flots ne sont arrêtés que par les éminences qui bordent la côte. Ainsi on doit considérer toutes ces éminences comme des digues naturelles qui tiennent la mer dans ses bornes. On a dit dans plusieurs relations, et dans divers ouvrages sur l'Égypte, que le non-entretien et la dégradation des canaux du Nil ont été la cause de la formation de plusieurs lacs, tels que ceux de Menzaléh et de Burlos; le premier à l'est de Damiette, et l'autre au centre d'Adebra. Il n'en est pas de même des lacs Mareotis et Madiéh, plus rapprochés d'Alexandrie. De grands coups de vents ayant agité la mer, lui ont fait franchir les digues naturelles, et les eaux se sont accumulées aux environs d'Alexandrie et d'Aboukir; elles ont formé ces deux derniers lacs d'eau saumâtre.

Une plus grande fracture faite aux digues peut inonder toute cette partie occidentale de l'Égypte.

Cette opération entra dans les combinaisons des Anglais pour resserrer le blocus d'Alexandrie, et pour avoir un plus grand nombre de forces disponibles. Ils employèrent quatre mille hommes à faire une plus large ouverture à la digue, et même à en faire une plus grande au-delà de la *Maison carrée*. Ils réunirent ainsi le lac Madiéh au lac Mareotis, en inondant tout l'espace de terrain qui les séparait. Il ne fut plus possible de communiquer à Alexandrie, qu'en suivant les éminences du bord de la mer; et une flottille considérable de plus de quatre-vingts chaloupes canonnières, bricks et djermes armés, entrant par la passe, alla débarquer des troupes à la colonne de Pompée. Là étaient nos retranchemens extérieurs, et il y eut plusieurs affaires. Le 22 thermidor, pendant que l'escadre anglaise faisait une fausse attaque, le général ennemi assaillait les ouvrages extérieurs, et s'en emparait. Au commencement de fructidor, les Anglais se rendirent maîtres du Marabou, et alors la place d'Alexandrie fut totalement bloquée. Ne recevant plus aucun secours, et dépourvu de tout, le général Menou envoya d'abord demander un armistice, et le 15 fructidor (2 septembre 1801), il signa la capitulation d'Alexandrie.

C'est ainsi que l'Égypte nous est échappée; c'est ainsi que la France a perdu cette superbe possession, après y avoir sacrifié une escadre, et avoir fortifié inutilement le Caire, Damiette, Giséh, Alexandrie, Salahiéh, Aboukir et Ramaniéh. Nous y avons perdu un bon tiers de l'armée, et les meilleurs soldats de la république.

FIN DES MÉMOIRES SUR L'EXPÉDITION D'ÉGYPTE.

TABLE

DES MATIÈRES DU PREMIER VOLUME.

EXPÉDITION D'ÉGYPTE.

	PAGES.
CHAPITRE Ier. Causes et préparatifs de l'expédition.	1
CHAP. II. Départ de l'expédition. — Prise de Malte. — Débarquement près d'Alexandrie, et conquête de cette ville.	22
CHAP. III. Marche de l'armée sur le Caire. — Combats avec les mamelouks. — Prise du Caire, et occupation de cette capitale par l'armée française.	54
CHAP. IV. Sur les déserts qui environnent l'Egypte, et sur les Arabes.	80
CHAP. V. Sur les chevaux arabes du désert.	88
CHAP. VI. Exploration de la province de Charqiéh, qui confine au désert du côté de la Syrie.	99
CHAP. VII. Combat de Salahiéh. — Retour du général en chef au Caire. — Bataille navale d'Aboukir.	111
— Détail du combat naval d'Aboukir.	120
CHAP. VIII. Mission dans le Delta. — Du lac Menzaléh et du cheik Hassan-Toubar.	142
CHAP. IX. Retour au Caire. — Fêtes données par le général en chef. — Description du Caire. Insurrection de ses habitans contre les Français.	175

TABLE DES MATIÈRES DU PREMIER VOLUME.

PAGES.

CHAP. X. Situation du Caire après sa révolte. — Fête militaire du 1er décembre. — Amours de Bonaparte en Italie et en Egypte. 192

CHAP. XI. Des pyramides et des caravanes. . . . 210

CHAP. XII. Expédition de Syrie. 224

CHAP. XIII. Institut d'Egypte. — Son objet. — Ses séances, ses travaux, etc. 309

CHAP. XIV. Mouvemens en Egypte tandis que l'armée était en Syrie.—Dispositions de Bonaparte pour son départ. — Son retour en France. 339

CHAP. XV. Avénement de Kléber au généralat. — Situation de l'armée. — Changemens qu'il opère. — Ses négociations avec le grand-visir.—Rupture des négociations. — Bataille d'Héliopolis. — Révolte et reprise du Caire. — Assassinat de Kléber. . . . 358

CHAP. XVI. Situation de l'armée d'Orient, au moment où le général Menou en prit le commandement en chef. 377

CHAP. XVII. Débarquement des Anglais. — Premiers engagemens avec nos troupes. — Conduite du général Menou.—Bataille d'Alexandrie. — Marche des armées alliées et combinées sur le Caire.—Evacuation du Caire et de l'Egypte par l'armée française. 389

FIN DE LA TABLE DES MATIÈRES.